SKILLS FOR SOCIAL WORK PRACTICE

사회복지실천기술론

김경민 서윤주 유승창 장영화 전대성 조순래 한신애 황여울 공저

양성원

머리말

최근 사회복지실천의 환경은 매우 빠른 속도로 변화하고 있다. 이에 일선에 있는 사회복지사들에게 다양한 요구가 많아지게 되면서 사회복지사의 역할도 매우 다양하고 높은 수준의 기술과 전문성을 더 강하게 요구하게 되었고, 학문적으로도 높은 지식까지 공부해야 하는 시대로 변화하게 되었다. 이러한 시대의 역할을 제대로 수행하기 위해 예비 사회복지사들에게 이와 관련된 지식과 기술을 연구하여 가르치고 있으며, 그 수요가 계속적으로 늘어나고 있는 실정이다.

이처럼 급변하는 환경 속에서 지금이 그 어느 때보다 사회복지사의 역량 강화가 필요한 시기이며, 사회복지사가 한 단계 성숙해지는, 즉 전문적으로 도약하는 시기이기도 하다. 따라서 이 책은 예비 사회복지사들이 현장에서 클라이언트에게 바로 활용할 수 있는 지식과 기술을 학습하여 사회복지사로서 전문성을 높이는 데 목적을 두고, 한국사회복지교육협의회(2020)의 『사회복지학 교과목 지침서』를 바탕으로 사회복지실천기술을 이해하고 실천하기 위해 필요한 정보와 기술을 수집하는 데서 시작되었다.

본 책은 사회복지실천기술을 이해하기 위해 4부 총 12장으로 구성하였다. 구체적으로 1부 사회복지실천 개입모델에서는 네 개의 장으로 구성하였는데, 1장 인지행동모델에서는 인지행동모델의 이해, 인지행동모델의 이론, 인지행동모델의 절차 및 인지행동모델의 사회복지실천에서의 적용에 대해 소개하였고, 2장 해결중심모델에서는 해결중심모델의 이해, 해결중심모델의 기본 개념, 이용자 중심의 5단계 상담 모델 및 해결중심모델의 사회복지실천에서의 적용에 대해 기술하였으며, 3장 과업중심모델에서는 과업중심모델의 이해, 과업중심모델의 개입단계 및 과업중심모델의 사회복지실천에서의 적용에 대해 소개하였으며, 4장 위기개입모델에서는 위기개입의 이해, 위기개입의 이론, 위기개입모델, 위기개입의 방법 및 위기개입의 사회복지실천에서의 적용에 대해 기술하였으며, 5장 동기강화모델에서는 동기강화모델의 이해, 동기강화모델의 기초 및 동기강화모델의 사회복지실천에서의 적용에 대해 소개하였다.

2부 개인 사회복지실천에서는 두 개의 장으로 구성하였는데, 6장 복합적 욕구를 가진 클라이언트에서는 커뮤니티케어, 사례관리 및 통합사례관리에 대해 소개하였고, 7장 변화동기가 적은 클라이언트와 일하기에서는 가정폭력, 장애인, 중독 및 공격성에 대해 기술하였다.

3부 집단대상 사회복지실천에서는 세 개의 장으로 구성하였는데, 8장 집단의 이론적 틀에서는 집단역동성의 개념, 집단역동성의 주요 요소 및 집단의 치료적 요인에 대해 소개하였고, 9장 집단 모델에서는 집단 사회복지실천의 이론적 모델, 집단의 유형 및 집단 사회복지실천기술에 대해 기술하였으며, 10장 집단 발달단계별 사회복지실천에서는 집단 발달단계의 이해 및 집단 발달단계별 사회복지실천에 대해 소개하였다.

4부 가족 사회복지실천에서는 두 개의 장으로 구성하였는데, 11장 가족의 이해와 실천에서는 가족의 이해, 가족의 유형과 체계 및 가족과 사회복지실천에 대해 소개하였고, 12장 다양한 가족과 일하기에서는 다문화가족, 북한이탈주민가족, 한부모가족, 조손가족, 재혼가족 및 가족대상 사회복지실천에 대해 자세하게 기술하였다.

본 책이 사회복지실천가로서 클라이언트와 상호작용하고, 문제를 해결하며, 클라이언트의 복지를 증진시키기 위해 사용하는 기술과 방법에 대한 구체적인 기술을 습득하고 활용하는 데 도움이 되기를 소망해 본다. 마지막으로 출판을 맡아 주신 양성원의 강철원 사장님과 임직원 여러분의 수고에 진심으로 감사를 드립니다.

2025년 8월

저자 일동

차 례

PART 3 집단대상 사회복지실천

PART 4 가족 사회복지실천

PART 1

사회복지실천 개입모델

Chapter

01

인지행동모델

배울 내용

1. 인지행동모델의 이해
2. 인지행동모델의 이론
3. 인지행동모델의 절차
4. 인지행동모델의 사회복지실천에서의 적용

학습목표

1. 인지행동모델의 등장배경, 특성 및 핵심개념을 이해한다.
2. 인지행동모델의 이론들을 설명할 수 있다.
3. 인지행동모델의 절차를 숙지한다.
4. 인지행동모델의 주요 기법들을 숙지하고 실제 현장에 적용해 본다.

1.

인지행동모델의 이해

1) 인지행동모델의 등장배경

인지행동모델(Cognitive Behavior Therapy: CBT)은 인지적 관점과 행동주의 학습이론에 근거하여 인지와 인간행동의 체계적인 변화를 도모하는 심리치료방법이다(홍지영, 2017). 다시 말해 기존의 정신분석학적 관점과는 달리 개인의 과거의 경험에서 이끌어 낸 무의식을 찾아내기보다는 '지금, 여기(Here and Now)'에 초점을 맞추어 현재 자신이 가지고 있는 인지도식을 이해하고, 행동과 함께 변화해 가도록 하는 데 초점을 두고 있다.

그리스 스토아학파의 에픽테토스(Epictetus)는 『편람(Enchiridion)』에서 "사람은 일어나는 사건보다 사건에 대한 생각에 의해 영향을 받는다"라고 말하였는데(Wright et al., 2016), 인지행동모델에서 인간을 바라보는 관점과 같은 맥락에 있다. 인간은 객관적인 사건보다 각각의 인간은 자신의 인지로 사건을 받아들이고 해석하기 때문에, 바른 생각은 바른 말과 행동을 야기한다. 즉, 이러한 인지적 과정에서 부정적인 신념을 가지고 있다면 같은 사건이라도 개인에 따라 받아들이기 힘든 일이 될 수 있고, 이는 다시 부적응적인 행동으로 귀결될 수 있다는 것이다(이유진, 2019).

이러한 인지행동모델(CBT)은 1950년대와 1960년대 실험주의 행동주의자인 파블로프(Pavlov)와 스키너(Skinner) 등에 의해서 탄생하게 되었다(하은혜, 2010). 이 당시는 행동주의적 관점에서 행동수정을 중심으로 클라이언트에 대한 개입이 이루어졌기 때문에 사고와 정서를 모두 행동의 결과로 보았다. 그 대표적인 치료방법이 단계에 따라 두려운 대상 혹은 상황과 접촉하는 둔감법이나 이완훈련으로 변화를 도모하는 시도들이 이루어졌다. 이러한 행동주의는 행동과 관련된 장애를 밝혀내기 위한 자극-반응의 관계에 집중하였고, 행동을 효과적으로 수정하는 것에 초점을 맞추었다. 하지만 행동주의는 인지적인 부분은 눈으로 관찰할 수 없기 때문에 인지적인 개념을 부정하고 있다는 한계점이 드러나게 되었다(홍지영, 2017).

이러한 행동치료에 관한 연구들이 증가함에 따라 점점 연구자들은 인지이론과 전략들을 개입 프로그램에 통합하기 시작하였으며, 그들이 인지적 관점을 추가함으로써 행동적 개입의 깊이가 더해져 갈 수 있었다. 이와 같은 인지행동의 이론을 초기에 확립한 학자는 벡(Beck)으로 그는 초기 연구에서 행동주의적 기법을 포함한 인지행동모델을 개발하였다(Wright et al., 2016). 이후 켈리(Kelly)의 개인적 구성주의(Personal Construct)와 엘리스(Ellis)의 합리적 정서치료(Rational-emotive therapy)의 등장으로 인지행동이론과 기법들이 더 입지를 다지는 계기가 되었다. 다시 말해 인지와 행동은 밀접한 연관성을 가진다는 인지행동 통합모델은 역기능적인 증상을 감소시키는 데 효과적인 것으로 나타났다. 그 결과 1960년대 이후 인지와 행동의 연합이 점진적으로 활발해졌으며, 대부분의 치료자들은 인지적 기법들과 행동적 기법들이 이론적 측면과 실제적 측면에서 모두 서로 효과적임을 확인하게 되었다.

인지행동모델은 왜곡된 사고와 학습된 자신, 타인, 세계에 대한 부정적인 견해를 변화시킴으로써 증상을 완화시킨다. 또한 자기파괴적인 역기능적 인지를 파악하여 특정한 오류를 확인하고 변화시키며 사고양식에 대한 적응적인 자기조절을 장려하는 것을 목표로 하기 때문에 보다 현재의 문제에 집중하여 자신이 가진 가장 중요하고 심각한 문제를 선택하여 스스로 해결할 수 있는 능력을 강화하고(채정호 외, 2003), 보다 능동적이고 직접적이며 단기적인 해결을 도모하는 개입방법이다. 이밖에도 인지행동모델은 다양한 연구들에 의해서 우울장애, 섭식장애, 양극성장애, 조현병, 만성적 통증, 성격장애, 물질남용 등을 포함한 광범위한 영역으로 확장되어 현재까지 많은 발전을 거듭하고 있다.

2) 인지행동모델의 특성

인지행동모델의 인지적 개입은 클라이언트가 생각하거나 말하는 것보다 어떤 것을 인지하고 있는가에 대한 타당성과 합리성을 검토하는 전략을 개발하여 문제를 수정하는 것에 초점을 두고 있는 개입방법이다. 반면에 인지행동모델의 행동적 개입은 클라이언트가 적절하지 않은 인지과정과 목표에 적합하지 않은 행동양식들에 대하여 이해하고 다양한 기법을 통하여 스스로 문제를 해결해 나갈 수 있는 능력을 향상시키는 것에 중점을 둔다. 최근 들어 두 가지 개입은 오랜 기간에 걸쳐 서로 이론적 교류를 통해서 명백한 경계선이 모호해지고 있으며, 학자들의 오랜 기간의 연구는 인지행동모델이 인지 · 정서 · 행동을 포괄하는 넓은 의미의 인지행동모델로 발전하는 시발점이 되었다. 이러한 인지행동모델의 특성을 구체적으로 살펴보면 **표 1-1**과 같다(원호택 외, 2003).

표 1-1. 인지행동모델의 특성

- 인지행동모델을 표방하는 모든 입장에서는 엄격하게 과학적인 연구에 의존하여 치료기법을 개발하고 개선하고 있다.
- 인지행동적 접근에서는 심리장애를 의학적 모형에 따라서 이해하는 것이 아니라 증상들을 넓은 의미에서 생활의 문제로 개념화하거나 역기능적인 행동으로 개념화한다. 이러한 역기능적 행동이나 사고방식을 인지행동적 원리를 가지고 변화시킬 수 있다고 본다.
- 인지행동적 입장에서는 특정한 장애나 증상에 맞게 이론 모형을 형성하고 치료기법을 개발하고 적용한다.
- 특정 증상에 초점을 맞추어 치료기법을 개발하는 만큼 인지행동기법에서는 행동평가와 인지평가를 필수적인 치료절차로 간주한다.
- 인지행동모델은 장기치료보다 단기치료를 지향하고 기간 한정적인 치료를 선호한다. 인지행동기법은 집단으로 적용하는 경우가 많이 있는데, 집단 프로그램은 거의 모두 기간 제한적이다.
- 인지행동적 입장에서는 클라이언트의 문제가 스스로 만들어 온 것이라고 여기며, 문제되는 생각이나 행동을 스스로 통제할 수 있다는 믿음을 갖는다.
- 인지행동적 접근에서는 치료자가 교육자의 역할을 한다. 이런 입장은 전통적인 심리치료자나 인간중심 치료자의 입장과는 극명하게 다른 측면이다.

3) 인지행동모델의 핵심개념

개인을 둘러싼 주변 환경은 끊임없이 변화하고 사건을 만들어 낸다. 사건은 객관적일 수 있지만 이를 받아들이고 선택하여 내면에 구성하는 것은 개인의 몫이며, 개인은 일련의 경험을 통하여 자동적으로 사건에 대해 인지적인 평가를 내린다. 이러한 사건은 스트레스 사건이 될 수도 있고, 다른 사람들의 피드백 혹은 피드백의 결여, 과거 사건에 대한 기억, 해야 할 과제, 신체적 감각 등이 될 수 있다. 따라서 매 순간 인지적 과정을 통해 사건들이 개인에게 정의되고, 감정적인 반응을 유발하며, 이를 통해 행동을 하게 되므로 이와 같은 인지의 과정은 인지행동모델의 핵심적인 모델이 된다.

이와 같이 인지행동모델은 선형적(liner)이 아닌 다방향적(multidirectional)으로 이루어진다. 이 패턴적 사고는 변화가 쉽지 않고 강력하기 때문에 개별적인 사건에서도 일관적인 인지도식을 적용하며 반복적으로 작동시킨다. 개인은 다른 사건에서도 일관된 인지적 과정을 통해 사고하는데 이를 핵심믿음도식이라고 하며, 핵심믿음도식을 변화·재구성함으로 인해 외현화되는 행동의 개선까지 꾀할 수 있다. 인지행동모델에서는 기본적인 인지행동모델의 세 분야(인지, 감정, 행동)에 초점을 맞춘 기법들을 다양하게 사용하고 있다. 또한 기본적인 인지행동모델을 사용하여 임상적 문제를 개념화 한 후 그에 따라 적절한 방법을 적용하고, 생각, 감정, 행동 간의 관계에 초점을 맞추어 치료개입의 방향을 결정하게 된다(Wright et al., 2016). 이러한 접근을 통해 클라이언트는 자신의 그릇된 인지를 확인하고 사고의 타당성을 검증하며 더 적합한 개념으로 대처하는 기술을 훈련하고 배울 수 있는 것이다. 기본적인 인지행동모델을 구체적으로 정리하면 **그림 1-1**과 같다.

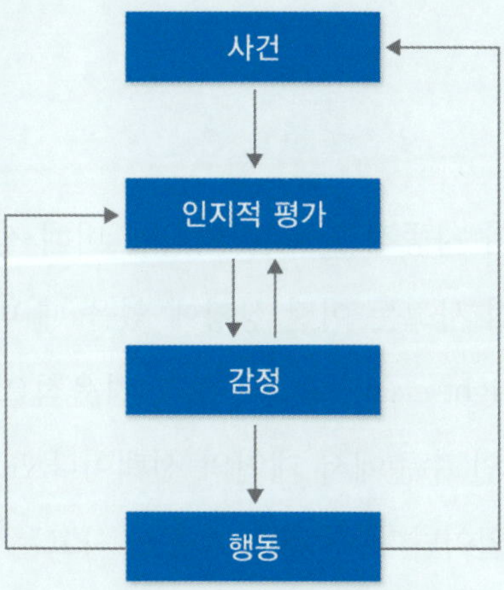

그림 1-1. 기본적인 인지행동모델

출처: 이유진(2019). 인지행동치료를 적용한 표현예술치료가 여중생 우울에 미치는 영향에 관한 단일사례연구. 한양대학교 교육대학원 석사학위논문.

인지행동모델에서 인지는 사건에 의해서 평가 · 판단되며 이는 감정과 행동에 상호 영향을 미치게 되는 핵심적인 개념이다. 인지과정은 의식, 자동적 사고, 스키마 세 가지 주요 인지과정의 수준으로 정의될 수 있다(이유진, 2019).

(1) 의식적 수준

의식은 가장 이성적인 수준으로 합리적인 기초에 근거하여 결정을 내릴 수 있는 자각 상태이다. 의식적인 주의는 환경과의 상호작용을 모니터링하고 평가하며, 과거의 기억과 현재의 경험을 연결하고, 미래의 행동을 통제하고 계획한다(Wright et al., 2016). 즉, 의식적인 수준은 이성적인 판단을 내릴 수 있도록 하며, 적응적인 행동을 유발하기 때문에 인지행동모델에서는 이와 같은 의식적인 수준을 클라이언트로 하여금 이끌어 내는 것을 목표로 한다. 이를 통해 클라이언트는 합리적인 사고가 가능해지고, 문제해결방법을 강구할 수 있게 된다.

(2) 자동적 사고

의식적인 수준과는 달리 자동적 사고는 의식에 비해 상대적으로 자율적으로 정보를 처리한다. 즉, 자동적 사고는 어떤 상황에 있을 때 마음속에서 빠르게 떠오르는 생각으로 정의된다(Wright et al., 2016). 보다 자율적으로 정보를 처리하기 때문에 자동적 사고는 의식적인 수준에서 개인의 선택이나 노력, 합리적인 분석과정을 거치지 않고 순간적으로 일어난다. 이러한 자동적 사고는 의식 수준 바로 아래에서 일어나는 '전의식적 수준'으로도 불리며 평소에는 인식하기 어렵지만 주의를 집중하면 발견할 수 있는 것이다.

자동적 사고에는 논리적으로 적절하고, 정황에 맞는 합리적인 사고를 포함하기 때문에 자동적 사고 자체가 정신적인 역기능을 초래한다고 볼 수는 없다. 하지만 어떤 생각을 빈번하게 반복하게 되면 그 생각은 습관화되고 일반화되어 자동적으로 진행되고, 이렇게 진행된 생각은 무비판적으로 적용되기 때문에 빈번하게 사고의 오류를 일으킬 수 있다(홍지영, 2017). 자동적 사고의 수준이 역기능적일 경우 우울증, 불안장애 등과 같은 정신장애가 유발될 수 있으며, 이 같은 인지적인 왜곡은 고통스러운 정서적 반응과 부적응적인 행동을 유발하게 되는 것이다.

벡은 그의 초기 이론에서 정서장애를 가진 사람들의 자동적 사고 및 인지에 특정적인 논리적 오류가 있음을 주장하였는데, 이는 병리적인 정보처리 방식과 관련이 있다고 주장하였다(Wright, 2016). 인지적 왜곡은 그릇된 가정과 잘못된 개념화를 통해 비현실적인 세계관을 형성하거나 비논리적인 추론을 일으키고, 개인의 의식적 노력 없이 자발적이고 자동적으로 발생하는 것처럼 보이기 때문에 '부정적 자동적 사고'라고도 한다(홍지영, 2017).

대표적인 인지적 오류에는 **표 1-2**와 같이 선택적 사고(selective abstraction), 임의적 추론(arbitrary inference), 과잉 일반화(overgeneralization), 긍정축소(minimization of positivity), 개인화(personalization), 절대적(흑백논리적) 사고(absolutistic, dichotomous of all-or-nothing thinking), 정서적 추리(emotive inference), 명칭화(appellation), 파국화(catastrophizing), 당위적 진술(should statement) 등이 있다(이유진, 2019).

표 1-2. 인지적 오류

인지적 오류	정의
선택적 사고	일부 정보들만으로 결론을 내린다. 상황에 대한 자신의 관점을 지지하기 위해 특정 자료들을 걸러 내거나 무시한다.
임의적 추론	정반대의 증거에도 불구하고 어떤 결론을 내린다.
과잉 일반화	하나의 사건 혹은 하나 이상의 별개의 사건들을 가지고 결론을 내린 후 이러한 결론을 비논리적으로 확장시켜 적용한다.
긍정축소	자신의 부정적인 생각과 일치하지 않는 긍정적인 경험의 가치를 무시한다.
개인화	거의 혹은 전혀 근거가 없는 경우에도 외적 사건과 자신을 연관시킨다. 스스로 부정적인 사건에 대해 과도한 책임이나 비난을 감수한다.
절대적(흑백논리적) 사고	자기 자신, 개인적 경험 또는 다른 사람들에 대한 판단이 두 개의 범주 중 하나에 해당된다(예, 나쁘거나 좋거나, 완전히 실패하거나 완전히 성공하거나, 결함투성이거나 완벽하거나).
정서적 추리	상대방의 감정을 타당한 증거 없이 나의 감정대로 추리한다. 사회불안증 환자가 많이 경험한다.
명칭화	과거의 실수와 불완전성에 근거하여 자신의 정체감을 정의하는 것으로, 일부의 경험으로 자신의 미래를 부정적으로 판단하는 것을 의미한다.
파국화	미래 상황이 부정적일 것이라고 예측하며 그 상황을 참을 수 없이 끔찍하게 여기는 것을 의미한다.
당위적 진술	자신이나 타인이 어떻게 행동하면 좋은지를 기술할 때 '~해야만 한다'는 말을 사용한다.

(3) 스키마

인지행동모델의 이론에서 스키마는 자동적 사고의 기초가 되는 정보처리의 기본적인 틀 혹은 규칙들로 핵심신념을 수반하는 '정신 내 인지구조'를 의미한다. 자동적 사고의 기초가 되기 때문에 스키마 또한 자율적인 인지수준이며 합리적인 의식 혹은 자각 없이 일어나며 행동과 감정에 영향을 미친다. 스키마는 아동기 초기부터 형성되기 시작하여 부모님의 가르침, 모델링, 공식적 · 비공식적 교육 활동, 또래 경험, 외상, 성공 등을 포함한 아동기 초기부터 전 생애에 걸친 삶의 경험들에 의해 영향을 받는다. 개인은 매일 직면하는 많은 양의 정보들을 다루는데 이때 시기적절한 결정을 내리는 과정에서 핵심신념을 반영한 자신, 타인, 세계 그리고 미래를 바라보는 습관적인 방식인 스키마를 발전시키게 된다(홍지영, 2017).

클락(Clark)과 동료들은 단순 스키마, 중간믿음과 가정, 자신에 대한 핵심믿음으로 세 가지 범주의 스키마를 제안하였다. 단순 스키마는 정신병리에 거의 혹은 전혀 영향을 미치지 않는 환경의 물리적 성질, 일상적 활동에 대한 규칙, 혹은 자연의 법칙들이다. 또한 중간믿음과 가정은 '만약 ~하면, ~할 것이다(if-then)'와 같은 조건적인 규칙들로 자아존중감과 감정조절에 영향을 미친다. 마지막으로 자신에 대한 핵심믿음은 자아존중감과 관련이 있는 상황적인 정보들을 해석하기 위한 포괄적이고 절대적인 규칙들이다.

인지행동모델에서의 주요 목적 중 하나는 잠재적인 부적응적 스키마의 영향을 줄이거나 수정하는 한편, 적응적인 스키마를 찾아내어 수정 · 대체하는 것이다. 치료자는 치료과정에서 클라이언트로 하여금 자동적 사고와 스키마 수준에서 병리적인 사고를 찾아내어 이를 변화시킨다. 인지행동모델에서 인지, 감정, 행동은 서로 상호 영향을 미치는 순환적인 관계이므로 자동적 사고와 행동의 변화를 야기하여 스키마의 변화를 이끌어 낼 수도 있다(홍지영, 2017). 인지치료의 기본원리를 보면 이와 같이 인지적 오류를 수정하여 재구성하는 것이며, 인지의 수정은 각 수준의 인지에 따라 순차적으로 이루어진다.

다시 말해 어떤 특정 상황에서 한 사람의 내재된 믿음(핵심믿음)은 그 사람의 지각(중간믿음)에 영향을 주고 이것은 상황 특정적인 자동적 사고를 통하여 표현된다. 그리고 이러한 자동적 사고들은 그 사람의 감정에 영향을 주고 더 나아가 행동에 영향을 주며, 생리적 반응에도 영향을 준다. 다음은 대부분의 사람들이 한 번 읽어서는 이해하기 어려운 책을 처음 읽었을 때 이해되지 않는다고 하여 자신이 무능력하다고 판단하는 사람의 인지모델의 예이다(그림 1-2).

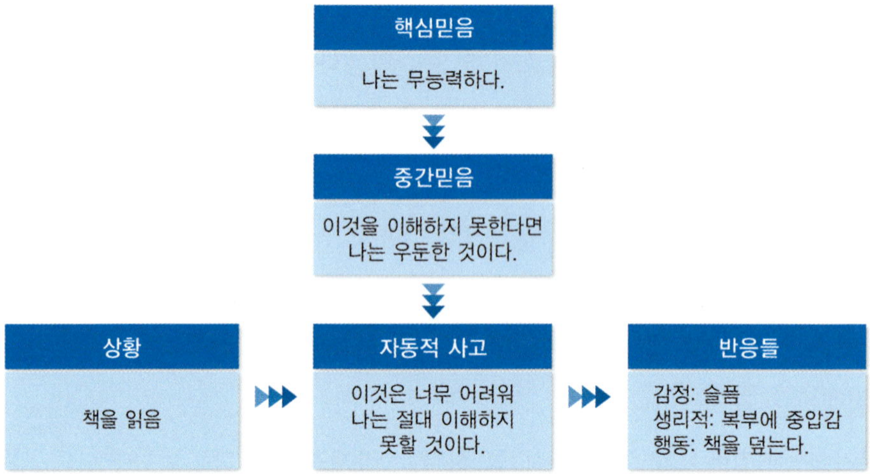

그림 1-2. **인지모델의 예**

2.

인지행동모델의 이론

인지행동모델의 이론은 벡의 인지치료와 엘리스의 인지 · 정서 · 행동치료(REBT)가 대표적인데, 구체적인 내용을 살펴보면 다음과 같다(김이영 외, 2023; 이준기, 2004).

1) 벡의 인지치료

벡의 연구는 프로이트(Freud)가 우울은 자기 자신에게로 향한 분노라고 해석한 이론을 부정하며 인지적 왜곡이라는 인지적 오류가 우울한 사람을 특정 짓는 것이라고 주장하였다. 즉, 벡의 이론에 따르면 부정적 사고는 기본적으로 역기능적 신념과 가정을 반영한다. 이 신념이 상황적 사건에 의해 촉발되었을 때 우울이라는 패턴이 행동하기 시작한다.

벡은 클라이언트의 부정적 사고에 대해 흥미를 가지게 되었는데, 자기 내부로 향한 분노를 가진 우울한 클라이언트들의 꿈을 살펴본 결과, 객관적 증거와 꼭 맞지는 않다는 것을 발견하고 맞지 않는 상황일 때도 지속되는 부정적인 자동적 사고에 대해 관찰하였고 정서장애를 가지고 있는 사람들이 객관적인 현실을 자기비하의 방향으로 왜곡하는 특징적인 논리적 오류를 범하는 경향이 있음을 알게 되었다. 따라서 인지치료는 심리적 문제점들이 잘못된 사고, 부적절하거나 잘못된 정보에 근거한 잘못된 추론, 환상과 현실을 구별하지 못하는 것과 같은 일반적 과정에서 발생하는 것이라고 보았고 이러한 틀린 가정과 잘못된 신념으로 체계적 오류와 인지적 왜곡이 나타난다고 보았다〈**표 1-2** 참조〉.

벡(1987)은 인지치료는 "잘못된 개념과 자기신호를 수정하는 매체를 통해 심리적 고난을 경감시키는 모든 접근들로 구성되어 있다"고 하면서 "역기능적 정서와 행동을 변화시키는 가장 직접적인 방법은 부정확하고 역기능적인 사고를 수정하는 것이다"라고 하였다.

이처럼 인지치료는 개인이 가진 인지가 감정, 행동, 심지어 환경적 사상에까지 영향을 미친다는 것을 알게 되어 자신의 사고와 가정, 부정적인 자동적 사고를 인식하고 관찰하고 조정하는 것을 배우게 된다. 하지만 이러한 역기능적 신념이 비합리성 때문에 문제가 되는 것이 아니라 정상적 인지과정을 방해하기 때문에 문제가 된다고 보았다.

벡은 비합리적 신념이 문제가 아니라 어떤 사고가 너무 절대적이고 포괄적이고 극단적이라고 주장한다. 그는 사람들이 어떤 규칙 안에 산다고 보고 그들이 비현실적인 규칙에 따라 분류하고, 해석하고 평가할 때 또는 부적절하거나 과도하게 규칙들을 사용할 때 문제에 빠지게 된다. 따라서 과도한 규칙에 의해 살아가고 있다면 대안을 고려하도록 유도하고 그들의 참조체제를 인식하기 시작하고 신념체계에 대한 증거를 계속 보여 주도록 해야 한다고 주장하였다.

벡의 인지치료의 목표는 클라이언트가 보다 건설적이고 목표지향적인 활동에 참여하면서, 자신의 능력에 대한 부정적이고 파괴적인 추론을 변화시키는 것이다. 이를 위해서는 치료 초기에는 비교적 인식되기 쉬운 자동적 사고에 초점을 두어 스스로 자동적 사고를 식별하고 평가하며 수정할 수 있도록 돕는다. 그런 후 역기능적 사고의 기저에 잠재되어 있는 중간믿음과 핵심믿음에 치료의 초점이 옮겨진다. 따라서 인지치료자는 클라이언트에게 인지치료에 대한 이론적 근거를 설명하여 이해시키고 자동적 사고를 탐색하여 유용한 사고와 유용하지 못한 사고를 식별하게 한다. 유용하지 못한 사고에 초점을 두어 사고에 따른 감정과 행동을 개념화하여 인지왜곡을 식별하게 한다. 그런 후 합리적인 대안을 생각하도록 돕는데 이런 과정을 반복하면서 점차 중간믿음과 핵심믿음에 접근하게 된다.

2) 엘리스의 인지·정서·행동치료(REBT)

엘리스의 인지 · 정서 · 행동치료는 인지 · 정서 · 행동이 서로 영향을 주고 상호

인과관계를 가진다는 가정에 기초하는데, 이는 보다 중다양식적 접근과 통합적 접근이라는 특징을 가지고 있다.

인지 · 정서 · 행동치료의 기본 가설은 정서가 주로 우리의 신념, 평가, 해석 그리고 생활 상황에 대한 반응에서 유발된다는 것이다. 인지행동치료는 스트레스의 유발 사태 자체가 아니라 그 사태에 대한 개인적 신념에 의해 중재되는데, 이는 논박을 통해 효과를 낼 수 있다고 주장하였다. 즉, 클라이언트들이 과거에 획득되어진 것을 자기구조화하였고 이제는 스스로 주입하고 유지시키고 있는 비합리적인 신념들을 규명하고 논박하기 위한 도구를 찾는 기술을 배우는데, 그들을 비효과적인 사고방식들을 효과적이고 합리적인 인지로 대처하게 하여, 그 결과 자신이 처한 정서적 반응들을 변화시키게 된다는 것이다.

비합리적 사고는 당위적 사고가 근원이라고 주장하였다. 예를 들어, "나는 모든 사람들로부터 인정받고 사랑받아야 한다, 나는 중요한 과제를 완벽하게 수행해야 한다, 내가 원하는 것을 얻지 못한다는 것은 끔찍하고 참을 수 없다, 다른 사람들은 나를 공정하게 평가하고 사려 깊게 대해 주어야 한다" 등과 같은 생각들이다. 이러한 비합리적인 신념을 논박을 통하여 합리적인 신념으로 바꾸고자 하는 것이 이 이론의 핵심이다. 또한 합리정서치료자들은 클라이언트를 어린아이로 취급하지 않기 때문에, 어떤 사람들은 치료자의 완강함을 받아들이기가 힘들다는 것을 발견한다. 즉, 치료자는 숙제를 줄 수도 있고, 내담자가 상관에게 자기주장을 하도록 고무하기도 하며, 소녀에게 데이트를 청하러 홀에 내려가라는 지시도 하고, 또한 그들을 놀라게 한 대를 때려 주라는 지시도 한다. 간단히 말해, 합리적 정서치료자들은 매우 지시적이다.

인지 · 정서 · 행동치료에서는 행동을 하기 전 혹은 하는 동안 스스로에게 무엇을 말하였는가에 따라 문제행동이 결정된다고 본다. 따라서 치료는 클라이언트가 비합리적이고 부적절한 자기언어[1]를 인식하고 보다 합리적이고 긍정적인 자기언어로 대체하도록 돕는 것이다. 따라서 인지 · 정서 · 행동치료과정은 그림 1-3과 같이 ABCDE로 설명될 수 있다.

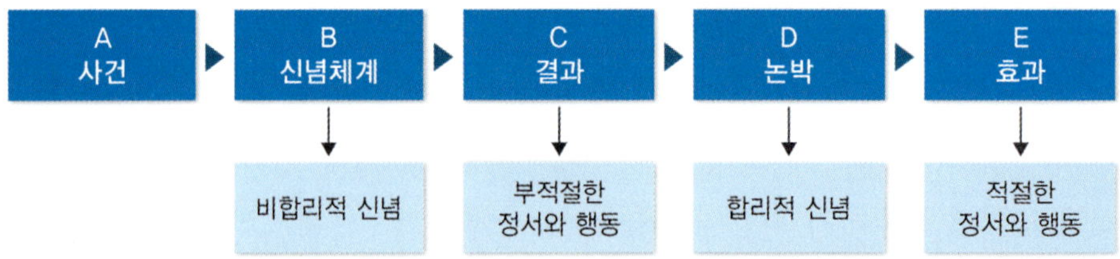

그림 1-3. **인지 · 정서 · 행동치료 과정**

A는 선행사건(activating event)으로 개인에게 혼란을 야기하는 어떤 사건을 말한다. B는 신념체계(belief system)로 어떤 사건이나 행위 등과 같은 자극에 대해 개인이 갖는 태도 혹은 사고방식이다. 여기에는 합리적 신념(rational belief)과 비합리적 신념(irrational belief)이 있다. C는 결과(consequence)로 그 사건을 신념에 의거하여 해석해서 느끼게 되는 정서적 결과이다. 비합리적 사고방식인 경우 불안, 원망, 비판, 죄책감 등의 감정을 느끼게 된다. D는 논박(dispute)으로 클라이언트가 가지고 있는 비합리적인 신념이나 사고에 도전하고 그것이 사리에 맞는지를 검토하는 것이다. E는 효과(effect)로 클라이언트의 비합리적인 신념에 대해 논박하여 합리적인 신념으로 대체한 뒤 느끼게 되는 수용적이고 긍정적인 감정이다.

---

1) 인지 · 정서 · 행동치료는 모든 정서적 문제의 주요 원인이 그 상황에 대한 스스로 말하는 자기언어(self-talk)에 달려 있다고 전제한다. 자기언어에 따라 감정과 행동이 달라지므로 자기언어가 변화되면 감정과 행동도 변화될 것이라고 본다.

3. 인지행동모델의 절차

인지행동모델은 치료의 대상과 기법의 사용이 치료자들마다 상이하여 일반적인 절차를 제시하는 것은 어려운 일이지만 일반적으로 그림 1-4와 같은 절차로 이루어진다(조은경, 2010; Bartlingetal., 1998).

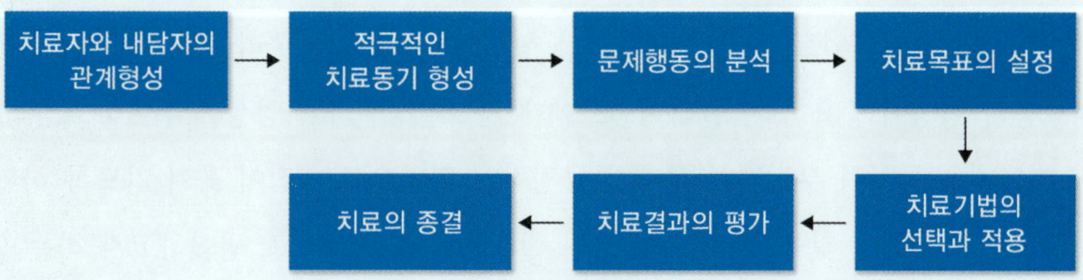

그림 1-4. 인지행동모델의 절차

1) 치료자와 클라이언트의 관계 형성

라자루스(Lazarus, 1989)는 클라이언트와 치료자의 관계는 형식적이고 사무적인 접근이라는 한쪽 끝에서부터 긴밀하게 맺어지고 다정스러운 접근이라는 또 다른 극단의 끝까지 연속선상에 있다고 본다. 인지행동모델의 입장에서는 초기 치료자와 클라이언트의 관계에 크게 주의를 기울이지 않았지만 점차 치료자와 클라이언트 간의 관계의 중요성에 관한 논의가 대두되면서 치료관계의 형성을 중요하게 간주하게 되었다. 특히 인본주의 입장에서 강조하는 치료자의 태도가 상담의 성공에 중요한 요소로 검증되면서 좋은 대인관계의 형성은 치료과정의 필수 불가결한 요소임을 인정하게 되었다. 인지행동모델의 집단상담자는 치료기법을 효율적으로 사용하기 위해 필요한 신뢰와 관심의 분위기로 이끄는 인간적 특징을 가진 숙련가이어야 한다.

2) 적극적인 치료동기의 형성

치료자와 클라이언트 간의 치료관계가 형성이 된 후에는 클라이언트의 적극적인 치료동기 형성이 중요하다. 클라이언트에게 자기결정권과 책임성을 부여하고, 적절한 피드백을 통하여 부정적인 문제가 긍정적인 영역으로 초점이 옮겨 가도록 하며, 자신의 문제행동을 찾을 수 있도록 하여 실패감을 축소시키고, 변화하고자 하는 동기를 유발해 내도록 한다.

3) 문제행동의 분석

진단이 없으면 치료가 없다는 문제행동분석은 인지행동모델의 대표적인 치료를 위한 진단 절차이다. 문제행동분석은 클라이언트의 문제행동을 일으키고 유지하는데 영향을 주는 변인을 파악하는 것을 말하며 주로 초기면접에서 시행되지만 실제적으로 초기면접 이외에도 모든 치료절차에 항상 선행되는 중요한 단계이며 치료

기법을 선택하고 계획을 수립하는 데에 기초가 된다. 문제행동분석 과정의 구체적인 내용은 **표 1-3**과 같다(Bartlingetal., 1998).

표 1-3. 수평적 분석도식(S-O-R-C)에 대한 설명

구분	내용
상황적 자극 (Situation Stimulus)	외적 환경과 자극은 문제행동을 이해하는 데에 있어서 필수적인 요소라고 할 수 있다. 외적 상황과 자극에 대한 정보는 장소와 시간, 그리고 빈도와 그 강도를 포함하여 자세히 파악되어야 한다.
유기체 (Organism)	환경이나 상황에서의 변인을 파악하는 것은 한 개인의 행동을 이해하는 데 중요한 역할을 하지만 이러한 환경과 상황을 조절하는 개인 변인 역시 행동을 이해하는 데 필수적이다. 개인이 가지고 있는 자기조절능력을 확인하는 것을 포함한다.
반응 (Reaction)	개인이 특정 상황에서 나타내는 문제행동의 특징을 규명하는 것으로서 외현적 행동뿐만 아니라 정서적 행동을 의미한다. 즉, 특정상황, 또는 특정영역에서 개인이 나타내는 부적응 행동을 빈도와 주관적으로 느끼는 곤란함 정도와 지속기간 등을 포함하여 분석되어진다. 특히 문제행동은 자극에 대한 반응행동인지 아니면 조작적 행동인지에 관하여 분석이 이루어져야 한다.
결과 (Consequence)	개인의 대부분의 행동은 그 행동의 결과 나타나는 "결과 행동"에 의해 유지, 강화된다. 예를 들어, 알코올 중독의 경우 대표적으로 단기적인 긍정적인 강화("회피적 문제해결")가 중요한 역할을 하게 된다. 이러한 결과 행동이 문제행동에 끼치는 강화로서 역할을 파악하기 위하여 내적 · 외적, 긍정적 · 부정적, 단기적 · 장기적인 연관성에서 접근이 가능하다.

4) 치료목표의 설정

치료목표의 설정은 몇 가지의 단계로 나누어 생각할 수 있다(Cormier & Cormier, 1991). 첫째, 치료자는 치료목표의 성질과 치료목표를 설정하는 취지를 클라이언트에게 설명한다. 둘째, 치료자는 클라이언트가 달성하고 싶어 하는 목표를 생각해 낼 수 있도록 도와준다. 셋째, 클라이언트는 자신이 바라는 구체적인 목표를 결정한다. 넷째, 달성될 수 있는 목표인지, 나중에 측정될 수 있는 것인지 고려해 본다. 다섯째, 상담을 계속할 것인지, 상담목표를 다시 정할 것인지 결정을 내린다. 여섯째, 최종 목표를 보다 구체적인 목표로 나누어 적절한 순서를 결정한다.

5) 치료기법의 선택과 적용

인지행동모델의 상담은 결과를 객관적으로 평가할 수 있는 다양한 구체적 기법들을 체계적으로 사용한다. 이렇게 함으로써 치료효과의 증진을 위해 계속적으로 기법들을 개선할 수 있다. 클라이언트나 집단이 다루는 문제에 따라 사용하는 기법이 달라지게 된다.

6) 치료결과의 평가

치료의 모든 단계에서 평가는 반드시 필요하며 이 과정을 통하여 클라이언트와 상담자는 치료과정을 통제하고 잘못된 점을 발견·수정해 나가면서 문제를 해결해 나가게 된다. 즉, 치료결과의 평가는 치료자가 얼마나 치료를 잘했는지와 적용한 치료기법이 얼마나 효과가 있었는지를 알아보는 데 유용하다. 이 평가 결과에 따라 기법은 계속 바뀌어질 수 있다.

7) 치료의 종결

치료의 종결은 상담이 목표에 도달했는지에 관한 평가를 기초로 이루어진다. 그러나 심리치료의 목표는 상담자와 클라이언트에 의해서 설정되는 것이기 때문에 또 다른 문제행동의 분석이 이루어지고 클라이언트 스스로 대부분의 문제를 해결해 나갈 수 있게 되면 상담 횟수의 간격을 점진적으로 늘리면서 상담자의 실제 적응능력을 향상시키고 재발 방지에 초점을 두게 된다.

4.

인지행동모델의 사회복지실천에서의 적용

1) 인지적 접근의 원칙과 활용

인지행동모델의 사회복지실천에서의 적용을 위한 인지적 접근의 원칙과 인지적 모델의 활용 및 효과는 **표 1-4, 표 1-5**와 같다.

표 1-4. 인지적 접근의 원칙

- 인지치료는 클라이언트 및 클라이언트 문제에 관해 인지적 용어로 전개한 계통적 설명에 기초를 두고 있음
- 인지치료는 건전한 치료관계를 필요로 함
- 인지치료는 상담자와 클라이언트의 적극적 참여로 이루어지는 협력을 바탕으로 함
- 인지치료는 문제에 초점을 두며 목표 지향적임
- 인지치료는 현재를 강조함
- 교육적이며 클라이언트가 자신의 상담자가 되도록 가르치기를 원함
- 가능하다면 시간제한성을 둘 것을 권장함
- 클라이언트가 역기능적 사고와 신념을 확인 및 평가하면서 효율적으로 대응하도록 가르침
- 클라이언트가 사고, 감정, 행동을 변화시키도록 원조함에 있어 다양한 치료기법들을 사용함

표 1-5. 인지적 모델의 활용 및 효과

구분	내용
치료관계의 적극적 이용	• 클라이언트로 하여금 이전과는 다른 방식으로 스스로와 세상을 바라보는 기회를 제공 • 지지적 요인의 활용으로 클라이언트의 자긍심 향상에 기여
클라이언트와 상담자의 관계 내 왜곡 조정	• 클라이언트와 상담자 간의 관계에서 일어나는 왜곡들에 초점을 둠 • 클라이언트는 잘못된 생각들과 타인들로부터 어떠한 대우를 스스로 기대했는지를 깨닫게 됨
개인 내부적 의사소통의 명확화	• 클라이언트에게 생각과 독백에 대해 피드백을 제공한다는 장점을 가짐 • 클라이언트가 자기 자신 및 타인들에게 한 말들 속에 감추어져 있는 수많은 잘못된 생각 및 비합리적 신념들을 더 잘 이해하도록 도움
설명	• 인지, 정서, 행동의 사이클을 이해시킴으로써 클라이언트 자신이 가지는 정서의 발생경위를 보다 확실히 이해하도록 함 • 정서의 파급효과에 대한 것을 인식하도록 하는 것에 초점을 둠
서면 과제물의 할당	• 비합리적 자기대화 등을 확인하고 변화시키는 데 있어 유용한 도구가 될 수 있는 방법임 • 역기능적 사고기록을 감시하고 도전하기 위해 사용됨
역설적 의도	• 클라이언트가 어떤 불유쾌한 구체적 행동이 자주 발생할 것을 불안해하는 나머지 그 행동을 오히려 더욱 발전시킬 경우 적절하게 사용될 수 있음
이득-불이득의 분석	• 알코올 및 약물문제를 가진 개인을 치료함에 있어 유용한 수단이 될 수 있음 • 이득과 불이득의 열거 후 이들 사이에서 우선순위의 결정이 뒤따르게 됨

2) 인지행동모델의 주요 기법들

인지행동모델에서 클라이언트 특성과 문제행동의 정도에 따라 사용할 수 있는 주요 기법들을 살펴보면 다음과 같다(신성자 외, 2017; 장성철 외, 2020).

(1) 인지 재구조화

인지 재구조화(cognitive restructuring)는 역기능적이고 자기 패배적인 사고와 잘못된 신념을 인식하여 그것을 현실과 부합되며 클라이언트의 기능을 향상시키는 데 필요한 신념과 행동으로 대체하는 개입방법이다. 실체적 인지나 인지과정을 계획하고 의논하여, 변화시키는 절차를 통틀어 활용하는 말로서 클라이언트는 일상 문제에 대한 자신의 정서적 반응과정을 가정이나 신념을 가지고 있다. 이에 상담자는 클라이언트가 잘 수용할 수 있도록 지지한다. 클라이언트가 문제에 내재해 있는 역기능적 신념과 사고과정의 유형을 파악할 수 있도록 돕는다. 클라이언트가 자신의 역기능적 인지를 유발시킬 수 있는 과정을 공감할 수 있도록 지지한다. 스스로 판단을 대체할 만한 것으로 수긍하고 순기능적인 대책으로 자기 진술을 대신할 원조와 성공적 대처에 주력할 수 있도록 클라이언트 스스로의 보상을 지지한다.

(2) 체계적 둔감화

체계적 둔감화(탈감법, systematic desensitization)는 불안을 일으키는 자극을 가장 약한 정도에서 가장 강한 자극으로 옮겨 가면서 차츰 자극에 대한 반응 강도를 감소시켜 나가는 기법으로, 과정을 요약하면 다음과 같다. 첫째, 불안을 일으키는 상황을 구체적으로 열거한 후, 위계목록을 작성한다. 둘째, 근육 이완훈련을 시작한다. 셋째, 클라이언트가 이완을 통해 완전히 평온한 상태가 되면, 가장 약한 불안을 일으키는 장면을 상상하여 그 상황 속에서 자신의 능력으로 극복하도록 유도한다. 이 기법은 불안이 극복되면 더 높은 수준의 불안 장면으로 점차 높여 나가고, 최고 불안 장면까지 극복하게 되면 현실 상황을 적용시켜 마침내 불안을 완전하게 이겨 낼 수 있도록 한다.

(3) 모델링

모델링(modelling)은 클라이언트가 취할 만한 행동을 표현해 주고 클라이언트가 관찰학습 과정을 통해 이를 똑같이 따라 하도록 하는 기법으로 역할극을 통해 가끔 적용되며 클라이언트가 보인 행동에 대해 다시 피드백을 부여해 준다. 이 기법의 과정을 살펴보면, 우선 변화를 필요로 하는 구체적 행동을 파악하고, 모델을 제시한다. 클라이언트가 모델링에 주의와 관심을 갖도록 하고, 모델의 행동을 따라 하도록 한 후, 따라 한 행동을 강화시킨다.

(4) 이완훈련

이완훈련(relaxation training)은 클라이언트가 스트레스를 경험할 수 있는 상황일 때 적당하게 대응하도록 지원하는 기법이다. 근육의 수축이나 이완, 깊고 규칙적인 호흡, 유쾌한 일이나 상상 등을 단련하여 일상생활에서 초래되는 불안장애, 중독, 기타 스트레스성 장애에 적용되고 있으며, 클라이언트가 재생하여 반복하여 들을 수 있도록 하는 개입방법으로 유용하다.

(5) 사회기술훈련

사회기술훈련(social skills training)은 대인관계기술을 발전시키는 데 목적을 갖고 진행한다. 사회복지현장에서 다양하게 적용되고, 클라이언트에게 의사소통기술이 부족하거나 만족했을 때 대인관계를 형성하는 데 상당히 필요하며, 경청 및 말하기 기술 등을 포함하고 있어서 아동을 대상으로 하는 집단 실천에서도 많이 활용된다.

(6) 시연

시연(행동시연, rehearsal)은 가족이 경험하고 있는 문제를 사회복지사가 더 정확하게 이해하기 위해서 가족들로 하여금 가족의 역기능적 상호작용을 상담자 앞에서 실제로 행동을 통해 연기하도록 하는 것으로써 구조적 가족치료모델의 기법이다. 가족구성원들은 직접 행동함으로써 자신의 상호작용을 경험하고 관찰해 볼 수 있기 때문에 개입의 방향에 대한 정보를 확인하는 도구이자 그 자체로서 가족의 변화를 위한 도구가 된다.

Chapter

02

해결중심모델

배울 내용

1. 해결중심모델의 이해
2. 해결중심모델의 기본 개념
3. 이용자 중심의 5단계 상담모델
4. 해결중심모델의 사회복지실천에서의 적용

학습목표

1. 해결중심모델의 등장배경, 이론적 배경 및 발전 등을 이해한다.
2. 해결중심모델의 기본 개념을 숙지한다.
3. 이용자 중심의 5단계 상담모델을 설명할 수 있다.
4. 해결중심모델의 사회복지실천에서의 적용을 모색해 본다.

1. 해결중심모델의 이해

1) 해결중심모델의 등장배경

해결중심모델은 어떤 문제를 문제가 아닌 해결에 초점을 두는 심리상담모델이라고 할 수 있다. 즉, 문제의 원인보다는 클라이언트의 가능한 자원을 활용한 해결책이 무엇인가를 찾아 주는 데 초점을 두어 단기간 실시하는 상담접근모델이다. 해결중심모델은 드쉐이저(de Shazer)와 베르그(Berg)에 의해 1978년 미국 위스콘신주 밀워키에 위치한 단기가족치료센터(Brief Family Therapy Center: BFTC)에서 시작되었다.

해결중심모델은 과거에 초점을 두는 전통적 치료와는 달리 현재와 미래에 초점을 두는 치료법으로 치료자는 기존의 상담이론과는 달리 인간은 건강하고, 능력이 있고, 자신의 삶을 향상시킬 수 있는 해결을 구성할 능력을 가진 긍정적인 인간으로 본다.

이 이론은 1957년에 시카고 대학교의 펄만(Perlman)에 의해서 처음 소개된 이론으로서 클라이언트의 문제해결능력과 대처능력을 향상시키는 것을 목적으로 하는 사회복지실천방법 중의 하나이다. 현재는 알코올중독, 행동장애, 관계문제, 가족문제, 개인문제, 집단문제 등 다양한 접근법을 사용하고 있다. 단기상담모델은 문제의 원인이 되는 부적응을 교정하려고 하거나 문제의 원인을 제거하려는 노력은 필요 없다는 에릭슨(Erikson)의 견해를 바탕으로, 문제의 근원을 규명하기보다는 클라이언트의 자원을 활용하여 단기간 내에 치료목적을 성취하고자 한다. 따라서 해결중심 단기상담은 클라이언트가 이미 가지고 있는 자원을 활용하는 의미 있는 해결방안을 구축하도록 돕는 것을 목표로 하는 해결책 구축 모델이다.

2) 이론적 배경 및 발전단계

1950년대 시카고 대학의 펄만은 정신역동이론을 사회사업에 접목한 진단적 모델과 잠재력 성장과 실현, 기관의 기능에 초점을 둔 오토 랭크(Otto Rank)의 기능적 모델을 통합시켜 문제해결모델을 탄생시켰고, 해결중심가족상담을 이끌었던 드쉐이저와 베르그는 의사소통이론을 함께 적용해 문제의 원인을 없애려는 노력보다 클라이언트 본인이 이미 가지고 있는 자원을 활용하도록 하였다. 문제해결에 있어서도 상담자가 해결책을 제공하기보다 클라이언트를 중심으로 상담을 이끌어 나가야 한다는 것이 해결중심모델의 기본 철학이다(윤점열, 2009).

(1) 펄만의 문제해결모델

펄만은 듀이(Dewey)의 영향을 많이 받았으며, 그것을 바탕으로 문제해결모델의 기반이 되는 두 가지 개념을 도출하였는데, 하나는 반성적 사고의 과정, 즉 자아의 인식기능의 검증과 구성이며, 또 다른 하나는 주체적 존재로서의 인간의 개념이다. 즉, 인간은 단순한 자극에 대해 수동적으로 반응하는 존재가 아니라 문제를 유발하는 스트레스를 해결하고자 하며 역동적인 사회구조 속에서 어떤 목적을 달성하고자 시도하는 능동적 행위자라는 것이다.

그 외에 펄만은 사회적 역할의 개념을 사용하였는데, 개별사회사업에서 부딪히는 문제의 대부분은 역할 상호 교류작용(role transaction)의 문제라는 것이다. 역할은 대인관계적으로는 클라이언트의 생활상황이나 사회관계의 중심개념일 뿐 아니라 정신내적으로는 개인이 그 욕구를 충족하는 경우의 통로로서의 의미도 갖는다. 여기서 역할이란 개인이 그 성격을 표현하는 수단이며, 자기개념이나 자기동일성과 밀접한 관련을 가지는 것이다.

위와 같은 이론적 기반하에 이 모델이 갖는 기본적 가정은 모든 인간 생활은 문제해결과정이라는 것이다. 사람은 하루에도 수없이 계속되는 의식적, 무의식적 결정을 함에 있어 자아의 기능을 수행한다. 이런 자아의 기능은 본질적으로 성격상의 문제해결의 수단들이다. 그런데 클라이언트는 평소 문제해결능력이나 자원이 쓸모없게 되었거나 손상되었거나 부적응적인 사람들이다. 그래서 그들은 현재의 문제를 수습하기 위하여 물질적 · 심리적 도움을 사회복지기관에 요구하게 된다는 것이다.

바로 여기서 펄만이 문제해결 활동의 4가지 구성요소로 설명한 문제 · 사람 · 장소 · 과정이 도출될 수 있다. 즉, '문제'를 갖고 있는 '사람'이 어떤 '장소' 곧 사회복지기관에 자기의 문제를 갖고 도움을 얻기 위해 찾아온다. 사회사업가는 그 사람으로 하여금 자기의 문제해결 기능에 관여하게 하며 나아가서 문제해결에 필요한 자원을 보완해 주는 '과정'을 활용한다는 것이다.

이와 같은 구성요소에 두 가지를 첨가하면, 첫째는 관계이다. 즉, 사회사업가와 클라이언트와의 관계를 통해 정서적 만족이나 지지가 과정 속에 투입되면서 전반적 활동에 생기를 갖게 해 주며 지지적인 결합력을 가져다준다. 두 번째는 원조를 구하는 사람 편의 중요한 타자이다. 이는 문제해결을 결정짓는 중요한 요인은 원조를 구하는 사람의 관계망 속에서의 사람들이나 사회적 환경 등과의 관련이나 영향이므로 클라이언트가 이에 적극적으로 관여하여 도움을 제공해 주어야 한다. 즉,

이 모델은 정신분석이론의 영향을 받은 진단학파와 사회복지기관과 자아의 의지를 강조하는 기능주의 학파의 오랜 논쟁을 종식시키는 통합적 실천적 모델로 각광을 받았으며, 이후에 체계이론의 영향을 받은 콤튼(Compton)과 갤러웨이(Galaway)의 문제해결모델이나 핀커스(Pincus)와 미나한(Minahan)의 4체계 모델의 기초가 되었다.

(2) 드쉐이저의 문제해결 기본규칙

드쉐이저가 주장한 문제해결 기본규칙 세 가지를 살펴보면 다음과 같다. 첫째, 부서지지 않았다면, 고치지 말라. 상담목표를 결정하는 사람은 클라이언트이지 상담자가 아니다. 문제의 정의, 생각과 느낌의 탐색, 대인관계나 개인 내적 또는 환경적 영향 등과 관련한 상담자의 주제들은 클라이언트가 해결을 찾도록 하는 데 큰 도움을 주지 못한다.

둘째, 일단 효과가 있는 것을 발견하면, 그것을 더 많이 하라. 즉, 효과가 있는 일을 반복해서 하면 클라이언트는 긍정적 행동이 증가되는 것을 이해하게 되어 발생적 행동을 강화해서 더 많은 성공을 생성하게 된다는 것이다.

셋째, 만약에 부서졌으면, 그것을 고치도록 시도하라. 만약에 효과가 없으면, 다시 그것을 하지 말라. 이전에 효과가 있었던 어떤 일을 하거나 다른 어떤 일을 하는 것이 중요하다. 만약 그것이 효과를 보이지 않으면 다르게 제고되어야 한다.

2.

해결중심모델의 기본 개념

1) 기본원리와 중심철학

문제가 무엇인가를 밝히기보다 원하는 미래와 목표에 초점을 두는 해결중심상담의 기본원리를 제시하면 다음과 같다(윤점열, 2009; 조윤진, 2015; 조윤진, 윤천성, 2015; 하유경, 2014).

첫째, 병리적인 것 대신에 건강하고 긍정적인 것에 초점을 둔다. 클라이언트가 자신의 문제를 다루는 데 있어서 잘못된 것 대신에 성공했던 경험에 초점을 맞추고 그것을 어떻게 활용할 것인가에 관심을 두는 것이다. 클라이언트의 강점, 자원, 능력에 초점을 두며 결함, 장애는 가능한 다루지 않는다. 만약 상담자가 '문제가 무엇인가요?'라는 질문으로 상담을 시작한다면, 클라이언트는 자기가 겪은 고통과 불만을 털어놓기 시작할 것이다. 그러나 상담자가 문제나 증상에 초점을 맞추기보다는 '어떻게 행동할 것 같은가요?'에 초점을 맞추어 질문한다면, 클라이언트는 한 가지라도 잘하는 것에 대해 이야기할 것이고, 잘 할 수 있을 것이라고 기대하는 것을 더 이야기할 것이다. 또한 클라이언트는 자신이 앞으로 무엇을 할 것인가에 대해 이야기를 나눌 때, 머릿속으로 스스로 문제해결을 해 나가는 방향으로 접어든다는 것을 알게 된다. 그리고 해결을 암시하는 과정 속으로 자기최면처럼 빨려 들어가게 될 것이다.

둘째, 클라이언트의 강점, 자원, 건강한 특성을 발견하여 문제해결에 활용한다.

잘못이나 과거의 실패를 고치려고 노력하는 것보다 과거의 성공이나 장점을 찾아내어 그것을 확대시키는 것이 좋다. 즉, 클라이언트가 바라는 결과를 성취하기 위해 클라이언트가 이미 갖고 있는 자원, 지식, 믿음, 행동, 증상, 사회적 관계망, 환경, 개인적 특성 등을 활용하는 것이다.

셋째, 탈이론적이고 비규범적이며 클라이언트의 견해를 존중한다. 이 모델은 인간행동에 관한 이론의 가설적 틀에 맞추어 클라이언트의 문제를 평가하지 않는다. 대신에 클라이언트가 호소하는 독특한 불평에 기초하여 개별화된 해결책을 발견하고자 한다. 클라이언트는 자신의 문제를 해결하기 위해 필요한 모든 것을 이미 가지고 있다. 따라서 클라이언트의 견해를 수용하고 그 안에서 클라이언트가 지닌 긍정적인 자원들을 활용해야 한다.

넷째, 경제성을 추구한다. 작은 변화는 또 다른 변화를 가져오며 더 나아가서는 큰 변화를 가져올 수 있다. 클라이언트가 자신이 할 수 있는 범위 내에서 작은 문제를 해결한 경험은 다른 문제해결을 시도해 보려는 의지가 있는 것으로 본다. 그러므로 클라이언트가 달성할 수 있는 작은 변화들을 이끌어 내는 데 초점을 두어야 한다. 체계 일부분의 변화는 전체적인 체계의 변화를 가져오기 때문에 가장 단순한 것에서부터 시작한다.

다섯째, 변화는 불가피하다. 누구에게나 변화는 삶의 일부이기 때문에 막을 수 없다. 어떠한 문제라도 일어날 때와 일어나지 않을 때가 있다. 상담은 자연스럽게 일어나는 이러한 변화를 확인하고 그 변화를 해결책으로 활용하는 작업이다. 일반적으로 클라이언트들은 문제에만 관심을 두기 때문에 예외적인 상황을 무시한다. 해결중심상담은 예외적인 상황을 탐색하고 문제 상황과의 차이점을 발견하여, 이를 해결책의 구축으로 이어지게 하는 것이다.

여섯째, 현재와 미래를 지향한다. 이것은 과거에 대해 이야기하는 것이 불필요하다는 의미는 아니다. 다만 클라이언트가 현재와 미래의 상황에 적응하도록 돕는 것에 일차적인 관심이 있다는 것이다. 그러므로 면담과정에서는 클라이언트들이 과거와 문제로부터 멀어지게 하고 미래와 해결책을 지향하도록 한다.

일곱째, 상담자와 클라이언트 간의 협조관계를 중시한다. 협조관계란 상담자와 클라이언트가 함께 일한다는 것을 의미한다. 이 모델에서는 해결방안을 발견하고 구축하는 과정에서 클라이언트의 협력을 중시한다. 또한 상담자는 클라이언트가 생각하는 것을 이해하고 그에 맞추어 적절히 행동하는 협동작업을 하고, 클라이언트가 치료에 협력하도록 시종일관 의식적으로 노력해야 한다.

여덟째, 해결중심모델은 **표 2-1**과 같은 철학을 중시하며, 해결중심모델은 이렇듯 다양하고 간단한 절차와 분명한 질문법이나 메시지 같은 독특한 접근법으로 상담사의 권한이나 책임은 줄이고, 클라이언트의 자원을 활용하도록 이끈다. 상담자들 역시 이런 질문법을 통해 좀 더 긴장을 줄이고 여유롭고 편하게 클라이언트와 상담현장에 임하게 되고, 클라이언트의 변화를 잘 관찰할 수 있게 된다. 해결중심모델에 있어 해결 구축을 위한 방안은 **그림 2-1**과 같다.

표 2-1. 해결중심모델의 중시 철학

- 클라이언트가 문제 삼지 않으면 그 문제는 다루지 않는다.
- 일단 효과가 있는 것을 알면 그것을 계속해서 한다.
- 효과가 없다면 다시는 같은 방법을 사용하지 말고 다른 방법을 사용한다.

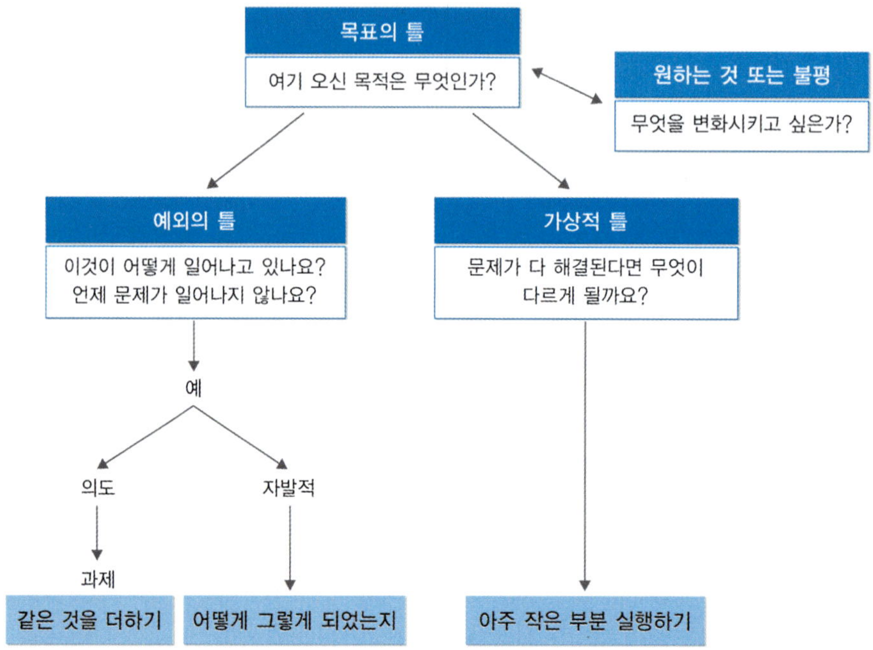

그림 2-1. 해결구축을 위한 방안

2) 원조면담

원조면담(helping interview)은 일상적인 비공식적 대화와는 다르다〈표 2-2〉. 면담은 어떤 목적을 가지고 있고, 참여하는 사람들은 모두 일정한 역할들을 가지고 있다. 원조면담은 몇 가지 목적을 가질 수 있는데, 정보수집, 문제의 본질 사정, 정보의 전달이나 교육, 정서적 지지, 대안 제시와 문제해결에 대한 원조, 상담 등이다(윤점열, 2009).

표 2-2. 대화와 원조면담의 차이점

대화	원조면담
• 일정한 체계가 없음 • 비공식적임 • 특별한 역할이 없음 • 특정한 목적이나 목표가 없음 • 대화량이 서로 비슷함 • 즉흥적임, 비계획적임 • 어떤 법칙이 없음	• 다소 체계가 있음 • 공식적임 • 클라이언트와 원조자의 역할이 있음 • 클라이언트에게 이익을 주거나 그 사람의 목적을 이루는 것이 목적 • 클라이언트가 더 많이 이야기함 • 계획적임 • 윤리적인 지침과 의사소통기술이 있음

원조면담의 단계에서는 표 2-3과 같이, 단계 1과 3은 대개 느낌(감정)과 연관이 있고 단계 2와 4는 대개 사고(인지)와 연관이 있다. 면담의 이 네 과정은 주로 순서대로 나타나야 하는데, 그 이유는 어떤 특정 작업은 다른 작업 전에 완성되어야 하기 때문이다.

표 2-3. 원조면담의 단계

단계	구분	항목	내용
단계 1	정서적 차원	라포형성	이 과정에서 원조자는 편안한 환경과 도움이 되는 분위기를 조성하면서 초기관계를 수립한다.
단계 2	인지적 차원	사정	이 과정에서 사회복지사는 근본 위기나 문제 그리고 어떻게 클라이언트가 상황을 인식하고 있는지 조사한다. 이 단계는 정보를 모으고 클라이언트가 왜 도움을 찾게 되었는지를 말하도록 하는 시간이다.
단계 3	정서적 차원	감정	원조의 핵심이라 할 수 있는 이 단계는 클라이언트가 가지고 있는 감정을 파악 · 수용 · 인정 · 반영을 하는 것이다.
단계 4	인지적 차원	문제해결	마지막 단계로서 클라이언트와 함께 가능한 자원들을 상의하고 행동계획을 세우며 대안책을 제시한다.

3. 이용자 중심의 5단계 상담모델

1) 적용의 실천지침

이것은 사회복지실천의 측면에서 구체적인 행동원리를 결정하는 데 필요한 실천지침을 참고자료로 제공해 주는 것이다. 사회복지실천의 적용에 대한 실천지침은 표 2-4와 같다(윤점열, 2009).

표 2-4. 적용의 실천지침

- 역기능적인 '문제'에서 벗어나 '해결'하는 방향으로 사고방식을 전환할 수 있도록 도와준다.
- 질문기법이 클라이언트의 잠재적인 능력과 강점을 발견하는 데 도움을 준다.
- '작은 변화'에 큰 의미를 부여하고, 변화가 계속 일어날 수 있도록 격려해 준다.
- 치료기간이 '단기적'으로 이루어져 장기간 치료보다 효과적이고 경제적이다.
- 클라이언트가 어려운 상황에 있더라도 그 상황에서 '변화가능성'을 찾도록 도와준다.

하지만 제한점으로는 평가를 위한 정보수집을 대부분 척도질문에 대한 클라이언트의 주관적인 응답에 의존하고 있다는 점이다. 시도된 개입의 효과를 보다 정확하게 파악하기 위해서는 클라이언트의 주관적인 응답뿐만 아니라 표준화된 도구를 활용하는 것이 도움이 될 수 있다.

해결중심상담은 다음과 같은 몇 가지 점에서 기존 상담과 차이가 있는데, 첫째, 기존 상담은 어떠한 문제에 대해 유일한 해결책이 존재한다고 보고 문제의 진단과 평가 틀을 중시한다. 또한 문제에 대한 정보가 많을수록 유익하다고 보고 개인적·사회적 조사에 많은 시간을 투자한다. 반면 해결중심상담은 하나 이상의 해결책이 존재한다고 본다. 또한 클라이언트의 강점이나 예외에 대한 탐색이 문제해결능력을 향상시킨다고 보고 문제에 대한 조사는 최소화한다.

둘째, 기존 상담에서는 상담자를 전문가로 보고, 전문가의 준거 틀과 클라이언트의 저항을 중시한다. 반면 해결중심상담은 클라이언트를 자신의 문제에 대한 전문가로 보고, 클라이언트의 준거 틀을 중시하며 클라이언트의 저항이라는 개념 자체를 부정한다.

해결중심상담은 단기간에 문제를 해결할 수 있는 방안을 클라이언트와의 대화를 통해 찾아야 한다. 그러므로 면담과정은 다분히 의도적이어서 상담자는 해결을 이끄는 조직화된 질문을 사용한다. 이에 대하여 칼(Kral)은 면담과정을 체계화시킨 5단계 상담모델을 다음과 같이 제시하고 있다.

2) 5단계 상담모델

(1) 1단계: 클라이언트와 협력적인 관계 형성하기

처음 만남부터 상담자는 클라이언트에게 존중과 권한을 부여하는 분위기를 만든다. 상담자는 클라이언트를 클라이언트 인생의 전문가로 세움으로써 그에게 권한을 주는데, 상담자 자신의 준거틀을 버리고 클라이언트의 준거틀을 탐색해야 한다. 클라이언트의 준거틀은 상담자 스스로의 준거틀에 의해 선험적으로 아는 것이 불가능하기 때문에 클라이언트의 설명에 의존해야 하고, 그렇게 하기 위해서는 클라이언트를 '알고 싶어 하는' 자세를 취해야 한다. 그에 도움이 되는 의사소통기술은

① 경청, ② 상담자의 비언어적 행동, ③ 클라이언트가 사용하는 핵심용어의 반복, ④ 개방형 질문, ⑤ 요약, ⑥ 쉽고 간략한 설명, ⑦ 침묵의 사용, ⑧ 클라이언트의 비언어적 행동에 대한 주목, ⑨ 자기생각의 표현, ⑩ '과정'에 대한 주목, ⑪ 칭찬, ⑫ 클라이언트의 지각에 대한 확인, ⑬ 감정이입, ⑭ 초점을 클라이언트에게 되돌리는 것, ⑮ 해결중심 대화의 확대 등이다.

이에 보다 효과적인 상담을 위해 클라이언트와 상담자의 관계유형(고객형 관계, 불평형 관계 및 방문형 관계)을 파악하는 것도 중요하다.

첫째, 고객형 관계는 상담자와 클라이언트 두 사람이 공동으로 문제와 해결책을 확인했을 때 이루어진다. 클라이언트는 문제를 분명히 인식하고 있고, 변화를 위해 무엇인가 할 의지가 있다. 또한 준비된 클라이언트로 구체적인 치료목표와 해결을 찾는 유형이며, 자신이 문제해결의 주인임도 잘 알고 있다. 따라서 고객형의 클라이언트는 상담자와 협력적인 관계로 쉽게 발전할 수 있고, 상담자가 원하는 이상적인 클라이언트이다. 이러한 관계는 자신이 원해서 도움을 요청한 클라이언트와 제일 쉽게 이루어진다.

둘째, 불평형 관계는 문제에 대해서는 두 사람이 공동으로 확인하였으나, 해결을 위한 클라이언트의 역할에 대해서는 확인하지 못했을 때 이루어진다. 클라이언트는 문제의 내용에 대해서는 잘 알지만 문제를 자기책임이 아니라 남의 책임으로 돌리는 유형이다. 문제의 해결을 위해서는 자신보다는 다른 사람이 변해야 한다는 입장이다. 며느리가 상담자를 찾아와서 시어머니가 변화되어야 한다고 주장하는 경우이다.

아직 문제에 대한 책임의식이 없는 불평형 클라이언트는 자신의 힘든 상황과 심리적인 어려움에 위로와 지지를 받고 싶어 한다. 이 클라이언트의 생각을 바꾸기 위해 토론하는 것은 피하고 스스로 자기 문제의 주인임을 깨달을 때까지는 부드럽게 이끈다. 클라이언트 자신이 해결의 주체임을 알고 인정하기 전에는 상담자가 해결책을 제시하는 것을 삼가야 한다.

셋째, 방문형 관계는 클라이언트와 상담자가 공동으로 문제 또는 상담목표를 발견할 수 없었을 때 이루어진다. 이 유형의 클라이언트는 거의 타인에 의해서 상담에 보내진 경우, 예를 들면 법원에서 가정폭력자를, 학교에서 비행청소년을 보낸 경우이다. 이들 클라이언트는 자신이 문제에 대한 의식이 없으므로 변화하고자 하는 동기가 매우 약한 편이다.

상담자는 먼저 방문형의 클라이언트에게 타의지만 상담소에 온 것 자체를 칭찬한다. 그리고 클라이언트가 문제를 스스로 인식할 수 있도록 원조해 주어야 한다.

(2) 2단계: 상담목표들을 타협하여 결정하기

해결중심상담에서는 클라이언트가 바라는 해결책에 초점을 두고, 그 목표를 분명히 설정하는 것이 우선적이다. 상담목표 설정을 위한 지침은 표 2-5와 같다.

표 2-5. 상담목표 설정을 위한 지침

- 클라이언트에게 중요한 것을 목표로 한다.
- 작은 것을 목표로 한다.
- 구체적이고 행동적인 것을 목표로 한다. 이러한 목표는 클라이언트의 성공을 즉각적으로 인정할 수 있는 기회가 증가하며, 실패할 경우 이유를 파악하고 대안을 모색하기 쉽다.
- 없는 것보다는 있는 것에 관심을 둔다. 문제시되는 것을 없애는 것보다는 있는 것에 관심을 두고, 문제행동 대신에 할 수 있는 일을 찾아내어 목표로 설정한다.
- 목표를 종식보다 시작으로 간주한다. 대부분의 클라이언트들은 행복해지는 것, 관계가 좋아지는 것과 같이 완전한 것을 목표로 생각한다. 그러나 클라이언트들은 구체적으로 어떻게 시작해야 할지 모르기 때문에, 궁극적인 목표를 성취하기 위해 현재부터 시작할 수 있는 작고 긍정적인 행동을 시작하는 것이다.
- 클라이언트의 생활에서 현실적이고 성취 가능한 것을 목표로 한다.
- 목표수행은 힘든 것이라고 인식하도록 한다. 목표가 아무리 작고 성취가능한 것이라도 클라이언트

입장에서 변화를 시작하는 것은 힘든 일임을 인식해야 한다. 목표수행이 힘든 일이 될 것이라고 말하는 것은 클라이언트를 이해하는 것이며, 목표를 성취했다면 의도적으로 노력한 증거이기 때문에 칭찬해 주어야 한다.

(3) 3단계: 클라이언트를 해결로 유도하는 단계(변화를 위한 면접방법)

클라이언트를 해결방향으로 유도하기 위해서는 문제 상황보다는 해결 상황을 형성해 가는 데 관심을 두는 것이 중요하다. 변화를 위해서는 상담자의 질문을 통해 클라이언트가 자신의 힘과 자원을 이용할 수 있도록 돕는 것이 최상이다. 대부분의 클라이언트들은 상담자가 질문하는 대로 반응하게 되기 때문에 상담상황에서 어떻게 질문하느냐는 상담효과의 성패를 좌우한다. 대화를 해결중심으로 이끄는 질문기법은 다음과 같다.

① 상담 전 변화에 대한 질문

클라이언트는 가장 위기 상황이라고 생각할 때에 상담을 받으러 온다. 클라이언트는 상담약속을 하고 오기까지 많은 생각을 정리하고 해결책을 모색하는 과정에서 변화하는 경향이 있다. 따라서 클라이언트가 지난 번 면담을 약속한 후 지금까지 일어났던 변화에 대한 질문은 때로 중요한 단서를 제공한다. 클라이언트가 의식 · 무의식적으로 실시한 방법에 대해서는 해결능력을 인정하고, 그러한 사실을 강화하고 확대할 수 있도록 격려한다.

☞ 상담을 약속한 후 오늘 오기까지 어떠한 변화가 있었나요?

② 예외질문

예외란 클라이언트가 문제라고 생각하는 행동이 일어나지 않는 상황이나 행동을 의미한다. 상담자는 예외적인 상황을 찾아내서 클라이언트로 하여금 의도적으로 계속 실시하도록 격려한다. 문제 상황은 24시간 동안 진행되는 것이 아니기 때문이다. 클라이언트가 할 수 없는 다른 시도보다는 할 수 있는 것, 현재 하고 있는 것을 지지하고 강화시키는 것이 문제를 없애기 위해 에너지를 소비하는 것보다 더 효과가 있다는 입장이다.

☞ 문제가 발생하지 않는 때는 언제입니까? 문제가 발생하지 않는 상황과의 차이점은 무엇입니까?

③ 기적질문

기적질문은 문제가 해결된 상태를 상상해 보고, 해결하기 원하는 것을 스스로 설명하게 하여 해결중심 영역으로 들어가게 하는 기법이다. 이것은 문제가 해결되어 있는 미래의 상태로 향하게 되고, 바뀐 현실을 꿈꾸고 희망을 갖게 하는 역할을 한다.

☞ 밤에 잠자는 동안에 기적이 일어나 지금 염려하는 문제가 다 해결되었다고 상상합시다. 당신은 잠을 자고 있었기 때문에 이런 기적이 일어났는지 모릅니다. 그런데 아침에 일어나서 지난 밤 기적이 일어나 모든 문제가 해결되었다는 것을 어떻게 알 수 있을까요? 당신이 처음 무엇을 보면 기적이 일어났다는 것을 알 수 있을까요?

④ 척도질문

척도질문은 클라이언트에게 자신의 문제, 문제의 우선순위, 성공에 대한 태도, 정서적 친밀도, 자아존중감, 문제해결의 가능성에 대한 확신, 변화를 위해 투자할 수 있는 노력, 진행에 관한 평가 등의 수준을 수치로 표현하도록 하는 방법이다. 상담자는 척도질문을 통해서 클라이언트의 문제해결에 대한 태도를 보다 정확하게 알아볼 수 있다.

문제해결 전망에 대한 척도질문

☞ 최악의 상태를 1점으로 하고 모든 문제가 해결된 상태를 10점으로 한다면, 오늘의 상태는 몇 점에 해당합니까?

동기에 대한 척도질문

☞ 같은 10점 척도에서, 이 문제를 해결하기 위해 어느 정도 노력할 수 있겠습니까?

진전 상태를 평가하는 척도질문

☞ 치료목표가 성취된 상태를 10점으로 하고, 치료받으러 왔을 당시의 상태를 1점으로 한다면, 오늘의 상태는 몇 점입니까?

---

⑤ 대처질문

이 질문은 자신의 미래를 매우 절망적으로 보거나 낙담하고 있는 클라이언트에게 주로 사용한다. 그러한 어려운 상황을 견디어 내거나 더 나빠지지 않은 것을 강조하고, 위기에서 살아남기 위해 대처해 온 자신을 발견하고, 그것을 인식, 강화, 확대하기 위한 근거로 이용한다. 이러한 질문을 통해 클라이언트는 자신의 노력, 의지, 자원을 발견하게 되고 스스로 문제해결을 위해 노력할 힘과 용기를 가지게 된다.

☞ 문제가 심각한데 상황이 더 나빠지지 않도록 하기 위해 어떻게 하셨나요?, 매우 어려운 상황인데 지금까지 어떻게 견디셨나요?

---

(4) 4단계: 해결중심적 개입단계

30~40분 동안의 면접 후에 상담자는 잠시 상담실을 나와, 일방경을 통해 상담과정을 관찰하고 있던 팀과 함께 클라이언트를 위한 메시지를 작성하는데, 이것은 확인시키기, 연결부분, 과제주기 등으로 구성된다.

① 팀 접근법

상담자는 더욱 객관적으로 클라이언트의 문제를 볼 수 있고, 면접진행을 검토·분석하여 과제를 주는 데 있어서도 더욱 효과적일 수 있다. 아울러 클라이언트도 10분 동안 기다리면서 상담자 팀의 피드백에 대해 기대를 하게 되고, 상담자의 다음 말에 더 집중할 수 있게 된다.

② 확인시키기

첫째, '칭찬하기'로 클라이언트가 현재 하고 있는 것이나 하였던 것, 좋은 생각, 개방적 의사소통 등 자신이나 타인에게 도움이 되거나 바람직한 것이면 어떤 것이든 칭찬을 해 준다. 둘째, '인정'으로 클라이언트의 상황, 감정, 생각에 대한 이해, 공감, 지지를 표시한다.

③ 연결부분

다음 시간에 와야 하는 이유와 과제를 주는 이유를 자연스럽게 설명하고, 클라이언트의 능력과 클라이언트-상담자의 관계유형에 따라 적절한 과제를 선택하여 부과한다.

(5) 5단계: 목표유지단계

두 번째 면접부터는 변화에 관한 질문, 즉 '무엇이 나아졌나요?'와 같이 변화에 대한 지지와 격려, 목표유지를 위한 과제주기 등의 전략을 사용한다.

첫 번째 질문에서는 변화된 것이 무엇인지를 조사한다. 즉, 무엇이 더 나아졌는지, 구체적인 상황에서 어떻게 변화가 일어났는지, 클라이언트가 어떤 역할을 하였는지를 조사한다. 이 질문에 대해 긍정적인 반응을 보이면 두 번째 질문을 하고, 부정적인 반응을 보이면 경청하고, 변화 여부에 대해서도 부정적인 대답으로 일관하면 다른 개입방법을 사용한다. 즉, 클라이언트와의 관계성에 대해 다시 사정을 하고, 목표가 클라이언트 중심으로 설정되었는지를 조사하고, 상담에 다른 사람을 포함시켜 본다.

두 번째 질문에서는 그 변화들이 목표에 관련되는지를 조사한다. 긍정적인 대답이 나오면 세 번째 질문을 하고, 부정적인 대답이 나오면 척도질문을 통해 목표에 더 도달할 수 있도록 다른 과제를 준다.

세 번째 질문에서는 그 변화들이 그것으로 충분한지를 묻고, 긍정적으로 응답하면 종결한다. 그렇지 않을 경우에는 척도질문을 통해, 다음 상담은 어디부터 시작할 것인지, 원하는 다른 변화가 있는지를 조사한다.

4.

해결중심모델의 사회복지실천에서의 적용

1) 문제 정의하기

어떤 경우에나 문제를 정확하게 규정할수록 그 문제를 해결하기가 쉽다. 성급하게 해결책부터 찾게 되면 해결 방향이 잘못 잡혀질 수 있어 시간과 정력을 낭비하고 좌절을 초래할 수 있다. 때문에 먼저 문제는 구체적으로 묘사되어야 한다. 문제상황에 어떤 체계가 관련되어 있는지 그 중요한 체계를 파악하고, 문제에 대한 각 체계의 욕구를 파악하는 것이 필요한 정보를 얻는 데 중요한 지표가 된다. 사회복지사의 지식과 가치가 정보를 수집하는 데 많은 영향을 주는 것이 사실이다. 따라서 사회복지사는 자신의 편견을 인식하고 있어야 하고 의사소통기술을 갖추어야 한다.

그런데 중요한 것은 제 아무리 훌륭하고 좋은 프로그램이라 하더라도 직접적으로 그것을 필요로 하는 사람에게 적절한 것이 되지 않으면 안된다. 왜냐하면 이용자의 개인적인 입장으로 보면 철저하게 맞춤식이 되어야 하기 때문이다. 배가 고픈 사람에게는 밥을 주는 것이 최고이고, 목이 마른 사람에게는 물을 주는 것이 최고이다. 이처럼 훌륭하고 오래된 전통을 통하여 많은 사람들에게 보편성을 획득해 온 선문답이라 하더라도 각자에 적절한 문제를 해결하는 것이 되지 않으면 안된다.

이런 점에서 문제를 정확히 분석하고 규정하기 위한 한 가지 가이드라인은 문제상황과 관련된 다양한 클라이언트 체계의 '욕구(need)'를 구체화해야 한다는 것이다. 어떤 해결책이 받아들여지기 위해서는 클라이언트의 욕구를 만족스럽게 충족해야 한다. 클라이언트의 욕구는 가능한 해결책을 사정하기 위한 기준으로서 활용될 수 있다.

문제의 분석이 끝나면 문제의 바람직한 상태는 무엇인지도 구체화하고 장 · 단기적 목적을 세운다. 목표는 구체적인 방식으로 행동주의적 용어로 쓰이는 것이 바람직하며 성취 가능해야 한다.

문제에 대한 규명과 정의는 효과적인 문제해결에 결정적인 역할을 한다. 이는 문제해결을 위해 어떤 자료를 수집하고 누가 일하고, 어떤 대안이 고려될 것이며, 문제해결에 의해 누가 영향을 받게 될 것인가 등에 영향을 미친다. 문제는 처음에는 명확하지 않고 갈피를 잡기 힘들어, 엉키고 체계가 없으며 해결하기 어렵고 복잡한 미궁처럼 보인다. 이때 여러 단계에 의한 접근은 문제해결을 증진시키고 문제를 규정하는 데 도움을 줄 수 있다. 그러나 여기에서 반드시 필요한 것은 그 문제 정의가 이용자의 편의에 따른 것임을 명심하는 것이다.

2) 문제 정의의 원칙

문제 정의의 원칙을 구체적으로 살펴보면, 첫째, 문제의 경계를 명확히 하는 것이다. 경계는 집단이 처한 문제나 논쟁의 범위와 정도를 말한다. 경계를 명확히 한다는 것은 문제해결자들의 제안이나 생각 · 초점을 명확히 하는 데 도움을 줌으로써 훨씬 더 문제를 효과적으로 해결할 수 있게 이끈다. 문제해결과정의 경계는 또한 창의적 문제해결을 막지 않도록 폭넓고 유연성이 있어야 한다. 사회복지사는 일정 한도 내에서 구성원들의 자유를 누릴 수 있도록 지적해 주어야 한다. 즉, 문제의 범위를 어디까지로 하고 이를 해결하기 위한 노력은 어느 정도여야 하는지에 대한 범위 제한과 관련하여 설득력 있는 이유가 제시되어야 한다.

둘째, 구성원들이 문제를 어떻게 인식하고 있으며 어떤 방식으로 해결되기를 원하는지에 대한 기대를 알아본다. 문제 상황에 대한 구성원들의 인식과 해결 방안에 대한 기대는 문제에 대한 접근 방식을 결정하게 한다. 구성원들이 집단의 문제해결 과정에 만족하고 도달할 해결방안에 대해 언급을 한다면 집단이 처한 문제에 대한 구성원들의 견해는 존중된 것임에 틀림없다. 그들의 견해를 요청하고 구하기보다 사회복지사가 구성원 개개인의 견해를 존중하고 경청하고 있다는 것을 실제 행동으로 보여 주고 확신을 갖게 하는 것이 가장 좋은 방법이다. 문제에 대한 구성원들의 인식과 기대를 명확히 하는 데 실패하게 되면 이후 집단 문제해결 과정이 어려워지는데, 이는 구성원들 사이의 불명확한 기대로 일부에서는 숨겨진 의제가 발달하기 때문이다.

셋째, 문제해결방침을 결정한다. 문제를 규명하는 동안 구성원들로 하여금 문제해결방침을 개발하도록 돕는 것은 중요하다. 문제해결방침의 결정은 문제 상황에 대한 구성원들의 비합리적 신념을 최소화한다. 비합리적 신념은 구성원들의 문제에 대한 인식과 문제해결을 방해할 수 있기 때문이다. 따라서 사회복지사는 구성원들이 비합리적 신념에 맞서 도전하여 합리적 해결방안을 모색하도록 격려하는 것이 중요하다.

3) 해결중심모델의 방법

(1) 목표설정

① 클라이언트에게 중요한 것을 목표로 하기

상담목표가 클라이언트에게 중요한 것일 때, 클라이언트는 목표를 성취하기 위하여 보다 많은 노력을 하게 된다. 클라이언트는 자신들에게 어떤 변화가 일어나야 할지를 모르는 것이 아니라 단지 자신의 목표를 정확한 언어로써 표현하는 것이 어려울 뿐이다. 그러므로 상담자의 역할이란 이들이 자신들의 목표를 언어화할 수 있도록 돕는 것이다.

② 작은 것을 목표로 하기

클라이언트가 설정하는 상담목표는 작고 성취할 수 있는 것이어야 한다. 왜냐하면 클라이언트는 목표가 작을 때 쉽게 성취할 수 있으며 이와 같은 경험은 클라이언트에게 성공하고 있다는 느낌을 주고 희망을 갖게 해 주어서 변화해야 하는 동기를 증가시켜 주기 때문이다.

③ 구체적이고 행동적인 것을 목표로 하기

목표를 명확하게 설명해 주었을 때, 가족과 상담자는 진행과정을 쉽게 평가할 수 있으며, 나머지 목표도 확인할 수 있다.

④ 없는 것보다는 있는 것에 관심 두기

클라이언트에게 지금 하고 있는 어떤 것을 하지 말라고 하기보다는 새로운 어떤 것을 시작하라고 돕는 것이 실현될 가능성이 더욱 높다. 따라서 상담자는 있는 것에 관심을 두며 부정적인 단어를 사용하지 않은 목표들이 보다 효과적이라는 사실을 알아야 한다. 그러므로 목표는 클라이언트가 하지 말아야 하는 것 대신에 해야 하는 것에 관하여 긍정적으로 설명되어져야 한다.

⑤ 목표를 종식보다 시작으로 간주하기

클라이언트는 처음에 상담을 받으러 올 때, 대부분 최상의 상태를 추구하는 목표를 희망한다. 그러나 이러한 목표를 성취하기 위해서는 클라이언트가 목표를 향해 한 단계씩 나가도록 도움을 받지 않으면 안된다. 상담자는 클라이언트가 표현하는 목표에 대한 견해를 수용하는 한편, 원하는 결과를 성취하기 위하여 처음 단계에서 필요한 것을 명확하고 구체적으로 설명하도록 돕는다.

⑥ 클라이언트의 생활에서 현실적이고 성취 가능한 것을 목표로 하기

어떤 클라이언트는 현실적이고 성취 가능한 목표를 설정하는 것이 어렵지만 대부분의 가족은 자신에게 가장 중요한 자원을 추구한다. 따라서 상담자는 클라이언트가 실제로 실행할 수 있는 목표를 설정할 수 있도록 조정해야 한다.

⑦ 목표수행은 힘든 것이라고 인식하기

변화의 어려움을 이해시킨다면 클라이언트가 변화를 성취하였을 때 느끼게 되는 자기가치와 존엄성이 증대될 수 있을 것이다. 그리고 만일 클라이언트가 목표에 도달하지 못했다면 이것은 단순히 좀 더 열심히 해야 하는 일이 남아 있다는 신호일 뿐이라고 생각하게 하는 여유를 줄 수 있다.

(2) 문제점의 파악

해결중심적 접근에서는 상담 이전의 변화를 매우 관심 있게 관찰하고 이것을 근거로 클라이언트의 잠재능력을 발견하고 클라이언트 스스로가 발견하지 못한 해결방안을 찾아내는 데 이용한다. 상담자는 심각했던 문제가 어떻게 완화되었는지를 클라이언트 스스로가 파악할 수 있는 질문을 하여 의식적 또는 무의식적으로 그들이 실시한 방법에 대해 인정하고 칭찬해 준다. 그리고 누구의 도움 없이 스스로 노력했다는 점과 해결능력을 인정하고 그러한 사실을 강화하고 확대할 수 있도록 격려한다.

① 예외질문

예외란 클라이언트의 생활에서 일어난 과거의 경험으로, 문제가 발생할 것이라고 기대하였으나 문제가 발생하지 않은 상황을 말한다. 예외질문은 일상생활에서 성공적으로 잘 하고 있으면서도 의식하지 못하는 것을 발견하고 성공했던 행동을 의도적으로 시행하도록 강화시키는 기법이다. 클라이언트 자신의 행동이 전과 다른 차이를 드러냈다는 것에 동의한다면 의도적 예외라고 할 수 있으며, 그 반대 상황 곧 자신의 행동변화에 따른 차이를 인식하지 못할 경우라면 우연적 예외라고 할 수 있다.

② 기적질문

기적질문은 문제가 해결된 상황을 상상해 봄으로써 자신들이 해결하기 원하는 것들을 구체화하고 명료화하는 데 도움을 준다. 질문 과정을 통해 해결 상황에 대한 그림을 작은 것에서 점차로 확대해 나가도록 한다. 긍정적으로 대답하도록 질문하는 것이 중요하며 질문을 통해 스스로가 기적을 현실화하기 위해서 새롭게 행동해야 한다는 것을 암시해야 한다.

③ 척도질문

척도질문은 해결방안을 찾기 위한 것과 관련된 보다 많은 정보를 제공하며 변화에 대한 동기를 강화하고 다음 단계로 발전하기 위해 무엇을 해야 할지 탐색하기 위해 만들어진 질문이다. 예를 들어, "그럼 숫자를 사용해서 질문하겠습니다. '10'은 기적이 일어난 상태라고 생각하시고, '0'은 처음 여기 와서 저를 만난 날이라고 생각합시다. 이번 주는 몇 점 정도에 있다고 말할 수 있겠습니까?" 이와 같은 질문은 변화 정도를 사실적으로 설명하며 구체적인 목표를 세우는 데 매우 용이하다.

④ 대처질문

대처질문은 만성적인 어려움과 위기에 관련된 질문이다. 클라이언트에게 성공했다는 느낌을 갖도록 하는 대처방법에 관한 질문인데, 클라이언트에게 새로운 힘을 갖게 하며 자신의 자원과 강점을 발견하도록 하는 데 도움이 된다. 또한 어려운 상황에서 견뎌 내고 더 나빠지지 않았다는 사실을 강조하며 위기에서 살아남기 위해서 해 온 것을 발견하고 그것을 확대하기 위한 근거로 이용하는 것이다.

⑤ 메시지 작성과 전달

메시지에는 칭찬, 과제를 주는 이론적 근거를 제시하는 연결문, 과제 등 세 부분으로 이루어진다. 메시지 작성과 전달의 구체적인 내용은 **표 2-6**과 같다.

표 2-6. 메시지 작성과 전달의 구체적인 내용

- 칭찬은 클라이언트와 상담자 간의 관계유형에 상관없이 모든 예에서 많이 사용된다. 칭찬이 갖는 효과는 큰데, 우선 클라이언트의 자존감을 높일 수 있다. 클라이언트에 대한 칭찬은 면담과정에서 드러난 구체적인 것일 때 더욱 효과적이다. 클라이언트는 자신들의 관점을 인정하고 그들의 이야기를 수용하며 실패조차도 인정받는다고 느끼면 더욱 협조적이 되기 때문이다. 그러나 이러한 칭찬은 클라이언트의 파괴적 행동을 눈감아 주는 것과는 다르다.
- 연결문이란 지금 어려움을 겪고 있는 문제를 일반화시키거나, 클라이언트에게 필요하다고 판단되는 사실들을 교육하는 것이다. 이것은 그 다음에 클라이언트에게 제시하는 과제에 대한 이해를 돕기 위해서이다. 상담자가 클라이언트에게 과제에 대한 이론적 근거를 제시함으로써 과제에 대한 이해가 보다 명확해지며 따라서 실천할 가능성도 높아진다.
- 과제를 주게 되는데, 그 과제는 면담과정과 클라이언트를 고려하여 과제 형태가 선택되어야 한다. 방문형의 클라이언트에게는 칭찬만 하고 과제를 주지 않는다. 내키지 않음에도 그들이 올 수 있었던 점을 높이 평가함으로써 자신을 이해해 주는 상담가로 남는 것이다. 즉, 이들이 진정으로 도움을 필요로 할 때 다시 찾을 수 있는 여지를 남겨 두는 셈이다. 불평형의 클라이언트에게는 뭔가를 관찰하라는 과제가 적당하다. 그들은 자신들이 변화해야 한다는 의지는 적지만 다른 구성원들에게 기대하는 부분이 많으므로 많은 관찰이 가능하다. 단, 긍정적인 관점에서 관찰할 수 있도록 돕는 과제를 주어야 한다. 고객형의 클라이언트에게는 변화를 향해 실천할 수 있는 과제를 주게 된다. 그들은 해결방안을 모색하고 이를 수행하는 데 있어서 적극적인 역할을 하게 되므로 자기결정을 증진시키기 위해 과제에 충실할 것이다.

⑥ 후퇴와 재발

해결중심접근에서는 실패가 없이는 성공을 알 수가 없듯이 후퇴와 재발을 다른 각도에서 본다. 그것은 동전의 양면이다. 대부분의 사람들은 동전의 한 면에만 초점을 맞춰 반대쪽이 있다는 것을 잊는다. 클라이언트가 자신의 실패에 대해서만 말하려 하고 더 나아진 것을 탐색하려는 시도에 반응하지 않을 때는 이야기를 정중하게 들어주고, 그의 실망감을 수용하고 정상화시켜 주는 것이 중요하다. 해결중심접근방법은 클라이언트가 자신의 행동을 통제할 능력을 갖고 있다고 믿는다. 이것은 말대꾸하는 아이를 때려 주고 싶었던 젊은 엄마에게 그 대신 어떻게 방에서 나올 수 있었는지에 대해 물어보는 것과 유사하다.

(3) 효과적 문제해결 방침

효과적 문제해결 방침은 문제가 발생했을 때 구성원들이 이를 인식하고 문제를 타개하기 위해 기꺼이 참여하는 것과 관련된다. 과제집단에서는 때로 그들이 처한 문제에 직면하기 어려운 경우가 있다. 예를 들어, 정신병원팀은 개별구성원에 대한 공격으로 받아들여질 것을 두려워하여 팀의 기능과 관련된 문제에 대한 토의를 꺼릴 수 있다. 이때 팀 지도자는 문제해결 방안을 모든 팀 구성원들에게 이익이 되는 분담된 관심으로 받아들일 수 있는 집단문화나 집단풍토의 개발을 격려해야 한다.

문제해결 방침을 개발함에 있어 구성원들이 즉각적이고 자동적인 반응을 줄여갈 수 있도록 돕는 것도 매우 중요하다. 어떤 구성원들은 문제에 대해 신중하게 생각하지 않고 해결책을 제안하기도 한다. 비효과적인 문제해결자들은 참을성이 부족하고 성급하며 빨리 포기한다. 그러므로 사회복지사는 첫 논의에서 구성원들이 미성숙하게 반응하거나 아무것도 하지 않으려는 경향을 금하도록 한다. 어려운 문제는 의제 모임 동안 논쟁하기에 충분한 시간이 주어져야 하기 때문에 여러 의제의 중간쯤 다루도록 한다. 이 지점에서 구성원들은 심리적 중심 · 심리적 인식 · 집중력 · 참가 정도 등이 최고에 이르기 때문이다. 토의 주제에 대한 논의는 그다지 에너지를 필요로 하지 않기 때문에 구성원들이 그다지 에너지를 가지고 있지 않은 시간인 최후에 다루도록 한다.

또한 해결할 수 있는 문제를 규정해야 한다. 집단은 때로 문제를 정확하게 구조화하는 데 실패하는 바람에 문제해결능력을 상실하기도 한다. 집단구성원들은 문제 상황을 구성하는 정확한 행위자 · 체계 · 방해요인들을 파악하는 데 실패할 수 있다. 문제해결의 초기 단계에서 집단은 새로운 정보가 수집되면 이를 융통성이 있게 수정하기 위해 문제에 대한 개념을 임시로 설정해야 한다. 문제 진술을 어떻게 하느냐가 전체적인 문제해결 과정에 영향을 줄 수 있기 때문이다.

따라서 사회복지사는 해결 가능한 문제를 규정하는 집단능력을 향상시키기 위해 여러 기법을 활용하게 된다. 예를 들어, 문제를 재구조화 하도록 돕기 위해 구성원이 이전에 문제를 경험한 것처럼 상상하게 하는 기법을 사용하기도 한다. 이때 문제는 사적 용어가 아닌 제도적 용어로 진술되어야 하며, 재구조화는 문제의 긍정적인 측면에 중점을 두는 기법을 말한다. 불안을 자극하는 것으로 경험되는 문제는 상황을 개선하기 위한 집단의 동기로 재구조화될 수 있으며 이 같은 재구조화를 통해 문제를 해결하고자 하는 구성원들의 동기는 증대된다.

그리고 가능한 한 문제를 구체화해야 한다. 문제에 대한 명확한 규정과 이해는 구성원들이 함께 효과적으로 일을 하고자 할 때 필수적이다. 처음 모임에서 문제가 표현될 때는 대개 부분적이고 모호한 방식으로 공식적인 관심을 표현하게 된다. 이때 사회복지사는 구성원에 의해 표출된 모호한 용어를 명확히 할 수 있도록 도와야 한다. "너무 길어서 채워 넣기가 어렵다"는 "그 목적을 위해 할당된 15분 내에 사례에 대한 기록을 완성할 수 없다"로 명확히 진술되어야 한다.

집단이 문제를 명확히 규정하면 사회복지사는 이를 간단 · 명료한 진술로 요약해야 한다. 이상적으로는 문제가 모든 구성원들에게 유사한 의미를 가질 수 있는 객관적 용어로 규정되어야 상황에 대한 공통된 이해 도달에 도움을 준다. 요약을 할 때 사회복지사는 구성원들이 문제해결에 있어 그들의 역할과 생각을 분명히 할 수 있도록 문제의 경계와 집단의 책임 및 권위에 관해 구성원들에게 다시 말해 둘 필요가 있다.

(4) 대안을 선정하고 수행하기

클라이언트가 대안을 선택할 때, 클라이언트는 목적이 무엇이고, 무슨 과제를 수행해야 하는지, 어떻게 수행하는지, 누가 수행하는지를 분명히 이해해야 한다. 그러므로 선택이 끝난 후에는 계약서를 작성하는 것이 좋고 과제 수행에 대해 시간제한을 두는 것이 좋다.

클라이언트의 상황이 향상될지 여부를 결정해 주는 중요한 요인은 바로 클라이언트의 과제 수행 동기이다. 클라이언트의 동기를 고양시키는 한 방법은 과제를 수행함으로써 무엇을 얻게 될 수 있는지에 대해 분명히 알게 해 주는 것이다.

그리고 구성원들이 제시한 모든 대안에 대해 검토하게 된다. 검토는 구성원 모두가 각 대안들을 확실히 이해하는 데 도움을 준다. 이 시점에서 잘못 이해하게 되면 문제해결에 대한 성취 기회가 축소되고 갈등을 불러일으키는 원인이 된다. 검토는 대안에 대한 목적과 목표를 정확히 하는 데도 사용될 수 있다. 각 대안을 검토할 때 구성원들이 그 대안을 실행에 옮겼을 경우 접하기 쉬운 장애와 도전을 극복하는 방안에 관해 논의하는 것도 도움이 된다.

구성원들은 여러 대안들 중에서 이를 선택할 준비를 하게 된다. 대안을 선택할 때 구성원들은 전반적인 가능성을 고려해야 하며, 그 방안이 모든 구성원들에게 의미가 있는 방식으로 해결될 수 있도록 격려되어야 한다. 이러한 목적을 달성하기 위해 구성원들이 각 대안을 판단하는 데 사용할 범주를 개발하는 것도 도움이 된다. 때로 집단은 각 대안의 이점과 결점을 측정하기 위해 전문가들이 개발해 놓은 범주를 그대로 활용하기도 한다.

집단구성원이 대안을 선택할 때 목표가 무엇이며, 이를 수행하기 위해 어떤 과제가 필요하며 어느 정도 과제를 수행할 수 있는가, 누가 할 것인가에 대한 분명한 이해를 가지고 있어야 한다. 바람직하기는 각 과제를 수행하는 데 필요한 시간을 제한하고 미래 상황과 비슷한 내용을 계약으로 써 보는 것도 바람직하다. 집단구성원들이 계약한 내용을 충족시키는 데 실패한 경우 치료자는 그들을 비판하지 않고 변명을 수용할 수 있어야 한다.

가장 효과적이라고 결정한 해결책이 비용이 너무 많이 들고 불편해서 실행할 사람들을 혼란하게 하고 이를 어기기 쉽다면 가장 바람직한 해결책이 아닐 수 있다. 그러므로 대안들은 이점을 최대화하고 결점을 최소화하는 방향에서 수정 · 조합 · 선택되어야 한다.

훌륭한 결정은 그것이 실행되지 않으면 가치가 없다. 효과적인 문제해결은 과제집단이 도출해 낸 해결 방안을 적극 실행에 옮길 것이 예측된 것이어야 한다. 실천에 영향을 줄 구성원들의 투입은 문제해결 과정에서 가능한 한 빨리 이루어져야 한다.

해결책이 일단 결정되면 구성원들은 집단 밖 후원자들로부터 지지를 얻을 필요가 있다. 구성원들은 결정에 대해 책임을 질 사람과 실행에 영향을 미칠 사람을 찾아야 한다. 다른 사람들의 지지를 필요로 할 때 구성원들은 새로운 문제해결 방안의 가치를 그들에게 교육해야 할 경우도 있다. 결정사항을 실행하는 데 있어 사람들이 협력하도록 동기를 조성하는 작업은 결코 쉬운 일이 아니다. 그러나 실행단계 동안은 수동성은 약속한 실행의 중지를 의미하는 것이기도 하기 때문에 동기화가 매우 중요하다.

이들의 협력을 얻기 위해 전체로서의 집단이나 개별구성원들은 지지를 얻기 위해 설득 · 로비나 다른 전략을 사용할 수 있다. 결정수행에 책임 있는 사람들이 이를 확실히 받아들이게 되면 집단은 계획 실행을 위한 조직화와 감독에 착수하게 된다. 이때 해결방안을 실행할 구성원들에게 책임 있는 일을 맡도록 일을 구분하는 것이 좋다. 실행 과정을 세부 단계로 나누어 그려 보는 것도 도움이 된다. 제안된 해결책의 실행은 동원가능한 자원을 규명하고 활용하는 것을 포함한다. 구성원들을 해결방안에 대한 반대나 장애에 대비할 수 있게 하는 것도 매우 중요하다. 장애에는 제안된 해결책을 막으려는 적극적인 시도는 물론 수동적 저항이나 비활동도 포함된다.

각 단계마다 목적을 설정하고 계획 실행에 대한 구성원들의 피드백을 받아 이를 반영하는 것도 좋다. 문제해결과정에서 피드백은 매우 중요하다. 결정사항을 실행에 옮기기 위해 계획할 때, 집단구성원들은 해결책에 대한 유용성을 결과의 예상과 함께 집단에 알려 줄 수 있는 피드백 통로를 확보해야 한다. 피드백은 계속해서 변화하는 환경에 대한 도전을 무마하고, 변화를 안정되게 하며 장애를 극복하게 하는 데 도움을 주게 된다.

(5) 대안의 수행을 평가하기

평가단계에서는 문제가 해결된 정도와 아직 남아 있는 문제, 새롭게 대두된 문제를 파악해야 한다. 문제의 재규정이 필요할 경우도 있다. 전문 사회복지사는 문제해결과 목표달성의 정도를 평가할 책임이 있다. 기관, 현재의 문제 또는 클라이언트 상황의 본질과는 별개로 목표달성을 위한 과정을 평가하기 위한 방법들을 개발할 수 있다. 평가는 매우 객관적일 수도 있고 주관적일 수도 있다. 어떠한 상황에서도 평가해야만 하며 평가를 하지 않는 것은 태만이다.

목표달성정도를 측정하는 데는 몇 가지 방법이 있다. 활용 가능한 방법 중 하나가 목표달성척도(Goal Attainment Scaling)이다. 목표달성척도는 표준화된 척도처럼 측정을 위한 범주가 정해져 있지 않기 때문에 사회복지실천에 적합하다. 목표달성척도에서 평가를 위한 차원들은 사회복지사와 클라이언트가 동의한 목표와 관련이 있기 때문에 차원은 각각의 사람-문제-상황마다 다르다. 일반적으로 평가 결과의 범주는 가장 부정적인 것에서부터 가장 긍정적인 것까지 있다. 여기에는 목표달성정도를 평가하는 방법이 있다.

그리고 목표달성 정도를 평가하는 방법에는 빈도와 주관적 평가가 있다. 빈도는 사회복지사, 클라이언트 또는 클라이언트의 주변 인물이 최종 목표와 관련이 있는 특정 현상의 횟수를 기록하는 것이다. 예를 들어, 자존감에 대해 생각해 보자. 자존감이 낮은 사람은 자신에 대해 비관적인 생각을 한다. 따라서 사회복지사와 클라이언트는 최종 목표를 클라이언트가 자신에 대해 긍정적으로 생각하는 횟수를 높이는 것으로 정할 것이다. 사회복지사는 클라이언트가 주어진 기간, 가령 일주일 간 매일 동안 자신을 긍정적으로 생각하는 횟수를 세어 기록할 수 있도록 메모장을 제공할 수 있다. 그 다음 그 동안 기록한 자료를 그래프에 옮긴다. 빈도는 개입이 시작되기 전 표적현상의 기초선 자료로 사용되며 기초선 자료는 사회복지사의 접근 방법의 효과성을 측정하기 위한 수단으로 사용된다. 빈도는 다양한 현상에 적용될 수 있다.

4) 12가지 해결중심접근의 가정

다음에 제시하는 12가지 기본 가정들은 상호 연계적이며 해결점을 구축해 갈 수 있도록 개인의 사고를 돕는 역할을 한다. 12가지 해결중심접근의 가정에 대한 구체적인 내용은 **표 2-7**과 같다(윤점열, 2009).

표 2-7. 12가지 해결중심접근 가정의 구체적인 내용

구분	가정
긍정적인 측면에 초점을 둘 때의 이점	긍정적인 측면 및 문제해결 측면, 그리고 미래에 초점을 맞출 때 바람직한 방향으로 변화를 유도할 수 있다. 그러므로 문제중심의 대화보다 해결중심의 대화가 이루어진다. 긍정적 측면에 초점을 두면 클라이언트들의 자신감이 회복되어 문제해결에 도움이 되고, 치료자와의 관계형성에도 도움이 된다.

구분	가정
예외상황은 해결점을 제시한다.	모든 문제의 예외상황을 치료자와 클라이언트는 발견할 수 있으며 이것은 해결점을 찾아가는 데 활용될 수 있다. "예외상황"이란 일반적 기대에 고착화된 상태에서 실제로 문제해결과 관계가 없는 것처럼 생각하지만 그것의 활용은 좋은 해결점을 제시한다.
아무것도 항상 그대로 머물지 않는다.	변화는 항상 일어나고 있다. 만약 우리가 변화는 항상 일어나고 있다는 가정과 문제 상황에서는 항상 예외상황이 있기 마련이라는 가정을 합한다면 즉시 우리는 클라이언트가 우울하지 않는 상태에서 행동하는 순간들을 찾아낼 수 있을 것이다. 그런 순간이 있다는 것은 그 순간에는 우울이라는 문제 상황 때와는 다르게 생각한다는 등 클라이언트로 하여금 문제없이 행동하도록 도와주는 다른 무엇이 있다는 것을 의미하는 것이다.
작은 변화는 생성적(generative)이다.	작은 변화는 큰 변화로 이끈다. 치료과정을 쉬운 쪽으로 나아가게 하고 단순한 시각과 행동이 요구된다는 것을 의미한다. 치료자가 클라이언트에게 무엇을 싫어하는가 하고 묻기보다 무엇을 원하는가 하고 묻는다면, 그때 클라이언트는 그들이 맺는 관계의 접근을 변화시키고 타인과의 상호작용도 변화시킬 수 있다.
협동작업은 있기 마련이다.	클라이언트는 항상 협조하고 있다. 그들은 변화가 어떻게 일어나는지에 대해 그들이 생각하는 바를 우리들에게 보여 준다. 우리가 그들의 생각하는 바를 이해하고 적절히 행동을 한다면 클라이언트와의 협동작업은 있기 마련이다. 협동작업은 상담자가 클라이언트가 말하는 것을 그대로 받아들이는 것을 전제로 한다. 즉, 클라이언트들은 진정으로 문제해결점을 찾고 싶어 한다는 것이다. 그래서 치료자는 인간은 스스로 자원을 지니고 있는 존재라고 믿는다.
사람들은 문제를 해결할 자원을 지니고 있다.	사람들은 자신의 문제를 해결하기 위해 필요한 모든 것을 가지고 있다. 모든 사람은 변화를 위해 자신들이 원하는 것과 다양한 행동을 할 능력을 지니고 있다.
의미와 체험은 상호작용 속에 제공된다.	의미와 체험은 상호작용 속에 제공된다. 의미는 우리가 살고 있는 세계이며 매체이고, 우리는 체험에 의미를 부여하며, 동시에 체험은 우리 자신의 것이 된다. 의미는 체험이나 의미를 부여하는 개인과 분리될 수 없다.
순환(Recursion)	행동과 묘사는 순환적이다. 개인이 문제나 목표를 "어떻게 묘사하는가?", "무슨 행동을 하는가?", "어떻게 행동과 결과를 묘사하는가?", "어떤 다른 행동을 할 것인가?" 등등은 모두 순환적 관계 속에 있다. 예를 들어, 부모가 자녀의 행동을 나쁘다고 묘사한다면 그 부모는 틀림없이 그 해결책으로 벌을 내릴 것이다. 그리고 아이가 행동하는 결과를 보고 부모는 그들이 내린 벌이 성공했는지의 여부에 대해 판단할 것이다.

구분	가정
의미는 반응 속에 있다.	메시지가 전하는 의미가 당신이 받는 반응이다. 당신이 받는 반응은 메시지의 의미이다. 만약 클라이언트가 "그래요, 그렇지만" 하는 반응을 계속 보인다면 무엇인가 달라져야 한다는 표시이다. 클라이언트가 전하고자 하는 의미는 우리가 받는 반응 속에 있다.
클라이언트가 전문가이다.	치료라는 것은 클라이언트를 전문가로 모시고 해결점 혹은 목표지향으로 나가는 하나의 노력이다. 클라이언트는 자기 자신이 무엇을 변화시키기를 원하고 무슨 노력을 해야 하는지 아는 전문가이다. 그러므로 치료책임을 클라이언트에게 두어 클라이언트가 치료목표를 가능한 한 확실하게 설정하도록 초점을 맞춘다.
통합	클라이언트가 어떻게 목표(해결)를 설정하고 무엇을 하는가에 있어서, 작은 변화는 그들이 가지게 될 미래의 다른 사람과의 상호작용에 영향을 미친다. 우리는 목표나 해결 혹은 문제를 우리가 부여하는 의미의 맥락 속에서 개념화한다. "우리가 상황을 어떻게 보는가?"와 "우리가 어떻게 행동하는가?" 사이에는 회상적이고도 순환적인 관계가 있다.
치료팀의 구성원	치료팀의 구성원은 치료목표를 함께 나누고, 그 목표를 달성하기 위해 노력해 나갈 의향을 표명하는 사람들이다. 치료팀 혹은 치료그룹은 해결하고자 하는 문제나 성취하고자 하는 목표가 있다고 동의하는 사람, 즉 치료자, 클라이언트, 보호자, 학교 지도교사, 담당 사회사업가, 법원에서 지명한 사람들을 포함하는 것이다.

Chapter

03

과업중심모델

배울 내용

1. 과업중심모델의 이해
2. 과업중심모델 개입단계
3. 과업중심모델의 사회복지실천에서의 적용

학습목표

1. 과업중심모델의 정의, 목표 및 원칙을 이해한다.
2. 과업중심모델의 개입단계를 설명할 수 있다.
3. 과업중심모델의 사회복지실천에서의 적용방안을 모색해 본다.

1. 과업중심모델의 이해

1) 과업중심모델의 정의

과업중심모델이란 사회복지사의 도움을 받아 클라이언트가 그 자신의 행동이나 과업들을 그들의 실제 생활 환경 속에서 적용시킴으로써 그들이 선택한 명확한 문제를 제한된 단기간 내에 해결하도록 돕는 것을 강조하는 모델이다. 이에 대해 엡스타인(Epstein, 1995)은 "과업중심모델은 클라이언트가 인정하고 이해하고, 인식하고, 그리고 주의를 기울이기를 원하는 명확한 표적문제들을 경감시키기 위한 기법 중의 하나이다"라고 정의하였다. 또한 사회복지사전에서는 과정중심모델이란 사회복지사와 클라이언트가, 첫째, 특정한 문제를 확인하고, 둘째, 그 문제들을 변화시키기 위해 필요한 특정 과업들을 확인하고, 셋째, 제한된 시간 안에 발생할 다양한 활동들에 대한 계약을 발달시키고, 넷째, 클라이언트가 그 과업들을 성취하고자 하는 동기를 확립하게 하고, 다섯째, 과업의 성취에 장애가 되는 요소들을 확인하여 분석 · 해결하는 단기개입모델이라고 주장한다.

2) 과업중심모델의 목표

과업중심모델의 실천목표는 클라이언트의 표적문제를 완화하는 것에 초점을 두고 있으며, 자기결정원리를 바탕으로 클라이언트 스스로 실행 가능한 과제로 대체하도록 수행한다. 과제에 대해 수행계획을 바로 세우고 동기를 부여하여 과제수행을 촉진시키는 과정에서 장애물을 미리 예견할 수 있도록 하고 제거해 준다. 또한 클라이언트와 함께 문제해결의 수단인 과제의 과정, 구조, 수행, 검토에 힘을 기울임으로써 클라이언트가 문제해결능력을 스스로 습득하고 향후에도 유지해 나갈 수 있도록 원조한다. 이에 과업중심모델은 두 가지 개입목적을 가진다. 첫째는 클라이언트의 문제를 해결하도록 돕는 것이고, 둘째는 클라이언트가 자신의 문제를 성공적으로 해결하는 경험을 통하여 향후 어려움을 해결할 수 있는 능력을 향상시키고자 하는 것이다(Payne, 1991).

3) 과업중심모델의 원칙

과업중심모델의 원칙으로는 모든 문제는 집단적 고려를 통하여 집단의 각 구성원인 개인들을 도움으로써 해결하도록 돕는다는 것이다. 따라서 사회복지사는 과업중심모델의 과정을 통하여 과제를 형성하고 달성하도록 집단의 구성원을 원조해야 한다. 즉, 과업중심모델은 사회복지사의 안내와 도움 그리고 동료 구성원들과의 협력 및 조언을 통하여 문제를 기술하고, 과업을 계획하고, 새로운 행동을 시연하고 실행하며, 과업의 성취를 방해하는 장애물을 분석하고, 과업수행과정을 재조사하는 등의 작업을 통하여 효과적인 문제해결을 하고자 하는 목적을 가지고 있는 작업이라고 할 수 있다. 따라서 과업중심모델의 기본적인 원칙과 특성은 **표 3-1**과 같이 경험적(실증적) 기원, 통합적인 자세, 클라이언트가 인식한 문제에 대한 초점 두기, 체계와 맥락, 계획된 단기개입, 협력적인 관계, 구조화, 문제해결 활동(과제) 등이 있다(Reid, 1996).

표 3-1. 과업중심모델의 실천개입원칙

구분	내용
경험적 기원	과업중심모델은 경험적(실증적) 연구에 의해 검증되고 지지된 방법과 이론을 선호한다. 클라이언트 체계에 대한 가설과 개념은 실제 자료에 근거한 것으로서 사정, 과정, 성과자료는 개별사례에서 체계적으로 수집되어야 하며, 모델의 개선을 위해서는 지속적인 프로그램 연구가 이루어져야 한다.
통합적 자세	과업중심모델은 문제해결, 인지 · 행동적, 가족 구조적 접근방법 등의 다양한 접근방법의 양립 가능한 접근방법 가운데 경험적 기초가 있는 이론과 방법을 선별적으로 선택하여 사용한다.
클라이언트가 인식한 문제에 초점 두기	과업중심모델은 클라이언트가 관심을 가지고 있는 표적문제, 즉 명백하게 인식한 특정 문제의 서비스에 초점을 둔다.
체계와 맥락	클라이언트의 문제는 복잡한 체계의 맥락에서 발생한다. 따라서 문제의 해결이나 문제재발 방지를 위해서는 맥락적인 변화가 필요하며, 문제의 해결은 역으로 문제가 발생한 맥락에 긍정적인 영향을 미칠 수가 있다.
계획된 단기개입	과업중심모델의 일반적인 서비스는 계획된 4개월 이내 6~12회기의 단기간 동안의 개입으로 실행된다.
협력적인 관계	클라이언트와 사회복지사의 관계는 돌봄(caring)보다는 협력적인 파트너로서의 노력을 강조한다. 또한 사회복지사는 숨겨진 목적이나 의견은 피하며 사정정보를 공유하여 개입전략을 세우는 데 있어서 클라이언트를 최대한 참여하도록 함으로써 보다 효과적인 개입을 고안하고 클라이언트의 문제해결능력을 개발한다.
구조화	개입 회기를 비롯하여 전체 프로그램은 잘 다듬어진 연속된 활동으로 구조화된다.
문제해결 활동(과제)	클라이언트의 변화는 기본적으로 클라이언트가 회기 중이나 회기 외의 시간에 문제해결 활동(과제)을 수행함으로써 달성된다. 특히, 사회복지사의 과제는 클라이언트의 환경 변화에 영향을 미치는 수단을 제공하며 클라이언트는 자신의 환경 속에서 스스로 행동을 동기화하는 데 초점을 둔다.

이러한 과업중심모델의 효과성을 획득하기 위하여 집단구성원의 공헌과 지도자의 개입이 조화를 이루어야 하며, 구성원의 기여도를 최상화하기 위하여 일반적으로 비슷한 문제를 가지고 있는 사람들로 집단을 구성함을 원칙으로 하며, 그 집단의 크기는 4~6명으로 다소 작게 구성하는 것이 효과적이다.

2.

과업중심모델의 개입단계

과업중심모델의 특징은 회기들은 한정된 활동들이 순서대로 잘 구성되어진다는 것이다. 이를 "계획적이며 의도적인 과정"이라고 한다(장인협, 1996). 즉, 과업중심모델의 접근 구조는 **그림 3-1**과 같이 이루어지는 것이 일반적이지만 필요에 따라 이전의 단계로 돌아가기도 하는 유연성이 적용될 수도 있다(오수연, 1998).

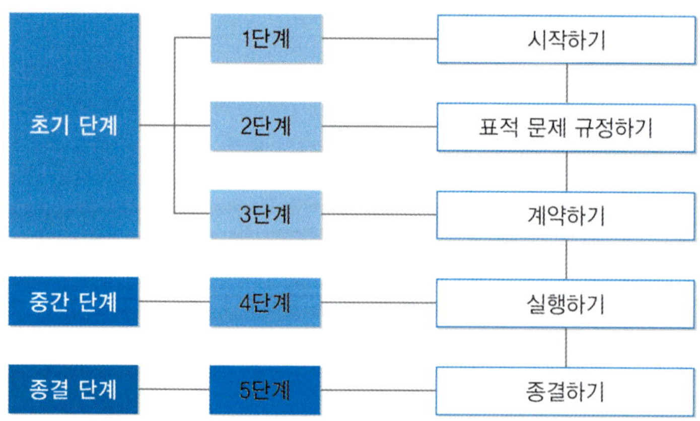

그림 3-1. 과업중심모델의 접근 구조

과업중심모델은 예비(시작)집단, 집단구성, 집단형성, 집단과정, 그리고 집단종결 단계의 순으로 개입이 구성되는 것이 일반적이다. 구체적으로 첫째, 예비(시작)집단 단계는 예상집단구성원들의 참여여부의 결정과 과업중심작업에 대한 원리들을 설명하는 내용으로 이루어지게 되는데, 이를 선발회기라고도 부른다. 둘째, 집단구성 단계는 과제 달성을 촉진시키기 위한 집단의 상황을 확보하는 단계이다. 이때 집단의 친밀감, 소속감 형성과 각 집단구성원의 집단에 대한 기대를 탐색하고 집단목적에 대한 합의와 집단규범을 확립하게 된다. 셋째, 집단형성 단계는 집단구성원들과 문제를 탐색하고, 사정하고, 그리고 확정하는 단계이다. 넷째는 집단과정 단계로 과제의 계획과 달성을 위한 실행을 의미한다. 그리고 마지막 단계는 집단과정을 평가하고 집단을 해체하는 종결단계이다. 각 단계에서 실시하게 되는 구체적인 내용은 **표 3-2**와 같다.

표 3-2. 각 단계에서 실시하게 되는 활동들

구분	내용
예비(시작)집단 단계	이 단계는 집단의 구성원이 구성되어 실제 상호작용을 하기 이전의 단계로 집단의 예비구성원들에게 집단 프로그램과 집단 목적, 그리고 집단구성원의 조건을 설명하여 동기를 부여하고, 각 예비구성원들이 집단의 참여여부를 결정하도록 한다. 또한 집단 프로그램 이전의 상황을 파악하기 위해 사전검사 등을 실시하게 된다.
집단구성 단계	집단활동을 위한 상황을 확보하는 단계이다. 구성원들이 집단에 대한 긍정적인 기대로 참여를 결정하였음에도 불구하고 이 단계에서는 불안이 더 크게 작용하는 때이다. 그러므로 공통의 가치, 관심, 경험 등을 탐색하는 활동을 통하여 집단상황을 확보할 수 있다. 사회복지사는 특히 구성원들에게 감정이입과 온정적인 감정표현을 통해 집단구성원들이 모방할 수 있도록 하여 집단 내의 상호작용의 갈등과 긴장을 축소시킨다. 집단의 규범을 설정하고 일반계약을 맺으므로 구성원들이 집단과 활동에 대한 기대감과 중요성을 인식하도록 한다.
집단형성 단계	구체적으로 구성원들이 가지고 있는 문제를 확인하고 개방하도록 하는 단계이다. 아직도 집단 내의 불안감이 존재하지만 비밀유지의 집단규범에 대한 합의에 근거하여 자신을 개방할 수 있도록 지도해야 한다. 문제에 대한 노출과 구체화 및 해결을 위한 목표를 설정하게 된다.
집단과정 단계	구성원들의 문제확인과 문제의 구체화를 통해 해결을 위한 과업을 계획하고 설정하는 단계이다. 과업을 계획함에 있어 구성원 간에 조언이 활발히 이루어질 수 있도록 하는 지도가 필요하다. 특히, 이 시기에 구성원과의 권력투쟁을 명확히 조정하고 응집력을 강화시킬 수 있도록 해야 한다. 매 회기 때마다 과업수행과 문제상황을 재조사하고 장

구분	내용
	애물을 점검하는 활동을 하며, 사회복지사는 구성원들이 자유롭고 친밀한 의사소통을 하고 구성원 간에 원조 및 상호지지가 이루어지도록 도와야 한다. 집단이 해결에 초점을 두어 생각하고 행동하는 단계이다.
집단종결 단계	현재의 문제상황을 개입이전의 상황과 비교하므로 문제변화를 평가한다. 과업중심 문제해결과정을 점검하므로 장래의 문제해결에 적용할 수 있도록 유지계획을 세우고 문제해결에 대한 확신을 강화시킨다. 전체 집단 경험을 개방하여 평가하게 함으로 구성원이 갖은 집단에 대한 감정을 정리하도록 한다.

1) 예비(시작)집단 단계

과업중심모델에서 클라이언트의 참여는 자발적이고 독립적으로 기관을 찾아오는 경우와 다른 기관으로부터 의뢰되는 비자발적인 경우로 시작하게 된다. 자발적으로 찾아오는 경우는 곧바로 과업중심모델의 개입실천단계에서 제1단계인 문제규명단계로 넘어간다. 그러나 비자발적으로 참여하게 된 경우는 의뢰기관에서의 의뢰 이유에 대해 그리고 의뢰기관에서 제시하는 클라이언트의 문제와 목표가 무엇인지에 관해 구체적이고 확실한 이유가 무엇인지를 탐색하여야 한다. 이러한 문제와 목표가 클라이언트가 제시하는 것과 일치하지 않는다면 사회복지사는 이에 대해 직접적으로 협상하고 조정하여야 하며, 법정명령으로 위임된 목표와 클라이언트의 목표가 다른 경우에는 클라이언트에게 이해를 구하여야 하며 적합하지 않을 경우에는 다른 기관으로 의뢰해야 한다. 사회복지사는 정서적 자원뿐만 아니라 물질적인 자원을 포함하여 의뢰기관에서 클라이언트에게 제공할 수 있는 자원이 무엇인지 알아보고 활용한다.

2) 표적문제와 맥락의 탐색 및 사정

클라이언트가 인정하고 있는 표적문제들과 그들 맥락들에 대한 탐색과 사정하는 작업이 이루어게 된다. 이는 과업중심모델의 체계와 맥락을 고려한다는 특징에 근거한다. 즉, 문제들은 여러 체계들의 맥락 안에서 발생함으로 문제를 해결하기 위해서나 혹은 문제의 재발을 방지하기 위해서는 맥락적인 변화가 반드시 필요하며, 역으로 한 문제의 해결은 이것의 맥락에 대한 이득이 되는 효과들을 갖게 된다. 이때 문제의 탐색은 정보를 모으는 작업으로 문제의 발생 빈도나 그 강도에 대해 명확히 하는 것과 함께 문제의 역동성을 이해하고 문제의 정황적 현상의 이해하려는 노력들이 포함된다.

3) 서비스 계약 형성

여기서는 다루어져야 할 구체적인 문제들, 목표들, 치료방법에 대한 설명, 기간의 한계에 대한 동의를 포함한 서비스의 계약을 형성한다. 계약은 클라이언트가 인정하는 하나 이상의 표적문제를 사회복지사와 함께 해결하겠다는 뜻을 구두나 서면으로 나타내는 의미 있는 활동 중의 하나이다. 이러한 활동은 과업중심모델의 특징인 클라이언트에게 권위를 부여한다는 점과 사회복지사와 클라이언트의 협력적인 관계 형성의 원리에 의해서 이루어지게 된다. 클라이언트와 사회복지사는 명확히 동의하는 과정을 계약뿐 아니라 전 상담을 통해 지속하게 된다.

4) 과제의 계획과 달성을 위한 실행 단계

과제의 계획과 달성을 위한 실행 단계에서는 문제와 과업의 재조사, 장애물의 확인 및 해결, 문제에 초점 유지하기, 회기과업의 수행, 외부과업 계획 등에 대한 활동이 이루어지게 된다.

(1) 문제와 과업의 재조사

문제와 과업의 재조사는 클라이언트의 진행 상황을 매 상담 회기 시작 시간에 반복하게 된다. 이러한 반복은 문제의 발전을 방지할 수 있고 클라이언트가 과업을 통해서 문제해결을 완수하지 못한 것과 완수한 것을 알려 줌으로써 같은 혹은 다른 문제에 대한 클라이언트의 다른 과업을 구성하도록 하는 기회를 주게 된다. 즉, 과업중심적 실천에 있어서 사회복지사는 클라이언트와 밀접한 협조관계를 맺으며, 모든 사정의 정보를 나눔으로써 클라이언트의 문제해결능력을 존중하고, 권위를 부여하게 된다. 클라이언트와의 관계는 돌봄과 협력적 노력이 중요하다. 따라서 사회복지사는 클라이언트와 사정정보에 대한 의견을 서로 교환하고 숨겨진 목적들이나 의제들을 갖지 않고 솔직하게 대화를 나누는 것이 좋다. 치료적 전략을 개발하기 위하여 클라이언트의 정보를 보다 광범위하게 사용하지만 단지 더 효과적인 전략들을 고안하기 위함이 아니라 클라이언트의 문제해결능력을 개발하기 위한 것임을 명심해야 한다.

(2) 장애물의 확인 및 해결

과업을 수행하고 완수하는 것 그리고 문제를 변화시키는 것을 방해하는 방해물인 장애물을 확인하고 클라이언트 개인, 가족의 애정 있는 결합, 또한 외부의 지지 체계로부터 나오는 강점과 능력 등의 사용가능한 자원을 통해 해결하는 것이 좋다.

(3) 문제에 초점 유지하기

문제에 초점을 유지하는 것을 집단과정 단계에서 매우 중요하다. 과업중심적인 실천에서 표적문제들에 대한 주의 깊은 초점 맞추기는 긍정적인 결과를 가져오게 된다.

(4) 회기과업의 수행

회기과업이란 면접시간 동안에 이루어지는 과업을 의미한다. 사회복지사는 클라이언트의 문제를 본질적으로 해결하기 위해 명확한 계획 및 직접적인 대화 등 여러 가지 활동을 가지게 된다. 따라서 클라이언트의 실제 생활 환경 속에서 문제해결적 행동들과 매우 흡사한 방법을 함께 결정하고, 감정을 논의하고, 의사소통기술들을 실습하는 등의 작업을 하게 된다.

회기과업들은 클라이언트가 자연스러운 환경 속에서 그들의 문제들에 대해 직접적인 행동을 취할 수 있도록 사용되어야 한다. 이때 과업중심모델의 개방적이고 다원적인 실천 접근법을 수용할 수 있는 통합적인 자세의 특징으로 인하여 경험적인 근거를 둔 다양한 이론들과 방법들을 양립할 수 있는 범위 내에서 선별적으로 끌어들이게 된다. 예를 들어, 문제해결, 인지행동, 인지적 그리고 구조적인 접근법이 그 예이다. 즉, 과업중심모델은 특정 이론이나 특정 개입 기법에 고정되어 있지 않으므로 다양한 이론을 클라이언트들에게 적용할 수 있다는 장점을 가지게 된다.

(5) 외부과업 계획

외부과업 계획에서는 가능한 과업 산출하기, 동기 부여하기, 과업에 대한 동의받기, 과업의 실행 계획하기, 장애물을 확인하고 해결하기, 모의 실험, 실습 및 시연하기, 과업의 계획 요약하기, 과업의 실행하기 등의 활동을 진행하게 된다.

① 가능한 과업 산출하기

과업산출은 사회복지사나 클라이언트 모두 가능하지만 일반적으로 사회복지사가 클라이언트로부터의 의견을 통하여 달성가능한 과업들을 제시하게 된다.

② 동기 부여하기

과업의 완성을 위해 필요한 자원 중의 하나는 동기이다. 따라서 과업은 문제를 일으킨 클라이언트의 만족되지 못한 욕구에 반응하는 것이어야 한다. 과업이 수행되기 위하여 클라이언트에게는 자극과 합리성이 주어져야 한다. 즉, 이 과업을 수행함으로써 미래에 얻게 될 잠재적 이익이 무엇인가에 대해 고려되어야 한다. 이때 사회복지사는 클라이언트의 실제적인 이익에 대한 지각이나 클라이언트가 지각하고 있는 것의 긍정적인 결과들에 대해 지적하고 강화하는 것이 필요하다.

③ 과업에 대한 동의받기

사회복지사는 항상 과업에 대한 클라이언트의 명확한 동의와 수행동의를 얻어야 한다. 동의의 과정은 과정에 대한 서로의 의견을 주고 받는 대화를 통해서 이루어지는데, 클라이언트가 자신의 의견을 제시하지 않고 침묵할 때 이것을 동의라고 가정해서는 안된다. 이는 클라이언트에 의한 명확한 동의만이 과업을 시행하도록 하는 클라이언트의 전념을 가능하게 하는 신념이기 때문이다.

④ 과업의 실행 계획하기

과업들은 무엇을, 언제, 어디서, 어떻게 등을 포함하는 매우 상세한 계획을 필요로 한다. 따라서 과업의 계획에 있어 상세함에 대한 주의는 그 과업의 중요성을 강화시키고 클라이언트가 그것을 기억하고 행동하도록 하는 가능성을 높여 준다. 또한 일반적으로 클라이언트가 계획의 책임을 더 많이 가질 때 클라이언트의 독립성은 강화된다. 그러므로 계획은 클라이언트가 어떻게 과업을 수행할 수 있는가에 대한 명확한 감각을 얻도록 해야 하며, 더 나아가 더 적절하고 효과적인 것으로 과업을 수정하고 대처할 수 있도록 융통성을 가져야 한다.

⑤ 장애물을 확인하고 해결하기

장애물이란 클라이언트가 그들의 문제를 해결하려는 것을 방해하는 것으로 정의될 수 있다. 과업수행을 혼란시킬 중대한 우발사고를 가정한 "만약 그렇다면"의 질문을 통한 탐색으로, 클라이언트가 생각하는 과업수행에서의 어려움에 대한 질문이며, 과거에 행동한 노력이 허사가 된 이유에 대한 질문들로 잠재적인 장애물을 확인하고 해결책을 개발할 수 있다. 클라이언트가 과업을 수행하려고 시도하였고, 완수되었음에도 불구하고 그 결과가 예상보다 효과적이지 않을 때 성공적인 수행을 가로막았던 것들에 대한 질문을 통해 과업수행의 실제적인 장애물들을 확인하고 해결책을 개발한다.

또한 이러한 잠재적 혹은 실제적인 장애물들에 대한 4가지 선택으로는 장애물을 해결하기, 장애물의 영향을 감소시키는 방향으로 과업을 수정하기, 장애물을 회피하여 다른 대처 과업을 설정하기, 그리고 마지막으로 그 과업이 클라이언트에게 여전히 문제로 여겨지는 것을 해결하기 위하여 계속 작업을 진행할 것인가에 대한 평가를 통해 문제를 재공식화하는 것이 있다.

⑥ 모의 실험, 실습 및 시연하기

어떠한 형식의 계획이라도 그것들이 미리 시도된다면 더욱 성공적으로 실행될 수 있기 때문에 많은 과업계획들은 회기 중에 시도되어질 필요성이 있다.

⑦ 과업의 계획 요약하기

회기를 마치기 전, 사회복지사는 클라이언트와 계획에 있어서의 중요한 점들을 확인할 필요성이 있다. 특히, 과업계획이 여러 과업들로 인해 복잡할 경우 혹은 아동이 과업의 수행가일 경우는 특별히 이 단계가 필요하다. 이 단계는 클라이언트에게 계획에 대한 자신의 의견을 제시하도록 하고 사회복지사가 잘못 이해한 것을 다시 수정할 수 있는 기회를 제공하며, 생략된 것에 대해 첨가할 수 있는 기회를 준다.

⑧ 과업의 실행하기

한 회기를 마치고 다음 회기가 진행되기 전, 클라이언트는 과업을 수행하는 시간을 가지게 된다. 보통 클라이언트는 사회복지사의 관여 없이 클라이언트 자신의 힘으로 과업들을 수행한다.

5) 종결단계

과업중심모델의 개입단계의 마지막 단계는 집단과정을 평가하고 집단을 해체하는 종결단계이다. 이 종결 회기에는 다음과 같은 내용들로 구성된다.

(1) 표적문제들과 모든 문제상황 재조사하기

마지막 회기의 문제의 재조사는 클라이언트의 표적문제들과 그가 새로이 직면하게 된 다른 문제들에 대한 체계적인 상황, 그리고 문제의 변화에 대해 클라이언트 자신의 인식에 대한 사정이 이루어지게 된다.

(2) 클라이언트에 의해 사용된 성공적인 문제해결전략 확인하기

과업중심모델의 직접적인 목적은 클라이언트가 필요한 문제해결행동들을 계획하고 실행할 수 있도록 하고, 더 나아가 클라이언트가 다른 문제들에 대해서도 해결이 가능하도록 돕기 위한 것이다. 과업중심 집단 기간 동안 경험한 문제해결의 경험은 미래의 문제해결을 위해서도 클라이언트에게 큰 도움이 될 수 있으므로 그동안 사용한 성공적인 문제해결전략의 확인은 클라이언트에게 도움이 된다.

(3) 잔존 문제해결을 위한 의논과 성공적인 문제해결전략 사용 약속하기

과업중심 집단 기간 동안에 클라이언트의 문제해결을 위하여 이루어진 것을 재조사하고 사정함으로써, 집단활동이 마무리 된 이후의 미래에 필요한 작업을 계속하여 수행하는 것에 대한 의논 및 계획이 필요하다. 또한 클라이언트가 서비스 기간 동안 배운 문제해결방법들을 생활 속에서 갖게 될 일반적인 문제들에 적용할 수 있도록 확인하고 약속하는 작업을 통해 클라이언트를 도울 수 있다.

(4) 부가적인 서비스의 필요시 원조관계 보증하기

과업중심모델의 계획된 단기성의 특징으로 원래의 전형적으로 상담 기간인 4개월 기간 안에 약 6회기에서 12회기의 단기적 서비스가 이루어지도록 고안하는 것이 일반적이다. 이 기본적인 서비스 이후에 만약 클라이언트가 서비스의 연장을 요구한다면 사회복지사와 클라이언트는 서로의 동의하에 4회기 정도의 제한된 단기적인 서비스의 연장이 가능하다. 이는 개입이 설계된 기간보다 그 이상으로 연장될 경우 클라이언트를 의존적으로 만들 위험이 있기 때문이다.

3. 과업중심모델의 사회복지실천에서의 적용

과업중심모델의 실제 실천개입과정에서 활용될 수 있는 기법은 주요개념을 근거로 볼 때 전통적인 사회복지실천기법의 관계 및 과정에서 활용되는 기술과 명확히 차별되는 것은 아니다. 사회복지사의 관찰과 전문적 판단, 초점화된 개입의 방향에 따라 어떤 실천기법을 언제 사용할 것인지에 대한 판단은 달라진다.

기간은 2~3개월 동안 8~12회를 전후로 단기개입하며, 대부분 클라이언트가 8회기 이내에 개입효과를 본다고 주장한다. 구조화된 순서로는 '시작 → 문제 규명 → 계약 → 실행 → 종결'의 5단계로 이루어지며 각 단계마다 사회복지사와 클라이언트의 역할을 구체적으로 명시한다. 사회복지사는 클라이언트의 견해인 표적문제를 우선적으로 반영하며 개입방향을 설정하고 계약하며, 이때 클라이언트는 과제를 설정하고 실행하고 평가하는 문제해결 전 과정에서 주체자로서의 역할을 한다. 또한 클라이언트가 문제라고 인식하는 특정 문제에 초점을 두고 과제를 중심으로 변화를 유도한다.

과제수행의 점검, 모니터링으로 과제가 잘 수행되는지 확인하고 개입전략을 수정하며 클라이언트의 과제는 필요에 따라 변경이 가능하다. 또한 클라이언트의 문제와 관련이 있는 환경과 자원을 탐색하고 활성화하는 방안을 강조한다. 전체 사회복지실천과정을 클라이언트와 사회복지사가 평가하여 개입의 책임성을 강조하게 된다. 구조화되고 체계화된 과업중심모델의 개입과정을 보다 실제적으로 이끌어 가는 데 필요한 전략적인 측면의 기법을 살펴보면 다음과 같다(김성철 외, 2020).

1) 표적문제의 설정

표적문제는 우선순위를 고려하여 최대 3개까지 선정함으로써 시간제한적 단기개입이 가능하도록 한다. 표적문제 선정 시에 클라이언트의 의견이 최대한 반영되어야 하며, 사회복지사와 클라이언트는 선정된 표적문제를 분명하게 이해하고 있어야 한다. 사회복지사와 클라이언트가 의견이 다른 경우에는 충분한 논의와 타협이 요구된다. 표적문제의 우선순위를 선택하는 과정에서는 우선 클라이언트가 가장 높은 관심을 보이고 해결하고 싶어 하며, 상황을 개선하는 데 가장 어려울 수 있는 문제를 상호 간에 성립된 판단에 따라 결정한다. 아울러 다양한 관점에서 발생하는 의문점을 탐색하는 동안에는 우선순위의 결정을 잠시 중단하고 불명확한 쟁점을 파악하는데 이는 선택과 결정이 모호한 상태에서만 적용한다(Epstein & Brown, 2002).

판단 기준은 무엇보다도 클라이언트 상황에서 가장 비중이 있는 문제, 가장 부정적인 영향을 미치는 문제, 변화를 통해 가장 긍정적인 영향을 미칠 수 있는 문제, 클라이언트가 가장 관심을 가지는 문제, 가장 변화 가능성이 높은 큰 문제를 고려한다. 이때 판단에는 클라이언트의 참여와 동의를 구해야 한다.

2) 목표설정

과업중심모델의 실천에서 목표는 실천개입의 방향을 설정하는 데 강력한 도구이다. 클라이언트의 동기를 강화하고 바람직한 문제해결을 위한 기준으로 목표를 설정한다. 목표설정을 위해 필요한 기본조건은 클라이언트가 원하는 요구로서 동기가 있어야 하고, 제한된 시간에 수행이 가능하고 구체적이어야 하며, 반드시 문제와 관련된 것이어야 한다(Marsh & Dole, 2005). 또한 행동적인 것으로 표시되는 것이 바람직하며 성취한 후에 성취 여부를 측정할 수 있어야 한다. 일반적으로 하나의 표적문제에 대해 하나의 목표를 설정하며, 표적문제와 목표는 클라이언트의 입장에서 주어와 서술어의 형식으로 서술한다. 표적문제의 우선순위를 결정한 후 목표설정을 위해서는 어떤 부분이 가장 필요한지, 가장 먼저 이루어졌을 때 도움이 될 목표는 무엇인지, 원하는 결과는 무엇인지, 그 결과에 대해 어떤 느낌인지, 수립된 목표에 대해 확실하게 동의하는지 등에 대해 토의한다.

3) 과제개발과 검토

클라이언트와 사회복지사 간에 합의에 의해 특별한 유형의 문제해결 과제활동이 계획되고 면접의 안팎에서 수행된다. 무엇보다 무엇을, 언제, 누구와, 어떤 조건에서, 어떻게 해야 하는지에 대해 구체적으로 구성될 때 과제를 완수할 가능성이 높아진다. 과제계획 시 필요한 정보의 원천은 **표 3-3**과 같다.

표 3-3. 과제계획 시 필요한 정보의 원천

- 클라이언트 자신의 경험(기초자료): 과제계획의 첫 단계는 표적문제 완화를 위해 클라이언트 자신이 할 수 있다고 생각하는 것에서부터 출발한다.
- 브레인스토밍을 통한 과제계획: 과제와 관련된 선택 가능한 아이디어가 부족할 경우 문제해결기술의 학습과 증진을 위해 다양하고 선택가능한 대안을 제시한다.
- 문제해결활동과 관련된 전문적 지식: 일반적인 치료기법, 전문자료 및 사례회의, 슈퍼바이저의 의견들을 활용한다.
- 사회복지사 자신의 경험: 사회복지사 자신의 이전경험 중 유사한 실전경험을 활용한다.

출처: Epstein, L., & Brown, L. B.(2002). Brief treatment and a new look at the task-centered approach. Boston: Allyn & Bacon.

그리고 1~2회의 면담을 통해 과제가 설정되는데 개입과정에서 필요한 경우에는 새롭게 수정될 수 있으며, 과제개발과 수행을 위해 필요한 조건을 구조화하면 **표 3-4**, 과제검토의 예는 **표 3-5**와 같다.

표 3-4. 과제개발과 수행을 위한 필요한 조건

- 과제선택: 문제해결을 위해 할 수 있는 일은 무엇인가?
- 과제동의: 대안적 가능성을 검토한 후에 가장 적합한 과제를 선택하고 분류한다.
- 수행계획의 구체화: 과제 선택과 개발 후에 구체적 전략을 수립한다.
- 인센티브와 근거확보: 과제수행으로 얻는 것은 무엇인가?
- 장해물 예측: 실패할 수 있는 요인은 무엇인가?
- 예행연습: 모델과 시연을 통해 실제상황에 적용한다.
- 과제검토: 과제수행과정을 검토하고 상대적으로 성공적인 부분과 어려운 부분을 검토한다.

표 3-5. 과제검토의 예

과제	과제검토	평가
김씨는 이웃을 만나면 먼저 인사한다.	과제수행하기가 어려움. 이웃과 지난달에 싸운 일로 아직도 감정이 격해 있음	0 시도하지 않음
어린 동생이 화나게 해도 무시할 것이다.	매 순간 과제수행을 적절히 함. 그러나 비난하는 말은 한두 번 사용함	3 부분적 성공
사회복지사: 지역사회에서 여가활동을 할 수 있는 기관 알아보기	지역문화회관에서 운영하는 수영교실의 이용방법을 확인하여 클라이언트에게 소개함	5 긍정적 성공

출처: Marsh, P., & Dole, M.(2005). The task-centered book. New York: Routledge.

4) 간접적으로 행동변화를 이끌어 내는 기법

과업중심모델에서 간접적으로 행동변화를 이끌어 내는 기법으로는 의사소통기술, 탐색, 구조화, 상황분석 등이 있는데, 구체적인 내용은 **표 3-6**과 같다.

표 3-6. 간접적으로 행동변화를 이끌어 내는 기법

구분	내용
의사소통기술	과업중심모델은 단기간에 문제해결을 위한 원조서비스이므로 스스로 문제해결을 인식할 수 있도록 클라이언트에게 명확히 하는 것이 중요하며, 무엇을 추구하고 바라고 있는가에 대해 언어화하는 것이 좋은 방법이다. 따라서 면담과정에서 클라이언트가 자신의 의사를 분명히 밝힐 수 있게 도와주는 의사소통기술이 필요하다.
탐색	사회복지사는 클라이언트로부터 자료 및 정보를 이끌어 내려는 노력이 필요하다. 이러한 탐색과정을 통해 클라이언트의 문제를 명확하게 하며, 과제의 방향과 문제해결의 가능성을 검토한다.
구조화	구조화기술은 3단계로 구분한다. 1단계는 클라이언트에게 개입의 성격과 목적, 개입의 조직화와 관련된 문제, 과제, 시간제한 등 과제와 관련 있는 내용에 대한 명확한 의사소통 반응들에 대해 클라이언트에게 다시 들려주는 작업이다. 2단계는 클라이언트를 위해 실천계획을 구체화하는 사회복지사의 노력이다. 3단계는 조작적 과제들을 구조화하는 작업으로서 사회복지사와 클라이언트의 의사소통에 대한 명확한 지침을 제공하는 것 등의 활동들로 구성된다.
상황분석	문제의 상황은 문제해결의 장애물과 문제를 다룰 때 동원될 수 있는 자원으로 구성된다. 상황요인으로는 물리적, 인지적, 가족, 지역사회체계가 포함된 다원적인 틀 속에서 이루어지며 표적문제와 관련하여 검토된다. 이때 사회복지사는 클라이언트의 왜곡된 지각, 비현실적 기대를 수정하도록 돕고 역기능적이며 상호작용이나 행동유형을 지적한다. 또한 상황분석과 관련하여 사회복지사는 클라이언트가 장애물을 확인하여 해결하도록 돕고, 클라이언트의 생활상에 나타나는 문제의 변화를 확인한다. 일반적인 자원은 클라이언트 개인의 능력과 힘, 가족 내의 충성과 애정의 유대, 외부세계에서 제공하는 유형 또는 무형의 지지 등에서 찾아볼 수 있다.

5) 직접적으로 행동변화를 이끌어 내는 기법

과업중심모델에서 직접적으로 행동변화를 이끌어 내는 기법으로는 인식증진, 격려, 지시 등이 있는데, 구체적인 내용은 **표 3-7**과 같다.

표 3-7. 직접적으로 행동변화를 이끌어 내는 기법

구분	내용
인식증진	과제를 성취하기 위해 장애가 되는 요인들을 제거하거나 극복할 수 있도록 클라이언트의 인식을 증진시키는 기술이다. 인지적 왜곡이 클라이언트의 과제성취에 장애가 되고 있는 상황에서 특히 중요한 기술이다. 인식증진을 돕기 위해서는 개별화된 교육적 노력이 필요하며 특수한 기능과 상황에서 인식증진에 대한 사회복지사의 집중적인 노력이 요구된다.
격려	클라이언트가 세운 계획이나 행동에 대해 긍정적 반응을 표현하는 것으로 클라이언트의 긍정적 행동을 강화하게 되는 것이 격려이다. 과제수행을 기대하기 위해 클라이언트의 행동을 강화하고 자극하려는 사회복지사는 클라이언트나 그 행동에 대해 선택적으로 사용해야 하며, 진솔하고 정성된 마음으로 표현해야 한다.
지시	사회복지사는 과제수행과 관련된 행동에 대해 클라이언트에게 조언과 충고를 하는 것을 말한다. 클라이언트가 생각하지 못했던 행동을 제안하거나 클라이언트가 생각하고 있는 내용에 대한 조언으로 이루어지며 클라이언트의 의존성을 조장할 우려가 있으므로 무차별적으로 이유 없이 제공해서는 안된다.

6) 클라이언트의 환경의 책임성 있는 개입

클라이언트의 문제를 자원부족 혹은 기술과 관련한 것으로 이해하고 문제와 관련이 있는 환경과 자원을 탐색하고 활성화하는 방안을 강조한다. 전체 사회복지실천과정을 평가하여 개입의 책임성을 강조한다.

Chapter

04

위기개입모델

배울 내용

1. 위기개입의 이해
2. 위기개입의 이론
3. 위기개입모델
4. 위기개입의 방법
5. 위기개입의 사회복지실천에서의 적용

학습목표

1. 위기개입의 정의, 특성, 유형, 개입단계와 원리를 이해한다.
2. 위기개입의 이론을 설명할 수 있다.
3. 위기개입모델을 파악한다.
4. 위기개입의 방법을 숙지한다.
5. 위기개입의 사회복지실천에서의 적용방안을 모색해 본다.

1. 위기개입의 이해

1) 위기의 정의

위기란 일반적으로 개인의 현재 자원과 대처기제로는 감당하기 어려운 사건이나 상황을 지각하거나 경험하는 것이다. 구체적으로 인간은 인생에서 중요한 목표를 이룰 때, 기존의 문제해결방법으로는 해결할 수 없는 문제에 직면하게 되는데, 이를 위기라고 할 수 있다. 따라서 위기는 사람들이 기존의 선택과 행동으로는 극복할 수 없다고 믿는 삶에 있어 방해되는 것에서 시작하여, 이러한 상황에서의 대처가 미숙할 때 위기라고 표현되는 것이다. 이러한 위기는 사람을 무력화시키고 사람이 자신의 삶을 의식적으로 통제하는 것을 어렵게 하는 개인적인 어려움이나 상황이다. 따라서 위기는 인간을 혼란스럽게 하고, 이전의 스트레스에 대처하던 방식에서 심각한 붕괴를 경험하게 되고, 좌절을 경험하기도 하는데, 위기는 바로 이런 붕괴나 좌절에 대한 공포, 충격, 고통의 감정을 의미한다(성정현, 2019).

2) 위기의 특성

위기는 여섯 가지의 특성을 가진다(성정현, 2019). 첫째, 위기란 개인에게 심각한 병리적 문제를 일으키고 가족을 위험에 처하게 할 수 있다는 것이다. 하지만 고통 때문에 타인에게 도움을 청하고, 위기 기간 동안 고통스러운 삶의 문제에 대처하는 새롭고 더 적응적인 기술을 배울 수 있는 점에서는 기회가 될 수 있다. 즉, 위기는 정서적인 성장이나 정서적 평형을 유지하도록 하는 새로운 대처기술을 배울 수 있게 하는 긍정적인 결과를 끌어내기도 한다. 그러나 지나친 스트레스로 인하여 정서적인 평형이 깨지고, 이로 인해 문제를 해결할 수 없게 되면, 결국 문제에 직면하고 긴장과 불안이 증가하여 자신의 역할을 감당하지 못하게 된다.

둘째, 자살의 원인처럼 위기는 절대 단순하지 않다는 것이다. 위기 상황에 이르렀을 때는 이미 복잡한 문제들이 함께 영향을 주고 있을 수 있다는 것을 의미하기 때문이다. 그러나 위기는 병리적인 사건은 아니기에 위기반응과 정신질환은 구별되어야 한다.

셋째, 위기는 불안을 극대화한다. 그러나 그런 자신의 상황을 인정할 때에는 오히려 이 위기가 성장과 변화의 씨앗이 될 수 있다는 것이다.

넷째, 위기의 기간은 제한되어 있지만, 위기에 처한 기간이 오래될수록 빠른 해결책을 기대하기는 어렵다는 것이다.

다섯째, 위기에 처한 이들에게는 무엇이라도 할 것을 선택하는 것이 필요하다. 이 선택이 위기에 처한 이들에게는 성장의 가능성을 열어 주고, 목표설정과 극복의 계획을 조직적으로 세울 기회를 준다는 것이다.

마지막으로 모든 인간은 위기에 관한 면역력을 가질 수 없지만, 같은 위기의 상황에서도 개인에 따라 극복할 수도 있고, 극복하지 못할 수도 있다는 보편성과 고유성을 가진다는 특징이 있다.

그리고 위기를 촉발시키는 사건이 일어난 후 인간은 **그림 4-1**과 같이 네 단계를 거치며 위기를 맞이하게 된다(한국자살예방협회, 2008).

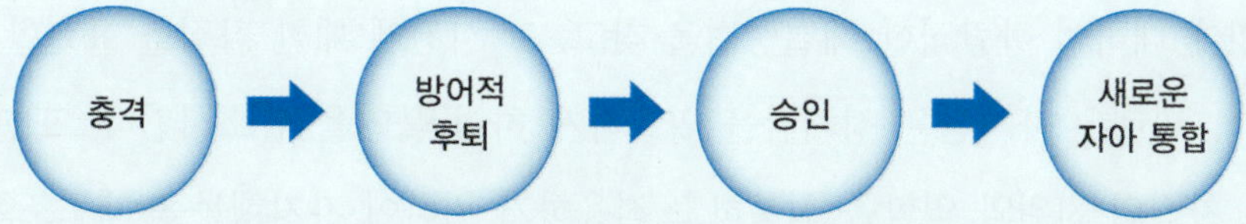

그림 4-1. 위기를 맞이하는 단계

먼저 촉발사건으로 인해 충격을 받는다. 충격은 일시적인 우울 상태를 만들어 일상적인 대처방식으로 대응하지만 상황을 이해하는 능력이 저하되고, 신체적으로 고생하거나 사회적으로도 위축된다. 이후 며칠이 지나면 자신을 인식하고 다음 단계로 넘어간다.

다시금 평소의 해결방법으로 해결을 시도하지만 긴장과 불편은 줄어들지 않고 상황이 호전되지는 않는다. 이때 자신의 가치를 격하하고 대신 비현실적인 방법으로 문제를 회피하거나 타인의 도움을 찾게 된다. 현실을 회피하여 부정하고 환상적으로 되기도 하고, 무관심해지거나 때로는 기분이 좋아지기도 한다. 이를 방어적 후퇴라고 한다. 이 시기에는 고통스러운 상황에서 자신을 보호하기 위해 부정, 합리화, 투사 등의 방어기제를 사용한다. 하지만 자신의 대처가 실패하면 불안은 더욱 증가하고 왜곡 현상까지 나타날 수 있다. 즉, 미칠 것 같고 생각할 수 없으며, 무엇을 해야 할지 모르겠고 쓰러질 것 같으며, 더 이상 대처능력도 없고 불편감만 증가한다. 이 순간부터 전문가의 도움을 구하며 다음 단계로 넘어간다.

객관적인 현실을 깨닫기 시작하면 긴장과 불안은 다시 강해지고 현실을 보는 부정적 시선은 강해진다. 그러나 내 · 외적 자원을 동원하여 새로운 방법으로 문제를 해결하거나 과거의 방법으로 해결할 수 있는지를 알기 위해 위기 상황을 재정의하게 된다. 이 단계를 승인이라고 한다. 이 시기에 어떤 방법이든 긍정적이든 부정적이든 효과가 있다면 다음 단계로 넘어간다.

위기 상황을 긍정적으로 인정하면 낡은 자아는 죽고 새로운 자아로 통합된다. 문제 상황에 대하여 바람직한 해결방법을 찾고, 그 사건에 대한 감정을 표현할 수 있게 된다. 새로운 가치관은 정체감을 확고하게 하여 불안을 감소시킨다. 또한 사회적으로 자신의 지위와 역할을 회복하고 적응하기 위하여 자기행동을 재구조화하고, 앞으로 유사한 위기를 예방하게 된다. 그러나 문제해결이 비효율적이 되거나 위기에 대한 감정표현이 부적절했을 때는 문제가 계속 억압되고 부정되어 신경증이나 정신증 또는 사회적으로 부적응행동이나 여러 가지 정신·신체질환이 나타날 수 있다.

이런 위기의 단계를 서술할 때 중요한 것은 아길레라와 메식(Aguilera & Messick)이 정의한 균형 요소를 고려하는 것이다. 균형 요소에는 스트레스 사건과 상황적 지지 그리고 대처 기전에 대한 개인의 지각이 포함된다. 다시 말해 위기의 성공적 해결은 사건에 대한 현실적인 견해를 가지고 있거나, 문제를 해결하는 데 상황적 지지가 도움이 되거나, 효과적인 대처 기전을 가지고 있을 경우 더 잘 이루어진다는 것이다.

3) 위기의 유형

위기는 다양한 요인에 의해 발생할 수 있으며, 이에 따라 유형도 여러 가지로 구분할 수 있다. 위기의 유형은 주로 발생원인, 영향 범위 그리고 개인이나 집단의 특성에 따라 분류할 수 있는데, 구체적인 내용은 **표 4-1**과 같다.

표 4-1. 위기의 유형

구분	개념	사례	특징
발달적 위기	개인의 생애주기에서 정상적으로 발생하는 변화와 전환에 따라 나타나는 위기이며, 이는 특정한 발달단계에서 경험하게 되는 자연스러운 변화와 관련되어 있다.	• 청소년기의 정체성 위기 • 중년기의 은퇴 또는 공허함 위기 • 노년기의 은퇴와 노화 문제	예측가능하고, 대부분의 사람들이 경험하는 일반적인 변화와 관련되어 있으나 개인의 대처능력에 따라 위기로 발전할 수 있다.
상황적 위기	예기치 못한 사건이나 환경적 요인에 의해 발생하는 위기이다. 이는 개인이 전혀 예측하지 못한 사건이나 재난에 의해 초래되며, 갑작스럽게 삶에 중요한 영향을 미치게 된다.	• 자연재해(지진, 홍수, 화재 등) • 교통사고나 중대한 질병 진단 • 실직, 이혼, 사랑하는 사람의 사망 • 갑작스러운 경제적 어려움	발생이 예측 불가능하며, 개인의 삶에 급격한 변화를 가져오게 된다. 개인의 준비 상태나 지원 시스템에 따라 위기의 강도가 달라질 수 있다.
환경적·사회적 위기	개인이 속한 사회적, 환경적 변화나 충돌로 인해 발생하는 위기이다. 이는 개인이 아닌 사회 전체나 특정 지역에서 일어나는 위기 상황에서 비롯된다.	• 전쟁, 테러, 사회적 불안 • 경제 불황, 대규모 실직 • 대유행병(COVID-19 등) • 정치적 혼란 및 사회적 갈등	사회적 구조나 환경의 급격한 변화로 인해 대규모 집단에게 영향을 미치며, 개인에게도 심각한 스트레스나 고통을 초래할 수 있다.
실존적 위기	개인이 자신의 존재와 삶의 의미에 대해 깊이 고민할 때 발생하는 위기이다. 이는 철학적, 종교적, 윤리적 문제로부터 비롯되며, 개인이 인생의 목적, 자아정체성 등에 대해 의문을 제기하는 과정에서 경험하는 심리적 혼란 상태이다.	• 삶의 목표를 상실하거나 회의감을 느끼는 경우 • 자신의 가치를 의심하거나 삶의 방향성에 혼란을 느낄 때 • 죽음, 인생의 목적, 자유와 책임에 대한 심오한 고민	심리적, 정신적 고뇌를 포함하며, 개인의 세계관이나 자아정체성에 심각한 영향을 미칠 수 있다.
문화적 위기	개인의 새로운 문화에 적응해야 하는 상황에서 발생하는 위기이다. 주로 문화적 충격이나 이주 과정에서 나타나며, 다른 문화적 배경을 가진 사람들과의 상호작용에서 발생할 수 있다.	• 이민이나 유학으로 인한 문화적 충격 • 다문화가정에서의 갈등 • 타국에서의 언어적, 문화적 적응 문제	문화적 차이로 인해 발생하는 혼란과 불안감이 특징이며, 대인관계나 사회적 상호작용에 어려움을 경험하게 된다.

구분	개념	사례	특징
심리적 위기	개인이 자신의 심리적 한계나 문제를 해결하지 못해 발생하는 위기이다. 심리적 상태나 정서적 불균형으로 인해 개인이 일상생활에서 심각한 어려움을 경험할 때 발생하게 된다.	• 불안장애, 우울증, 강박증, 외상 후 스트레스 장애(PTSD) 등 정신건강 문제 • 중독문제(알코올, 약물 등)	심리적 건강이 악화되어 일상적인 대처능력이 떨어지고, 외부의 도움이나 심리적 지원이 필요한 상태이다.

| 사례 |

청소년 B군은 또래로부터 지속적인 따돌림과 폭력을 경험한 후, 분노와 공격성이 증가하였고 등교를 거부하고 있다. 이는 상황적 위기이자 환경적 위기의 복합적인 사례라고 할 수 있다. 학교와 지역상담센터의 협력으로 B군에게 심리치료와 학습지원프로그램이 연계되었고, 가족상담을 통해 부모의 지지 역시 강화되었다. 개입 3개월 후, B군은 다시 학교생활을 시작하며 또래 관계도 회복해 나가고 있다.

이와 같은 다양한 위기유형은 개인의 대처능력이나 사회적 지원체계에 따라 각기 다르게 해결될 수 있다. 따라서 위기의 특성과 유형을 정확하게 이해하고 적절한 개입이 이루어져야 효과적인 문제해결이 가능하다고 할 수 있다.

4) 위기반응단계와 개입원리

사회복지학자 골란(Golan)은 위기 상황에서 개인이 경험하는 심리적 반응을 **표 4-2**와 같이 다섯 단계로 설명하고 있는데, 이 단계들은 위기개입의 적절한 시간과 전략을 결정하는 중요한 틀이라고 할 수 있다.

표 4-2. 위기 상황에서 개인이 경험하는 심리적 반응

구분	내용
위험한 사건	개인의 삶을 뿌리째 흔드는 충격적인 사건이 발생하게 된다. 예를 들어, 사고, 자연재해, 폭력, 갑작스러운 상실 등으로 개인의 균형이 깨어지게 된다.
취약단계	위기를 맞이한 개인은 기존의 대처전략을 사용하지만 효과가 없거나 한계를 느끼면서 점점 심리적으로 취약해지게 된다. 이때 불안, 수면장애, 의욕 상실 등이 나타날 수 있다.
위기 촉진 요인의 발생	사회적 지지 부족, 경제적 불안, 과거의 트라우마 등 외부 요인이 더해지면서 위기를 악화시키게 된다. 이 시기에 적절한 지지가 없으면 기능 저하가 급속하게 진행된다.
실제 위기단계	감정조절이 어려워지고 우울, 분노, 공황 반응 등 심각한 심리적 불안정 상태에 도달하게 된다. 이때 자해 또는 자살사고가 발생할 수도 있다.
회복단계(재통합단계)	위기개입 및 지지로 인해 점차 감정이 안정되고 새로운 대처전략을 습득하게 된다. 이 단계에서는 이전보다 더 성숙한 방식으로 삶을 재통합할 수도 있다.

지금까지 살펴본 클라이언트가 경험하는 심리적 반응에 대해 사회복지사가 위의 각 단계에 대응하는 위기개입의 기본 원리를 구체적으로 살펴보면 **표 4-3**과 같다.

표 4-3. 위기개입의 기본 원리

구분	내용
신속한 개입	위기는 시간이 지날수록 악화되기 때문에 초기 개입이 매우 중요하다. 따라서 가능한 한 위기발생 직후 클라이언트와의 접촉이 이루어져야 한다. 빠른 개입은 심리적 고통의 심화를 막고 클라이언트가 스스로 문제를 다룰 수 있도록 하는 데 효과적이다.
사회복지사의 적극적인 행동	위기 상황에서는 단순 경청만으로는 부족하다. 따라서 사회복지사는 클라이언트의 감정을 수용하면서도 명확한 구조와 지침을 제시하고, 필요한 경우 자원을 직접 연결하거나 동행하는 등의 적극적인 개입을 할 필요성이 있다.
제한된 목표설정	위기 상태의 클라이언트는 복잡한 계획을 소화하기 어렵기 때문에 당장 해결가능한 작은 목표를 설정하는 것이 중요하다. 예를 들어, "하루 한 끼는 꼭 먹기, 상담실 방문하기" 등 실현가능한 목표를 통해 성취감을 회복시키는 것이 필요하다.

구분	내용
긍정적인 희망과 기대 전달	위기 속에 있는 사람은 상황이 절망적이라고 느낄 수 있다. 이때 사회복지사는 변화 가능성에 대한 희망과 긍정적인 전망을 제공함으로써 클라이언트가 다시 삶의 방향을 찾도록 도와야 한다. "지금은 힘들지만 분명히 나아질 수 있습니다"와 같은 언어적인 격려가 중요하다.
현실적인 지지 제공	클라이언트가 느끼는 고립감을 완화시키기 위해 정서적, 실질적 지지를 제공해야 한다. 이를 위해 공감적 경청, 자원 연결, 가족이나 친구의 참여 유도 등이 포함될 수 있다. 사회복지사는 때로는 유일한 '안전한 사람'이 되기도 한다는 것을 명심해야 한다.
초점적 문제해결	위기의 원인이 되는 핵심 문제에 집중해 함께 해결 방안을 모색해야 한다. 복잡한 문제는 단순화하고, 가능한 해결책을 함께 탐색하면서 클라이언트의 참여를 유도하는 것이 중요하다.
클라이언트 자기상의 이해	위기 상황에서는 개인의 자아상(self image)이 부정적으로 왜곡되기 쉽다. 즉, "나는 실패자야", "내 잘못이야"와 같은 생각에 빠지지 않도록, 클라이언트가 스스로를 긍정적으로 바라볼 수 있도록 지지해 주어야 한다. 클라이언트의 강점과 회복력을 강조하는 접근이 효과적이다.
자립성의 촉진	궁극적으로 위기개입은 클라이언트가 스스로 문제를 해결할 수 있는 힘을 회복하도록 돕는 데 그 목적이 있다. 따라서 지나친 의존을 방지하고, 클라이언트가 스스로 선택하고 행동할 수 있도록 격려를 하는 것이 필요하다.

5) 위기개입모델의 개념과 목적

| 사례 |

40대 여성 A씨는 남편의 갑작스러운 교통사고 사망 이후 심한 무기력감과 죄책감을 느꼈다. 자녀 돌봄에도 어려움을 경험하는 A씨는 지역복지관의 위기개입 프로그램으로 연결되었다. 사회복지사는 A씨에게 감정을 표현할 수 있는 안전한 공간을 제공하고, 긴급 양육 지원 서비스와 상담을 연계하였다. 개입 4주 차, A씨는 눈물을 흘리며 처음으로 숨을 쉴 수 있는 것 같다고 말했다.

위기개입모델은 갑작스러운 충격이나 스트레스로 인해 심리적 기능이 일시적으로 마비된 사람을 돕기 위한 단기적이고 구조화된 개입방법이다. 위기 상황은 개인의 기존 대처능력으로 감당하기 어려운 상태이기 때문에 전문적인 지원 없이는 부정적인 결과로 이어질 가능성이 매우 크다.

그리고 이 모델의 궁극적인 목적은 심리적 안정 회복과 기능 회복, 나아가 삶의 재적응과 성장 촉진에 있다. 위기는 위험인 동시에 기회가 될 수 있다. 즉, 적절한 개입을 통해 개인은 단순히 위기 이전 상태로 회복하는 것을 넘어서, 새로운 대처전략과 자원을 배우고 활용함으로써 더 강해질 수 기회를 얻을 수 있다는 것이다.

2. 위기개입모델의 이론

위기의 성공적인 해결을 위해 위기개입을 하게 되는데, 단 하나의 이론이나 학파로는 모든 방법을 포괄할 수는 없다. 따라서 위기개입에서 사용하는 기본적인 위기개입 이론과 확장된 위기개입 이론을 통해 현상으로서의 위기와 의도적인 도움으로서의 위기개입과 관련된 위기개입 이론을 살펴보면 다음과 같다(성정현, 2019).

1) 기본적인 위기개입

위기에 관하여 새로운 이해와 위기개입을 주장한 학자는 린더만(Lindemann)과 캐프란(Caplan)이 대표적이다. 구체적으로 린더만과 캐프란은 상담과 단기치료에서 위기개입 전략을 사용하도록 주장하였는데, 이는 두 방법의 공통점과 차이점을 이용한 것이었다. 즉, 단기치료이론(brief therapy theory)은 다소 지속적인 정서적 문제를 재조정하는 것을 시도한다. 반면에 기본적인 위기이론(basic crisis theory)은 위기에 처한 사람이 외상적인 사건으로 인하여 발생된 정서적 · 행동적 · 인지적 왜곡을 인식하고 교정할 수 있도록 돕는 일에 초점을 맞추고 있다.

이 두 방법은 항상성과 평형성을 회복하는 것에 도움을 주는 것에서는 공통점을 갖지만, 클라이언트가 문제에 관한 심각성을 느끼는 정도와 정서적 불안정을 느끼는 정도에 따라 달려 있다는 차이점도 가지고 있다.

그러나 이런 관점은 정신분석적 접근에만 의존하였기에 사건을 위기로 전환하는 환경적인 부분을 설명하지 못하였고, 이로 인하여 확장된 위기이론이 발전하게 되었다.

2) 확장된 위기이론

위기개입과 위기이론이 발전하면서 발달적 · 사회적 · 심리적 · 환경적 · 상황적 결정물의 조합으로 인하여 어떤 사람이라도 일시적으로 병리적인 증상을 나타낼 수 있음이 드러나게 되었다. 이런 이유로 확장된 위기이론에서는 **그림 4-2**와 같이 정신분석이론을 비롯하여 체계, 적응, 대인, 혼돈이론까지 포함하게 되었다.

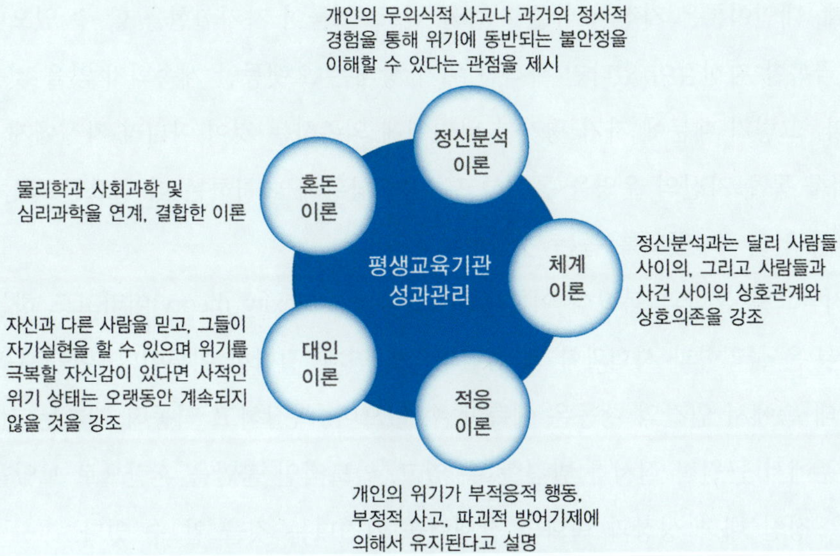

그림 4-2. 확장된 위기이론

첫째, 정신분석이론은 개인의 무의식적 사고나 과거의 정서적 경험을 통해 위기에 동반되는 불안정을 이해할 수 있다는 관점을 제시한다. 이 이론을 통해 우리는 클라이언트가 자신의 행동에 대한 역동과 원인에 대한 통찰력을 가질 수 있도록 도와줄 수 있다.

둘째, 체계이론은 정신분석과는 달리 사람들 사이의, 그리고 사람들과 사건 사이의 상호관계와 상호의존을 강조한다. 따라서 위기를 개별적인 차원을 넘어 사회와 환경적 측면을 함께 바라보도록 이끌어 준다.

셋째, 적응이론은 개인의 위기가 부적응적 행동, 부정적 사고, 파괴적 방어기제에 의해서 유지된다고 설명한다. 즉, 이런 부적응적 대처행동을 적응적 행동으로 변화시키고 긍정적 사고를 강화하고, 긍정적인 방어기제를 구성할 수 있도록 가르칠 수 있다고 주장한다.

넷째, 대인이론은 자신과 다른 사람을 믿고, 그들이 자기실현을 할 수 있으며 위기를 극복할 자신감이 있다면 사적인 위기 상태는 오랫동안 계속되지 않을 것을 강조한다. 그렇기 때문에 자기 평가를 타인에게 의존하는 것이 아니라 자신에게 돌리고, 이를 통해 자신의 운명을 통제하고, 위기 상황에 대처하는 데 필요한 행동능력을 다시 얻을 수 있도록 돕는 것이다.

마지막으로 혼란과 복잡성 이론(chaos and complexity theory)이라고도 하는 혼돈이론[1]은 물리학과 사회과학 및 심리과학을 연계, 결합한 이론이다. 이를 통해 위기 상태 속에서 인간의 행동은 예측할 수 없으며, 복잡하고 역동적 체계는 전체적인 수준에서 근원적 질서를 발견할 수 있고, 압도적인 불안을 혼란으로 보았을 때 혼란은 정신 내적 성장과 변화의 잠재력을 가진다는 것을 알 수 있다.

1) 혼돈이론은 단순히 수학이나 물리학에 국한된 개념이 아니라, 세계의 복잡성과 예측 불가능성을 이해하는 하나의 철학적 도구로도 활용되고 있다. 우리는 일상에서 다양한 변수를 마주하며, 작은 선택이 인생의 방향을 바꾸기도 한다. 혼돈이론은 이러한 현실을 과학적으로 설명해 주며, 인간중심의 결정론과 확률론 사이에 새로운 관점을 제시한다. 이는 기술적 활용을 넘어서 미래 사회를 바라보는 새로운 시각을 제공하는데, 교육, 정책, 심리학, 경영 전략 등 다양한 분야에서도 복잡한 시스템에 대한 이해와 접근 방식을 바꾸는 데 기여할 수 있다. 결국 혼돈이론은 우리가 복잡한 세상을 예측하는 방법을 배우는 것이 아니라, 변화와 불확실성 속에서 유연하게 적응하는 법을 배우게 해 주는 과학적 통찰의 도구라고 할 수 있다.

3. 위기개입모델

다양한 이론을 통하여 정립되는 위기에 대하여 라이트너(Leitner)와 벨킨(Belkin)은 위기개입을 위한 모델을 세 가지로 제시하였다. 이 세 가지 모델은 다른 위기개입의 전략과 방법의 기초가 되는데, 이 위기개입에는 중요한 원칙들이 존재한다.

우선 위기개입의 목적은 클라이언트의 성격 성향이나 성격의 수정이 아닌 위기 대처 능력의 증진이다. 따라서 치료는 대인관계의 갈등과 역할상의 역기능과 관련된 구체적이고도 적절한 문제 영역을 목표로 한다. 클라이언트가 특정한 문제에 관한 지속적 관심을 두도록 적극적인 초점화 기법(active focusing techniques)을 사용하게 된다. 그리고 상담자는 클라이언트가 의식하고 있는 갈등이나 의식할 수 있는 갈등 상황을 찾아내고 그것에 초점을 맞추도록 도와주어야 한다. 문제 상황의 변화를 파악하기 위해서 갑작스러운 사건을 중요하게 인식할 수 있어야 하며, 클라이언트가 상담자에게 전이를 느낄 때, 이것이 치료에 방해가 되지 않는 한 중요하게 고려하지 않아야 한다. 이러한 치료는 성격, 자아 기능, 사회문화적 기능에 대한 지식에서 유래된 배경 정보에 근거해야 한다는 것이다. 이러한 원칙에 따라 확립된 세 가지 기본적인 위기개입 모델은 평행모델, 인지모델, 심리사회적 전환모델이다.

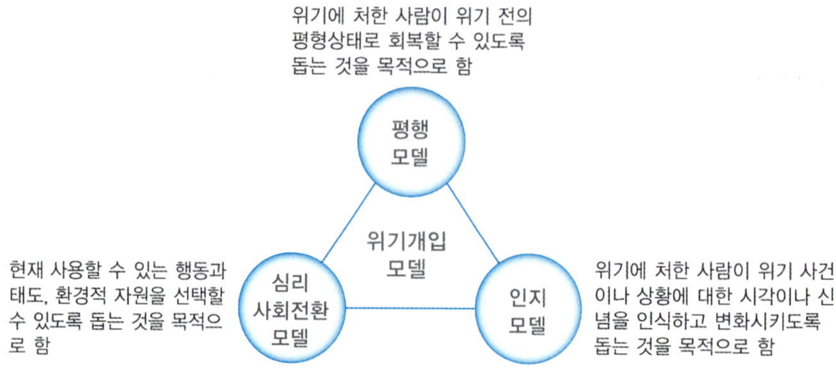

그림 4-3. 기본적인 위기개입 모델

1) 평행모델

평행모델은 위기에 처한 사람들에게 위기 전의 평형상태로 회복될 수 있도록 돕는 것을 목적으로 한다. 왜냐하면 위기에 처한 사람들은 그들의 욕구를 충족시키기 위해 일상적인 대처기제나 문제해결방법을 사용하는 데 있어 심리적·정서적 불평형상태에 있기 때문이다. 이러한 심리적·정서적 불평형은 통제력을 잃게 하고, 적절한 선택을 하지 못하게 한다. 따라서 개입 초기에는 대처 능력을 찾을 수 있도록 안정시키는 것에 초점을 두어야 한다. 이 모델은 위기개입의 가장 순수한 모델이라 할 수 있으며 위기 발생에서 가장 먼저 이용되어지는 모델이다.

2) 인지모델

인지모델은 위기에 처한 사람들의 위기 사건이나 상황에 대한 시각이나 신념을 인식하고 변화시키도록 돕는 것을 목적으로 한다. 왜냐하면 이 모델에서는 위기사건에 관한 사건이나 상황은 잘못된 생각으로 발생하게 된다고 전제하고 있기 때문이다. 따라서 인지모델은 사고의 변화를 통해, 특히 비합리적이고 자기패배적인 인지를 인식하고 논박하며, 합리적이고 자기증진적인 사고를 유지하여 위기를 통제하고자 하는 것이다.

위기에 처한 사람들은 자신에게 부정적이고 왜곡된 인식을 갖는다. 고통으로 마음은 지치고, 긍정적인 설득이 불가능할 정도로 자신에게 부정적 메시지를 보내며 밀어붙인다. 그리고 이 부정을 만족시키는 행동과 말을 계속한다. 위기개입은 이런 인지가 사라질 때까지 상황에 대한 새로운 자기진술을 연습하고 재연하면서 긍정적인 의식흐름의 고리를 만들 수 있도록 해야 한다. 클라이언트가 위기 전의 안정된 상태로 돌아가게 도와주는 것이 인지모델이다.

3) 심리사회적 전환모델

심리사회적 전환모델은 위기를 만드는 내 · 외적 어려움을 클라이언트와 함께 결정하고 현재 사용할 수 있는 행동과 태도, 환경적 자원을 선택할 수 있도록 돕는 것을 목적으로 한다. 이 모델은 인간을 유전자의 산물임과 동시에 환경에 의해 학습된 산물로 간주한다. 따라서 인간은 사회환경으로 인해 계속해서 변화하기 때문에 위기는 내적인 문제만이 아니라 사회, 환경과 같은 외적인 어려움과도 관련이 있다고 여긴다. 이 때문에 클라이언트가 자신의 생활을 통제하도록 도우려면 적절한 내적 대처기제와 사회적 지지 및 환경적 자원을 함께 활용하여야 한다.

또래, 가족, 직업, 종교, 지역사회는 심리사회적 적응성을 증진시키거나 방해하는 외적 차원이다. 심리사회적 모델은 바로 이 외적인 부분 또한 변화가 필요하다고 주장한다. 따라서 이 모델은 클라이언트의 안정화 이후에 적절한 모델이다.

4. 위기개입의 방법

위기개입에 제시된 위기분류 사정체계(Triage assessment system)는 신속하면서도 체계적이고 위기개입 전문가가 클라이언트에게 나타난 위기 상황의 심각성 정도를 판단하고 클라이언트의 위기대처를 돕는 지침을 제공한다. 전체적인 위기개입이 일어나기 전 전략을 세우는데, 이를 사정이라고 한다. 사정은 위기개입의 전(全)과정에서 이루어지며 위기의 본질과 클라이언트에게 미치는 효과에 대한 자료가 수집되어 촉발 사건이나 스트레스 요인, 사전에 대한 지각, 지지체계와 대처자원, 클라이언트의 강점과 대처자원을 사정하면서 계획을 수립해야 한다. 위기개입 모델의 개입과정을 구체적으로 살펴보면 **표 4-4**와 같다(성정현, 2019).

표 4-4. 위기개입모델의 개입과정

항목	단계	구분	내용
경청	1단계	문제 정의하기	• 클라이언트의 관점에서 문제를 정의하고 이해하는 것을 말함 • 클라이언트와 신뢰하는 관계를 구축함 • 신속한 사정을 통해 개입 대상, 향후 개입에 대한 계획을 세움 • 위기 상황을 클라이언트의 관점에서 보는 것이 중요함
	2단계	클라이언트의 안전을 확보하기	• 자신과 타인에게 신체적 · 심리적 위험을 최소화하는 것을 말함 • 안전 확보는 2단계에서 제시되지만, 개입 전 과정을 통해 최우선적으로 고려되어야 함
	3단계	지지하기	• 안전한 분위기에서 심리적 안정을 찾을 수 있도록 계속적인 관심과 지지를 제공함 • 클라이언트를 무조건적이고 긍정적으로 수용할 수 있어야 함 • 아무도 수용하지 않고 인정하지 않는 클라이언트를 수용하고 가치 있게 바라볼 수 있어야 함
활동	4단계	대안을 탐색하기	• 많은 대안이 있으며 더 나은 선택사항이 있음을 인지하도록 도움 • 현 상황에서 지지자와 대처 기제를 찾아내고 긍정적 사고를 할 수 있도록 촉진함 **〈상황적 지지자〉** 현재나 과거부터 클라이언트를 알던 사람으로 클라이언트에게 발생한 일을 돌볼 수 있는 사람 **〈대처기제〉** 클라이언트가 현재의 위기를 극복하는 데 사용할 수 있는 행동이나 환경적 지원 **〈긍정적 사고 패턴〉** 클라이언트의 스트레스와 불안 수준을 경감시키는 사고방식으로 클라이언트가 문제를 바라보는 관점의 교체가 가능
	5단계	계획 세우기	• 즉각적으로 지지를 제공해 줄 수 있는 사람, 집단, 다른 의뢰 자원을 명확히 함 • 대처기제를 제시해야 함 클라이언트가 지금 할 수 있을 정도로 구체적이며 긍정적이고 클라이언트가 자기 것으로 만들 수 있고 이해할 수 있는 명확한 행동단계 • 클라이언트의 체계적인 문제해결에 초점을 두어야 하고 클라이언트의 대처능력을 고려한 현실적인 것이어야 함
	6단계	참여시키기	• 클라이언트가 위기 이전의 평형을 되찾을 수 있도록 하기 위해 계획된 행동을 수행하도록 참여시키는 것

위기개입모델의 개입과정은 크게 경청과 활동의 두 방법을 통해 이루어진다고 할 수 있다. 우선 경청의 단계가 필요한데, 이를 위해서는 문제 정의하기, 클라이언트의 안전 확보하기, 지지하기의 세 단계를 거쳐야 한다. 위기개입 1단계인 문제 정의하기는 클라이언트의 입장에서 문제를 정의하고 이해하는 것이다. 상담자가 클라이언트의 관점에서 문제를 이해하지 못하면 개입 전략과 절차에서 중요한 사항을 놓치게 되고, 따라서 클라이언트에게 이 과정은 전혀 가치 없는 것이 될지도 모른다. 이후 상담자는 클라이언트의 안전을 지속적으로 유지해야 한다. 여기서의 안전은 자신과 타인에게 신체적 · 심리적 위험을 최소화하는 것이다. 이 요소는 개입자의 사정, 경청과 전략의 실천에서 계속해서 고려해야 하는 사항이다. 마지막으로 지지하기는 클라이언트에게 자신에게 진정으로 관심을 가진 사람이 함께 있음을 확신시키는 것을 의미한다. 이때 상담자는 무조건적이고 긍정적으로 수용할 수 있어야 한다.

이처럼 총 세 단계로 이어지는 경청, 특히 위기개입에서 선호하는 효과인 경청의 모델은 인간중심상담에 기반을 둔다. 상담자는 클라이언트의 무반응이나 소극적 태도로 인하여 좌절감을 느낀다. 이럴 때는 개방형 질문을 하는 것이 필요하다. 개방형 질문은 '무엇을', '어떻게'로 시작하거나 또는 더 명료하거나 상세하게 질문하는 것이다. 이러한 질문을 통해 클라이언트의 감정, 생각, 행동을 명료하게 함으로써 더 의미 있는 대답을 할 수 있도록 이끈다. 이때 질문은 정보의 요청, 클라이언트의 계획에 초점을 맞춘 질문이어야 하고, '왜?'라는 질문은 클라이언트를 방어적으로 만들기 때문에 피하는 것이 좋다.

이와는 반대로 폐쇄형 질문도 있는데, 이는 클라이언트로부터 명확하고 구체적인 정보를 얻기 위해 질문을 하게 된다. 패쇄형 질문은 클라이언트의 현 상황을 빨리 파악할 수 있는 구체적인 정보를 얻기 위해 위기개입 초기에 사용된다. 이때는 구체적인 정보를 물어보고, 행동에 관한 참여 약속을 받아 내야 하고, '… 하지 않을까요?'와 같은 부정의문문은 상대에게 강요된 동의를 구하는 질문이기에 피하는 것이 좋다.

그리고 경청할 때, 중요한 상담기술은 재진술과 요약적 명료화이다. 클라이언트는 환경과 자기 사고의 무질서로 인하여 자신을 표현하는 것에 어려움이 있는 경우가 흔하다. 따라서 상담자는 클라이언트의 말을 자신의 말로 재진술하고, 그것이 그가 "말하고 느끼고 생각하고 행동하려는 것인지에" 대한 동의를 받을 수 있다. 이렇게 자신의 것으로 표현할 때, 상담자는 그가 느끼는 불안과 두려움에 관한 이해를 표현하고, 클라이언트의 상황에 관한 판단을 구체적으로 전하며, 그가 노력하고 있는 것에 관하여 이야기하는 긍정적 강화를 통해 클라이언트의 위험한 행동을 멈추게 하는 단계로 넘어갈 수 있다. 위험한 행동을 멈출 수 있는 단계가 이루어지면 그때부터는 '클라이언트의 성장'을 위해 노력해야 한다.

로저스(Rogers)는 클라이언트의 성장을 위해서는 '공감, 진실, 수용'의 세 가지 필요충분조건을 제공해야 한다고 주장하였다. 공감은 클라이언트가 경험하는 내적인 감정과 의미를 정확히 알아차리고 상담자가 클라이언트의 상황을 이해한다는 것을 직접 전달하는 것을 의미한다. 공감을 위해서는 클라이언트의 얼굴표정과 신체 동작 모두에 집중해야 한다. 이때 클라이언트가 표현하는 모든 비언어적 신호와 메시지 및 행동까지도 정확하게 느끼고 반영해야 한다. 클라이언트의 모든 움직임과 신체적 신호 모두를 관찰하며 그의 비언어적 메시지가 언어적 메시지와 일치하는지 예리하게 파악하고 있어야 한다. 관심을 기울이는 것은 태도와 기술 두 가지를 모두 포함하는 방법이다. 구체적으로 클라이언트에게 집중한다는 측면에서는 태도의 문제이며, 동시에 이는 전문적인 훈련을 필요로 한다는 점에서는 기술의 문제이다. 태도와 기술이 제대로 이루어진 관심은 강요하지 않으며 자연스럽고 겉치레가 없다. 이를 통해 상담자는 클라이언트와 라포(rapport)를 형성하게 된다.

하지만 관심을 기울이는 것만으로는 효과적인 경청이 되지 않는다. 클라이언트의 핵심 정서를 듣고 이해할 수 있고 이해한 것을 정확하고 애정 있게 클라이언트에게 전할 수 있을 때, 효과적인 경청이라고 할 수 있다. 그러나 이 전달은 클라이언트가 말하고자 하는 것보다 더 많은 것을 읽어 내지 않도록 주의하며 반응은 되도록 간결하게 해야 한다. 상담자는 클라이언트의 현재의 핵심적인 감정과 관심에 초점을 맞추고 그가 경험하고 있는 일의 요점에 대해 의사소통을 해야 한다. 이 대화에서 상담자는 대화의 공백에서 압박감을 느낀다. 하지만 침묵은 서로에게 생각할 시간을 마련하고 클라이언트의 내용과 감정을 소화해 내기 위한 시간을 가져서 적절하고 도움이 되는 반응을 할 수 있다. 클라이언트 또한 상담자의 이야기에 반응하기 위한 시간으로 활용할 수 있다. 침묵하면서도 클라이언트에게 친밀하게 관심을 기울이는 것 또한, 경청의 한 방법인 것이다.

진실은 실재, 투명, 일치라고도 하는데 상담자가 클라이언트와 완전히 열린 관계를 형성하는 것을 의미하며, 이는 숨기는 것도, 겉치레도 전혀 없는 관계가 형성되었다는 것을 의미한다. 상담자는 위기개입 동안 적절한 시기에 자기인식, 감정, 경험이 자유롭고 조건 없이 사용되고 의사소통을 하게 된다. 상담자가 클라이언트에게 진실하기 위해서는 역할에서 벗어나서 자신의 삶뿐만 아니라 치료관계에서도 진실해져야 한다. 상담자는 자신이 할 말을 계속 생각하는 것이 아니라 자기 확신감을 기초로 재치 있고 자유롭게 의사소통하며 클라이언트의 부정적이거나 적대적인 표현에 관하여 방어하지 않고, 말과 행동의 일관성을 가지며, 자신을 개방하여 언어적, 비언어적 감정표현으로 다른 사람들이 자신에 대해 알 수 있게 해야 한다. 이런 관계에 있을 때, 클라이언트는 자연스럽게 상호반응하게 된다.

마지막으로 수용은 돌봄 또는 존중이라고도 하는데, 클라이언트에 대하여 무조건적인 긍정적 관심을 지닌다는 것을 의미한다. 무조건적 긍정적 관심은 클라이언트의 개인적 자질, 신념, 문제 상황 또는 위기를 초월하여 그 모든 것을 수용하는 것을 의미한다. 상담자의 무조건적 긍정적 관심은 클라이언트가 상담자의 말을 전적으로 수용하고 자신도 수용하고 존중할 가능성이 커지도록 하는 것이다.

지금까지 살펴본 공감, 진실, 수용이라는 조건을 통해 이루어지는 경청은 중요한 네 가지 측면의 함의점을 지닌다. 먼저 상담자는 무엇을 할 것인지에 대해 자신이 주체가 되는 진술을 하는 것이다. 둘째로 상담자는 클라이언트의 메시지의 시발점이 되는 정서 상태를 모두 정확히 듣고 있다는 것을 클라이언트에게 전달하는 것이다. 세 번째 측면은 촉진적 반응으로, 이는 클라이언트가 자신의 감정과 내적 동기, 그리고 기회에 대해 명백하게 이해하도록 긍정적인 힘을 제공하며, 희망을 품고 위기에서 벗어나 해결해 가고 있다는 기분을 느끼게 한다. 마지막 측면은 클라이언트가 위기에 대해 더 객관적인 외부 관찰자처럼 되게 하여 합리적으로 바라보고 위기 상황의 총체적 충격을 이해하도록 돕는 것이다. 이것은 해결책이 아니지만, 클라이언트가 정서적 경직 상태를 해소하고 위기를 해결할 수 있게 촉진하는 방법이다.

다음으로는 활동이다. 활동에서는 대안을 탐색하기, 계획 세우기 및 긍정적인 활동에 참여시키기의 단계가 있다. 위기개입에서 활동은 경청을 통해 클라이언트에게 위기를 가져온 사건을 확인한 상담자는 상담의 주요 초점을 알게 되고, 위의 세 가지 단계를 클라이언트의 상황에 따라 비지시적, 협력적, 지시적 방법 중 하나를 선택하여 활동하도록 한다.

비지시적 상담은 클라이언트가 스스로 실천단계를 시작하거나 실행할 수 있을 때 적용해야 한다. 위기의 정도가 약할 때, 클라이언트가 원하는 것과 그 선택이 가져오는 결과를 분명하게 알도록 적극적인 경청과 개방형 질문을 많이 사용해야 한다. 따라서 다음과 같은 질문을 하는 것이 좋은 방법이다. 즉, “당신은 무슨 일이 일어나기를 원하나요?", "그것을 선택하면 어떤 일이 일어날까요?", "당신을 도울 수 있고 도우려는 사람은 누가 있죠?" 이런 질문들은 클라이언트의 현재의 내부 감정과 요구, 그리고 목표의 민감하고 정확한 확인을 목표로 한다.

비지시적 상담은 클라이언트의 내면, 즉 자신에게 익숙한 방법으로 문제를 해결할 수 있으나 일시적으로 잃어버린 역량, 능력과 대처 강점에 초점을 맞추고 클라이언트가 합리적 선택을 위한 능력, 에너지, 유동성과 자율성이 있는지를 확인하고 현실적인 진전을 촉진한다. 비지시적 상담은 클라이언트가 모든 상황의 주체가 된다. 상담자는 듣고 격려하고 강화하고 자신을 노출하고 암시를 줄 수 있는 지지자이다. 상담자는 클라이언트가 자신 내면의 능력을 발휘할 수 있도록 돕는 역할만 하는 것이 비지시적 상담이다.

협력적 상담에서 클라이언트의 상황이 비지시적 상담으로는 해결하기 어렵다고 여겨지지만, 개입과정에서 동반자가 될 정도의 가능성을 확인하면 상담자는 그 정도에 맞게 협력한다. 협력적 상담이 필요한 클라이언트는 비지시적 상담의 클라이언트보다 위기의 정도는 강하다. 하지만 촉발 문제를 확인하고 현실적인 대안을 연구하고 실천단계를 계획하고 현실적인 계획을 실행하는 데 참여할 수 있는 파트너이다. 클라이언트는 비록 자기 의존적이거나 자율적이지 않지만 문제해결에 동참할 정도의 자아기능과 유동성은 있다. 그 때문에 상담자는 클라이언트가 행동단계를 계획하는 데 촉매자의 역할을 해야 한다.

상담자는 '함께'라는 것을 강조하는 표현을 해야 한다. 지시적 상담에서 클라이언트의 상태가 매우 불안한 상황이라고 판단될 때 필요하다. 이 상담에서 상담자는 문제를 정의하고 대안을 발견하여 계획을 설계해야 한다. 비지시적 상담과는 정반대로 상담자가 전 과정의 주체가 되어야 한다. 상담자는 모든 상황에 대한 일시적 통제권과 권위를 가지고 책임을 진다. 심리적 상처를 크게 입은 지시적 상담의 클라이언트는 다른 상담의 클라이언트보다 자살하기 쉽다. 그래서 상담자는 클라이언트의 상황을 비교적 정확하고 객관적으로 파악하고 평가할 수 있어야 한다. 만약 상담자가 판단을 잘못해도 클라이언트는 지시를 거부할 수 있다. 많은 경우 상담자는 지시적인 양식에서 시작해 협력적 양식으로 전환하여 도움을 계속 줄 수가 있다.

지금까지 살펴본 위기개입모델의 개입과정인 문제를 정의하는 1단계부터 긍정적인 활동에 참여시키는 6단계가 이어지는 동안 그 효과를 증진하기 위해 몇 가지의 행동전략에 유념해야 한다. 우선 상담자는 클라이언트 각자의 차이를 인정해야 한다. 상담자는 개입에 앞서 위기를 객관적으로 다루기 위해 자신의 가치, 한계, 신체적 그리고 정서적 상황과 개인적 준비상태를 완전하고 현실적으로 인식하고 있어야 한다. 상담자는 클라이언트의 안전에 대한 배려가 필요하다. 이는 가장 중요한 원칙으로 클라이언트의 안전에 의심이 생기면 즉시 도움을 구해야 한다는 것이다. 또한 상담자는 클라이언트의 위기 동안에 지지자로서 역할을 해야 한다. 클라이언트가 의지할 수 있는 지지자 명단을 만드는 과정에서 마땅한 사람이 없다면 위기가 끝날 때까지 상담자는 일차적인 지지자 역할을 할 수 있다.

클라이언트는 위기를 타인의 문제 또는 외부에서 일어난 상황 또는 사건으로 정의한다. 하지만 다른 문제를 해결하는 것은 위기개입에서 비생산적이기에 상담자는 클라이언트의 문제를 정확히 진단하고 클라이언트를 둘러싼 많은 문제 중에서 바로 해결할 수 있는 것을 선정하여 집중하여 해결한다. 문제의 대부분은 대안이 존재하지만, 위기에 처한 클라이언트는 매우 제한적인 선택을 하게 된다. 이를 해결하기 위해 상담자는 개방형 질문을 통해 선택할 수 있는 대안의 최다수를 찾는 것이 중요하다. 그리고 대안은 강요되지 않아야 하고 실행 가능하고 현실적이어야 한다.

대안을 마련했다면 클라이언트를 위한 단기계획과 장기적인 대처방안을 마련해야 한다. 이 계획에는 클라이언트의 내적인 대처기제뿐 아니라 주변 환경에서 도울 수 있는 측면도 포함된다. 클라이언트는 위기상황으로 자신의 강점과 대처전략이 마비되어 있는 경우가 흔하다. 상담자는 이를 회복시키고 안심하게 하여 클라이언트가 대처 강점을 사용하도록 도와야 한다. 이후 클라이언트가 자신의 욕구를 이해하고 상담자가 이것에 관심이 있다는 것을 알고 욕구를 표현한다면 상담자는 이 욕구에 주목해야 한다.

상담자는 위기개입의 통합적 측면인 의뢰자원을 사용해야 한다. 의뢰자원은 다양한 의뢰기관과 전문가가 의뢰하는 기술 등이 있다. 많은 클라이언트는 초기에 재정, 사회기관으로부터의 도움, 법적 도움, 장기적인 개인치료, 가족치료, 약물치료, 심한 우울증 또는 다른 개인적 사항에 관한 도움을 줄 수 있는 곳으로 의뢰되어야 한다. 또한 상담자는 네트워크를 개발하고 활용해야 한다. 네트워크 형성은 다양한 기관 내에 인적 관계를 가지고 있으며, 이를 활용하여 클라이언트를 효과적이고 효율적으로 대하는 능력에 직접적으로 영향을 주는 것이다. 효과적인 위기개입 전문가는 지역사회에서 클라이언트에게 도움을 줄 수 있는 요인을 찾는다. 네트워크 형성은 클라이언트에게 제공되기 어려운 많은 서비스를 제공하고 행정 절차의 간소화나 응급 구조의 신속한 처리도 가능하게 한다.

마지막으로 클라이언트가 계획한 행동을 실천하도록 약속하게 하는 것은 위기개입에서 매우 중요한 부분이다. 참여시키는 단계는 클라이언트에게 동기의 환기 및 클라이언트로 하여금 행동단계가 성공할 것이라는 용기와 소인을 제공하는 역할을 할 수 있다. 클라이언트는 가능한 많은 행동을 하도록 격려를 받지만, 긍정적인 방향으로의 작은 실행도 상담자는 이해해야 한다. 참여시키는 것의 핵심은 참여를 촉진시켜 클라이언트를 건설적인 방향으로 움직일 수 있게 하는 것이다.

5. 위기개입모델의 사회복지실천에서의 적용

아길레라와 메식은 문제해결모델에 근거하여 4단계의 개입과정인 사정, 계획, 개입, 위기대비계획 등을 제시하였다(양옥경 외, 2003). 이 개입단계는 문제해결모델을 위기개입모델에 적용한 것이기 때문에 사회복지사가 실천현장에서 유용하게 적용할 수 있을 것이다(김성철 외, 2020).

1) 사정단계

클라이언트의 정서적 고통을 완화 또는 경감을 위해 사회복지사는 문제사건 및 위기에 대한 정확한 사정을 위해 사정 시에 초점화 기술을 적극적으로 활용하여야 한다. 사정의 목적은 위기상태의 특성과 수준, 위기가 클라이언트에게 주는 의미와 영향, 위기상황을 완화시킬 수 있는 자원 등을 결정한다. 사정 시에 아길레라와 메식은 고려해야 할 다섯 가지 세부영역을 제시하였는데, 구체적인 내용은 **표 4-5**와 같다.

표 4-5. 사정 시 고려사항

- 위기와 선행사건에 관한 파악이다. 클라이언트가 왜 도움을 받으러 왔는지를 파악하는 것으로 "무슨 일로 여기에 오셨나요?" 또는 "무슨 일로 그렇게 화가 나셨나요?"라는 질문으로 위기상황을 파악할 수 있다.
- 현재 위기와 선행사건에 대한 클라이언트의 인식이다. "이 사건에 대해 어떻게 느끼십니까?" 혹은 "이 사건이 앞으로 당신에게 어떠한 영향을 미칠 것 같습니까?" 등의 질문으로 클라이언트의 위기와 선행사건을 어떻게 인식하고 있는가를 파악할 수 있다.
- 자원에 대한 고려이다. 클라이언트에게 도움을 줄 수 있는 지지적 자원을 파악하고 자원의 지지 수준이나 질을 파악해야 한다. "주변에 이 일에 관해서 이야기를 나눌 수 있는 사람이 있습니까?" 또는 "이야기를 나누기 가장 편한 사람은 누구입니까?" 등의 질문으로 파악한다.
- 과거의 문제 경험과 대처기술이다. 과거에 비슷한 일을 경험한 적이 있는지, 있다면 어떻게 해결했는지를 고려하여 클라이언트의 대처기술을 탐색한다. "전에도 이와 비슷한 일을 겪은 적이 있습니까? 있었다면 그때는 어떻게 해결하셨습니까?" 등의 질문을 할 수 있다.
- 클라이언트의 자해 또는 타해의 위험 정도이다. 자살의 위험을 파악하기 위해서 자살에 대한 구체적인 계획을 가지고 있는지, 그 방법이 어느 정도 치명적인지, 그리고 일상생활의 변화가 어느 정도인지 등을 본인과 친지를 통해 자세히 알아보고, 그 심각성 정도를 사정한다. 그러한 위험성이 있다면 즉시 입원치료 의뢰와 같은 절차를 즉시 연결한다. 또한 타해의 위험을 파악하기 위해 클라이언트의 폭력적 표현이나 약물남용 등에 대해 조사해야 하고 구체적 대상에 대한 적개심을 보이거나 해칠 가능성이 있는 경우에는 당사자에게 알려 주는 것이 중요하다.

2) 계획단계

위기에 대한 정확한 사정이 이루어지면 먼저 위기로 나타난 클라이언트의 기능 손상 정도와 회복 가능성, 주변 자원들의 반응과 도움을 줄 수 있는지 등에 대한 평가가 이루어져야 한다. 계획단계에서는 여러 가지 개입기술이 필요하다. 즉, 클라이언트가 위기를 이해하고 자신의 감정을 인정하고 표현하도록 원조하는 기술, 클라이언트의 대처 기제를 찾을 수 있도록 원조하는 기술, 사회적 지지망을 활용하는 기술, 현실적 목표를 세울 수 있는 기술 등이 요구된다.

3) 개입단계

사정단계에 기초하여 개입단계에서는 구체적인 목적과 목표를 달성하기 위해 개입함으로써 행동변화를 추구한다. 개입단계에서 이루어지는 구체적인 활동은 **표 4-6**과 같다.

표 4-6. 개입단계의 구체적인 활동

- 클라이언트가 표현하기 힘든 감정을 드러내도록 돕는다. 스트레스는 종종 불안과 불편함, 강한 부정적인 감정을 불러일으키지만 사람들은 이러한 감정을 드러내기보다는 그 감정을 다루려고 노력과 통제로 내면에 담아 두고자 한다. 그러나 이러한 감정의 억압은 사람을 움직이지 못하도록 억압하는 원인이 된다. 클라이언트의 감정을 다루기 위해서는 먼저 이러한 감정을 인정해야 하고, 표현하도록 돕는 것이 중요하다.
- 대처기제를 탐색한다. 이 단계에서는 클라이언트의 변화가 목표이므로 사회복지사가 직접 해결을 위해 무엇을 해야 할지 방향을 제시해 주거나 클라이언트가 새로운 대안을 확인하고 접근할 수 있도록 도와준다. 위기개입은 다른 개입보다도 직접적이고 단기적인 개입이기 때문에 사회복지사의 적극적인 역할이 요구된다.
- 사회적 활동 재개를 돕는다. 위기에 있는 많은 사람들은 가능한 한 많은 사회적 지지와 자원을 필요로 한다. 클라이언트의 사회적 지지체계 유지나 새로운 지지체계를 재형성할 수 있도록 사회복지사는 클라이언트가 가지고 있는 지지 자원을 확인하고 이용하도록 하며 새로운 자원을 개발한다.

4) 위기대비 계획단계

이 단계는 클라이언트가 미래의 다른 위기를 준비하도록 돕는 것을 의미하는데, 클라이언트가 위기를 다루는 과정에서 무엇을 배웠는지를 정리하는 단계이다. 이 단계에서는 평가와 사후관리도 함께 이루어진다. 평가의 초점은 효과적인 대처기제를 중심으로 이루어져야 하며, 타 기관에 의뢰해야 하는 경우, 의뢰하고 나서의 사후관리 또한 매우 필요하다.

Chapter

05

동기강화모델

배울 내용

1. 동기강화모델의 이해
2. 동기강화모델의 기초
3. 동기강화모델의 사회복지실천에서의 적용

학습목표

1. 동기강화모델의 내적 동기, 변화동기, 양가감정 및 변화단계를 이해한다.
2. 동기강화모델의 정신과 원리, 상담기법을 숙지한다.
3. 동기강화모델의 사회복지실천에서의 적용방안을 모색해 본다.

1. 동기강화모델의 이해

동기강화모델(Motivational Interviewing: MI)은 밀러와 롤식(Miller & Rollnick)에 의해 개발된 모델로, 동기강화모델의 시작은 음주문제에 활용되었으나 최근 약물사용 및 도박 등 다양한 중독분야와 건강관련 행동치료에서 주목받고 있으며, 내담자의 변화동기를 강화하는 상담기법이다.

"내담자의 양가감정을 탐색하고 해결함으로써 그 사람의 내면에 갖고 있는 변화동기의 강화를 목적으로 하는 내담자 중심적이면서도 지시적인(directive) 상담"이라는 동기강화모델의 정의에서 동기강화모델을 어떻게 하는 것이며, 어떻게 해서 변화에 대한 동기를 강화시키는지 그 해답을 어느 정도 찾아볼 수 있다. 이 정의를 보다 구체적으로 살펴보면, 내담자의 변화동기 강화를 목적으로 하는 동기강화모델은, 첫째, 내담자의 양가감정을 탐색하고 해결하여야 하고, 둘째, 내담자중심 상담기술을 사용하여야 하며, 셋째, 상담을 특정한 방향성을 가지고 진행해 나가야 한다는 것이다(신성만, 권정옥, 2008; Miller & Rollnick, 2002).

이를 위하여 상담자는 내담자의 양가감정을 어떻게 탐색하는지, 내담자중심 상담기술이란 무엇인지, 그리고 내담자가 지닌 양가감정을 어떻게 해결하며, 어떤 방향을 향하여 상담을 진행해 가야 하는가에 대한 답을 지니고 있어야 한다. 따라서 이러한 질문을 염두에 두고, 먼저 동기강화모델에 대한 이해를 위하여 내적 동기, 변화동기, 양가감정, 변화단계와 동기강화모델의 기본 이론에 대하여 살펴보면 다음과 같다(손유림, 2015).

1) 내적 동기

동기강화모델에서 동기는 목적 지향적이고 의도적이며 긍정적인 것으로 정의되며, 개인에게 최대의 이득을 향해 나가도록 한다. 동기는 사람들을 변화하게 하고 그 변화를 유지하고 고수하도록 만드는 모든 가능한 것들과 관련이 있다. 동기는 외적 동기와 내적 동기로 범주화할 수 있다. 내적 동기는 변화에 대한 외적 압력이나 보상과 같은 외적 요인이 아닌, 내적 불일치감을 인식하고 이를 개선하려는 욕구로 인해, 스스로 변화하고자 하는 자기 동기 요소이다. 외적 동기는 설득, 달램, 압력, 강요 등과 같은 외적 요인으로부터 나오는 동기로써, 때로는 외적 동기가 상담의 시작과 유지에 유용하지만 본질적이고 영속적인 변화를 가져오는 데는 내담자 스스로의 내적 동기가 더욱 중요하다(조성희, 신수경, 2007).

사람들은 뭔가를 불편하게 느끼면 일차적으로 피하고 싶기 때문에 변화동기가 일어날 것이라고 생각하였다. 그래서 사람들을 변화시키기 위해 바람직하지 못한 행동을 하면 처벌을 하고, 불편감, 수치심, 죄책감, 상실감, 위협감, 불안감 등을 느끼도록 하여 변화에 대해 동기화 시키고자 하였다. 이러한 관점으로 내담자를 직면시키는 '공격적 치료'를 시도하였으나 이러한 경험은 변화에 대한 제1동력원이 되지 못하고 오히려 변화에서 더 멀어지게 하였고, 변화하고자 하는 내면적 동기화는 수용되고 힘을 실어 주는 분위기에서 일어났다(Miller & Rollnick, 2002). 이처럼 변화에 대한 외적 압력이나 보상과 같은 외적 동기보다 오히려 내적 불일치감을 인식하여 스스로 이를 개선하려는 욕구가 긍정적 변화로 가는 내적 동기 요소가 된다(손유림, 2015).

2) 변화동기: 의지, 능력, 준비

동기는 특정행동을 변화시키고자 하는 자발성이며, 개인이 현재 지니고 있는 동기의 강도와 양이 클수록 습관적인 부적응 행동을 변화시키게 될 가능성이 높아진다. 사람들이 주고받는 일상 대화 속의 '하고자 함, 할 수 있음, 할 준비가 되어 있음'과 같은 구절들이 보통 변화동기가 높다는 의미가 포함되어 있으며, 이는 변화에 대한 의지, 능력, 준비를 의미한다.

밀러와 롤식(2002)은 동기요인이 없이는 어떠한 욕구도 존재하지 않는다고 하면서, 동기에는 '변화의 중요성과 관련된 의지, 변화의 자신감인 능력, 변화에 대한 준비'의 세 가지 주요한 요소가 있다고 하였다.

변화의지는 얼마나 변화를 원하고 열망하는가, 혹은 변화의욕을 얼마나 가지고 있는가 하는 것으로, 변화의 중요성(importance)을 지각하는 것이다. 변화의지는 현 위치와 달성할 목적 사이의 부조화(dissonance)나 현재 생활과 자기의 가치관 사이의 부조화 정도와 관련이 있으며, 열망 혹은 기대하는 이상과 현재 상태와의 부조화가 상당할 때 변화의 동기가 생기기 시작하는 것이다. 능력은 변화에 대한 자신감(confidence)을 말하며 변화를 이루어 낼 수 있을 것이라고 자신이 느끼는 정도를 말하는 것이다. 자신감(자기효능감)을 가지면 행동으로 옮겨 변화를 추구한다. 너무 낮은 자신감을 가지는 경우에는 행동을 변화시키는 대신 생각을 바꾸어 불편한 마음을 줄이려고 '방어기제'를 사용하기도 한다.

밀러와 롤식(2002)은 변화의 중요성을 인식하고 변화에 대한 자신감을 가지고 있다고 해서 변화가 시작되기에 충분한 것은 아니라고 말한다. 중요성을 자각하고 자신감이 있다 하더라도 변화에 대한 준비가 없으면 변화가 일어나지 않기 때문에 변화에 대한 준비 또한 변화동기의 주요한 요소로 보았으며, 변화동기는 세 가지 차원(준비, 의지, 능력)이 서로 얽혀 있다. 그러나 내담자는 변화에 대한 중요성과 자신감이 어느 정도 있을 때 변화를 준비하기 때문에 내담자는 변화중요성과 변화자신감으로 자신의 동기화된 정도를 드러낸다. 따라서 변화중요성과 변화자신감은 동기화된 정도를 나타내며 변화준비도라고 할 수 있다. 변화중요성과 변화자신감이 높을수록 변화준비가 높다고 판단된다.

3) 양가감정

우리가 어떤 물건이나 사람에 대하여 동시에 두 가지 느낌을 가지는 것은 아주 흔히 경험하는 일이다. 실제로 어떤 것에 대하여 양가감정(ambivalence)을 느끼지 않는 사람은 거의 없다고 볼 수 있다. 양가감정의 현상은 심리적인 어려움이 있을 때 더 두드러지게 나타난다. 중독행동 문제로 인해 고통 받고 있는 사람들은 변화를 원하기도 하고 동시에 변화에 저항하기도 한다. 예를 들어, 어떤 사람들은 여러 가지 이유로 그 중독행동에 매료되고 매이게 된다. 그들은 음주(혹은 흡연, 도박 등)를 원하면서도 한편으로는 원하지 않는다. 그들은 변화를 원한다고 하면서도 동시에 그들은 변화를 원하지 않는다. 이러한 이중 감정인 양가감정을 겪는 것은 인간 본성의 자연스러운 양상이며 단계이다.

양가감정을 설명하는 데 한 가지 도움이 되는 방법은 저울이나 시소에 비유하는 것이다. 갈등을 일으키는 양 측면이 다 이득이나 손실과 관련되어 있기 때문에 갈등상황에 있는 사람은 한쪽을 택하고 싶다가도 또 다른 쪽을 택하고 싶은, 그런 왔다 갔다 하는 마음이 계속된다.

저울의 양쪽에 두 종류의 무게 추가 있다. 하나는 어떤 특정한 행동을 하게 되면 얻게 될 이점에 관한 것이고, 다른 쪽 무게 추는 그런 행동을 하면서 감수해야 하는 불편한 점이나 손실과 상관이 있는 것이다. 실제로, 집단 활동 과정에서 집단 참여자들은 내적 불일치를 경험하면서, 변화하기를 원한다 하더라도 변화에는 어려움이 따르기 때문에 양가감정을 경험할 수 있다. 이러한 과정에서 중요한 것은 참여자들이 경험하는 갈등 감정이나 불확실성, 주저함과 같은 감정이 정상임을 확신시켜 주는 것이다(조성희, 신수경, 2007). 양가감정은 자연스럽게 거치게 되는 단계이며, 정상적인 경험임을 알려 주어야 한다. 그리고 집단 활동 속에서 상담자의 반영적 경청과 수용의 태도, 상호 협동적 관계를 통해 참여자는 변화에 대한 양가감정을 탐색하고, 표현하며, 양가감정을 해소해 나갈 것이다.

4) 동기강화모델과 변화단계(범이론적 모델)

범이론적 모델(Transtheoretical model: TTM)은 프로차스카와 디클멘테(Prochaska & DiClemente)에 의해 1983년 개발되었으며, 행동의 변화는 단계를 거치며 점진적으로 일어나는 과정이라고 설명하고 있다(Prochaska et al., 1992).

이 모델의 변화단계(Stage of Change)란 사람들이 자신의 행동을 변화시키는 과정에서 경험하게 되는 여러 단계들을 말하는데, 이러한 행동의 변화단계는 먼저, 사람들이 현재 전혀 변화를 고려하지 않고 있는 전숙고단계(precontemplation stage)를 거쳐, 변화에 대하여 변화가 필요한지 아닌지에 대하여 심각하게 고려해 보는 숙고단계(contemplation stage), 그리고 변화를 계획하고 의지를 다지는 준비단계(preparation stage)로 옮겨 간다고 보고 있다. 그리고 이 초기 단계들의 과제를 완수하면 그 다음 실제적인 변화를 행동으로 실천하는 네 번째 단계인 실행단계

(action stage)를 거치게 되고, 계속해서 마지막 단계인 유지단계(maintenance stage)에 들어가면서 개인의 행동변화는 보다 영속적으로 지속시켜 가는 데까지 나아가게 된다(DiClemente, 2003). 이렇게 한 단계씩 나아가게 하는 데 꼭 필요한 것이 동기인데, 동기야말로 이러한 변화의 전 과정을 거치는 데 필요한 집중력과 노력, 그리고 에너지를 줄 수 있는 그 무엇이다.

각각의 단계에 대하여 세부적인 설명을 하자면(신성만 외, 2006), 전숙고단계란 행동의 문제점에 대해 전혀 깨닫지 못하여 자신의 문제행동을 변화시킬 의도가 없기 때문에 변화해야 하는 것에 대해 불쾌하게 느끼는 단계이다. 이 단계의 사람들은 변화에 대해 저항을 하며 자신이 지니고 있는 문제행동이 가진 부정적인 측면의 심각성을 인정하지 않는다. 그리고 숙고단계란 사람들이 자신의 문제를 인정하며 그 문제를 해결할 방법에 대해 진지하게 생각하기 시작하여 자신의 문제에 대한 원인을 찾아 가능한 해결책을 모색하려고 노력하지만, 한편으로는 변화에 대한 양가감정을 가장 강력하게 경험하는 단계이기 때문에 아직까지 숙고의 단계에서는 행동의 변화를 결심하지 못한 상태이다. 준비단계란 변화가능성에 대한 스스로의 믿음이 형성되어질 때 이동하는 단계로 자기효능감이 증가되어짐에 따라 앞으로 있을 변화의 필요를 위해 준비를 하게 된다. 이 단계의 사람들은 변화계획을 수립해야 할 필요가 있고, 이렇게 선택한 행동의 목록들을 완수해 내고자 하는 굳은 의지를 가지고 실행에 옮겨야 한다. 실행단계는 실제적인 변화를 행동으로 실천하는 행동단계이며, 개인이 자신의 문제를 극복하기 위해 행동, 경험, 환경을 수정해 나가는 단계이다. 약속한 자신의 행동변화 계획을 실행하고 있는 내담자들도 아직까지는 변화에 대하여 갈등을 경험하고 있을 수 있다. 유지단계란 변화하고자 하는 자신의 문제에 대해 변화를 해서 유지하는 단계를 말한다. 이 단계의 사람들은 자신의 처음 목표를 달성하였기 때문에 또 다른 삶의 영역에서 변화의 과정을 노력한다. 행동변화를 계속 유지하는 것은 쉬운 일이 아니다. 유지단계에서는 얻어진 것들을 굳건히 하고 재발을 막기 위해 노력해야 한다. 그러나 변화과정은 순환적으로 일어날 수 있고, 많은 내담자들이 여러 차례 순환하다가 안정적인 단계를 달성하기도 한다. 이 이론이 제시하는 변화의 단계들은 동기강화모델의 발전에 지대한 영향을 주었으며, 변화과정을 이해함으로써 내담자의 변화단계에 적합한 상담전략을 사용하여 도움을 줄 수 있다(Miller & Rollnick, 1999).

동기강화모델의 단계를 크게 두 단계의 변화단계로 나누어, 첫 번째 단계는 전숙고단계에 있는 내담자들이 숙고단계를 거쳐서 준비단계까지 이르는 과정으로, 내담자가 자신의 양가감정을 해결하여 변화하고자 하는 의지, 능력, 준비를 갖추어 가는 단계로써, 상담 장면에서 변화동기를 구축하는 것을 목표로 하는 과정이다. 두 번째 단계는 변화에 대한 결심을 강화하고 그것을 달성하기 위한 계획을 세우는 단계로, 준비단계에까지 와서 변화에 대한 동기가 구축되었을 때 실행단계와 유지단계까지 나아가는 단계를 말한다.

첫 번째 단계의 목표인 내담자의 변화동기를 구축하기 위해 먼저 필요한 것은 현재 내담자의 변화단계를 파악하는 것이다. 내담자가 어떤 변화단계에 있고 어떤 단계로 움직여 가야 하는지에 따라 다른 상담계획을 수립해야 하기 때문이다. 변화단계는 동기 요소로 변화 준비를 보여 준다. 변화단계의 전진된 정도에 따라 동기가 높아졌다고 판단할 수 있다.

2.

동기강화모델의 기초

1) 동기강화모델의 정신과 원리

동기강화모델에서는 상담과정을 어떻게 생각하고 이해하는가에 따라 상담의 형태가 달라진다고 보고 있으므로, 밀러와 롤식(2002)은 동기강화모델이 내포하고 있는 주요 정신으로 '협동정신, 유발성, 자율성'을 강조하고 있다. 동기강화모델의 근본정신과 대응되는 상담 접근법을 표 5-1로 설명하고 있다(손유림, 2015).

표 5-1. 동기강화모델의 정신에 의거한 사회복지사의 역할

동기강화모델		대응되는 상담	
협동정신	내담자의 관점을 존중하고 내담자와 파트너 정신으로 상담을 진행해 나가고, 상담자는 내담자를 억지로 변화시키기보다 변화하도록 하는 분위기를 조성한다.	직면	내담자의 관점을 잘못되었다고 보고, 내담자가 보지 못하거나 인정하려고 들지 않는 현실을 억지로 깨닫고 수용하게 만든다.
유발성	변화에 대한 동기는 내담자의 내면에 내재되어 있다고 보고 내담자의 느낌, 관점, 인생목표, 가치관을 통해 내담자의 변화 동기를 강화한다.	교육	변화에 필요한 지식, 통찰, 기술들이 내담자에게는 없다고 본다. 그래서 상담자는 내담자의 변화에 필요한 계몽을 시키고 내담자의 부족한 부분을 채우고자 한다.
자율성	상담자는 내담자에게 스스로 자신의 일을 선택하고 결정할 수 있는 선택의 자유권과 능력이 있다는 것을 인정하고 이를 내담자에게 표현함으로써 내담자의 선택 자율권을 촉진시킨다.	권위	상담자는 내담자에게 내담자가 해야 할 일이 무엇인지 말한다.

동기강화모델은 실제적인 측면에 초점을 맞춘다. 동기강화모델은 강요적이지 않고 설득적이며, 논쟁적이지 않고 지지적이다. 그리고 뚜렷한 목적의식과 그 목적을 달성하기 위한 정확한 전략과 기술, 방법으로 상담을 진행해야 한다. 동기강화모델에서는 기본원리를 염두에 두어야 하며, 4가지의 기본적 원리를 가지고 있다(신성만 외, 2006; Arkowitz et al., 2008; Jarvis et al., 2005; Miller & Rollnick, 2002).

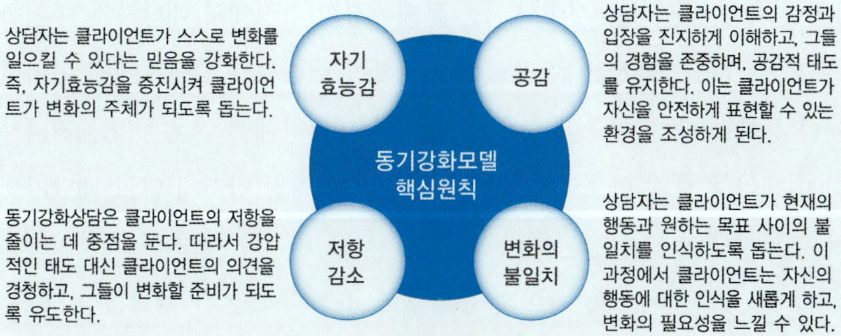

그림 5-1. 동기강화모델의 핵심원칙

동기강화모델의 첫 번째 원칙은 '공감표현하기'이다. 공감은 상담의 과정에서 대단히 중요한 일반요인인데, 이는 로저스가 말한 반영적 경청과 공감적 이해를 기본적인 치료기술로 여기는 것으로, 상대방이 경험하고 있는 것을 상대방의 입장에서 경험해 보는 것을 말한다. 중요한 측면은 이러한 공감이 상대방에게 잘 전달되도록 적절히 표현해야 한다는 것이다. 즉, 상담자가 내담자의 입장에서, 변화하고자 할 때 양가적인 감정을 느끼는 것은 너무나도 자연스럽고 정상적인 것임을 인정해 주고, 반영적 경청과 수용의 태도로 내담자를 대하고자 노력할 때, 내담자의 변화가 촉진된다는 원리이다.

두 번째 원칙은 '불일치감 만들기'이다. 이 원리는 내담자가 지니고 있는 신념과 가치가 무엇인지의 질문을 통해서 현재 자신의 행동과 상황이 얼마나 자신의 신념이나 가치와 일치하지 않고 있는지 스스로 깨달을 수 있도록 돕는 것을 말한다. 이때 중요한 점은 그러한 불일치에 대한 인정이나 변화의 필요성에 대한 언급을 상담자가 아닌 내담자가 하도록 유도해야 한다는 것이다.

세 번째 원칙은 '저항과 함께 구르기'이다. 내담자로부터 저항 반응이 나타나거나 자신의 행동을 정당화시키려는 주장이 시작되면 그것을 반박하거나 직면하지 않고 상담자의 반응을 바꾸라는 것이다. 즉, 문제해결의 과정에서 내담자가 주저하고 혼란스러워하는 것을 자연스러운 것으로 이해하여 내담자가 상담자에게 어떠한 질문을 하거나 문제에 대해 언급할 경우, 상담자가 내담자에게 질문을 되묻거나 문제를 직접 다시 생각해 보게 함으로써 내담자의 저항에 직접 맞서지 않고 내담자의 저항과 함께 구르거나 흘러가도록 하는 상담 원리를 일컫는다. 이러한 저항반응은 어떤 이유에서든지 상담자가 내담자의 결정저울의 한쪽을 강조한 결과라고 본다. 이러한 경우 상담자는 내담자 스스로 변화대화를 할 수 있도록 도와야 한다.

네 번째 원칙은 '자기효능감 지지해 주기'이다. 여기서 말하는 자기효능감이란 어떤 특정과제를 성취하고 성공시킬 수 있다는 자기능력에 대한 신념으로 동기강화모델의 목표는 변화에 대한 장애물이 있어도 내담자가 적응해 가며 계속 변화해 나갈 수 있다는 자신의 능력에 대한 자신감을 키우는 것이다. 즉, 사람의 변화능력에 대한 상담자의 신념은 자기예언 충족이 되어 내담자가 자신의 능력에 대한 자신감을 가질 수 있게 된다. 실제 변화의 능력이 있어도 변화할 수 있다는 자기효능감이 부족한 경우에는 변화를 시도하지도 않을 것이기 때문에 자기효능감을 증가시킬 수 있도록 도와야 할 필요가 있다.

이와 같은 동기강화모델의 원리는 상담과정 전체에 스며드는 방식으로 실시되어지며, 상담 전체 과정에서 의사소통 스타일로 적용되어진다. 다시 말해 동기강화모델이란 동기강화모델(MI) 정신을 지니고 원리를 구현하기 위해 OARS를 적용하여 변화대화(Change Talk)를 이끌어 내는 것이다. 5~15분 정도의 동기강화모델 세션의 효과성이 검증되었으며 초이론적 변화단계이론이다.

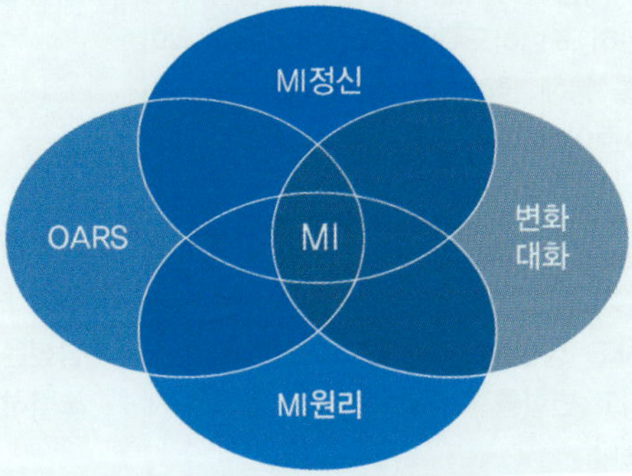

그림 5-2. 동기강화모델

2) 상담기법: 기본기술 OARS와 변화대화 끌어내기

동기강화모델의 정신과 원리를 바탕으로 동기강화모델을 실제화하기 위하여 동기강화모델에서 사용하는 상담기법은 다섯 가지로 OARS와 변화대화 끌어내기이다. OARS는 Open question; 열린 질문, Affirming; 인정하기, Reflecting; 반영하기, Summarizing; 요약하기의 첫 글자모음으로 내담자중심의 상담기법들이다(Miller & Rollnick, 2002). OARS는 내담자의 양가감정을 탐색하고 변화하고자 하는 동기를 유발시키는 것을 도와주는 상담기법이며, '변화대화 끌어내기'는 동기강화모델 고유의 핵심기법이다.

표 5-2. 기본기술 OARS와 변화대화 끌어내기

구분	내용	질문의 예
Open-ended Questions (열린 질문)	개방형 질문은 클라이언트가 자신이 경험한 것에 대해 자세히 설명할 수 있도록 유도하는 질문이다. 즉, 단순히 '예/아니오'로 대답할 수 없는 질문을 사용하여 내담자가 자신의 생각과 감정을 충분히 표현하도록 유도하는 질문을 의미한다. 이를 통해 클라이언트의 생각을 깊이 이해하고 그들이 원하는 변화에 대해 스스로 깨닫게 한다.	• 변화를 원하시는 가장 큰 이유는 무엇인가요? • 이전에도 비슷한 고민을 해 보신 적이 있나요?
Affirmations (인정하기)	강화는 클라이언트의 긍정적인 행동과 성과를 칭찬하는 기법이다. 변화를 위해 노력하는 모습을 인정하고 칭찬함으로써 클라이언트의 자신감을 높이고 변화를 지속할 수 있는 동기를 제공하게 된다.	• 스스로 금연을 결심하셨다는 점이 정말 대단합니다. • 당신은 정말 변화하려고 열심히 노력하고 있군요.
Reflective Listening (반영하기)	반영은 클라이언트의 말을 그대로 되돌려주는 기법으로, 그들의 감정이나 생각을 이해하고 있음을 나타내는 방법이다. 즉, 내담자가 한 말을 되돌려 말하면서 감정을 이해하고 있다는 것을 보여 줌으로써 클라이언트에게 자신의 감정을 표현할 수 있는 공간을 제공하게 된다.	• 내담자: 운동을 시작하고 싶은데 시간이 없어요. • 상담자: 운동이 중요하다고 생각하지만 바쁜 일정 때문에 실천하기 어렵다는 말씀이시군요.
Summarization (요약하기)	요약은 클라이언트의 말을 요약하여 중요한 포인트를 강조하는 기법이다. 이를 통해 클라이언트가 스스로 생각을 정리하고, 자신이 말한 내용을 다시 한번 되돌아보게 할 수 있다. 또한 내담자가 이야기한 핵심내용을 정리해 주어 대화를 명확하게 할 수 있다.	• 즉, 금연을 원하지만 스트레스 때문에 어려움을 느끼고 계시고, 예전에 몇 주 동안 성공한 경험이 있으셨네요. • 지금까지 말한 것을 요약해 보면, 변화의 필요성을 느끼고 있지만 아직 첫발을 떼지 못하고 있다는 거죠?

3) 동기강화모델의 예시

예제 상황: 금연을 고민하는 내담자와 상담자의 대화

- **내담자:** 담배를 끊어야 한다는 건 아는데, 스트레스 받을 때마다 피우게 돼요.
- **상담자(반영적 경청):** 금연이 필요하다고 생각하지만 스트레스가 클 때는 담배가 도움이 된다고 느끼시는군요.
- **내담자:** 네, 사실 건강 때문에 걱정이 되긴 해요.
- **상담자(모순 탐색):** 건강이 중요하다고 생각하시지만, 현재 행동과는 차이가 있다는 점이 고민이시군요.
- **내담자:** 맞아요. 가족들도 금연하라고 하는데, 어떻게 시작해야 할지 모르겠어요.
- **상담자(자기효능감 지지):** 가족을 위해 금연을 결심하셨군요. 그리고 이전에도 한동안 성공하신 경험이 있으시죠?
- **내담자:** 네, 한 달 정도 끊었었어요.
- **상담자(요약 및 행동 계획 유도):** 이전에도 한 달 동안 성공하셨던 경험이 있고, 가족과 건강을 위해 금연을 원하시네요. 그때 어떤 방법이 가장 효과적이었나요?

(1) 열린 질문하기(Open question)

열린 질문하기는 내담자의 생각과 의견을 이해하고 주어진 상황에 대해 그의 느낌을 이끌어 내는 데 도움이 된다. 내담자가 대화의 대부분을 끌어가게 하려면 열린 질문을 하는 것이 중요하다. 열린 질문하기는 내담자가 단답형으로 말할 수 없고, 길게 대답하게 된다. 그리고 어떤 특정 반응만을 요구하지 않기 때문에 대화를 촉진시킨다. 또한 부가적인 정보를 중립적인 방법으로 이끌어 내는 도구이며, 상담자가 성급한 판단을 하지 않도록 도와준다. 주의할 점은 질문을 연속해서 3가지 이상 하여 내담자에게 부담을 주는 일이 없도록 하는 것이 중요하다.

(2) 인정해 주기(Affirmation)

내담자를 진심으로 인정해 주면 내담자의 자기효능감이 증진된다. 상담과정 중에 내담자를 말로 직접적으로 인정해 주면 내담자와의 라포형성에도 도움이 되며, 내담자가 드러내 놓고 자기 문제를 탐색해 보고자 하는 마음도 강화된다. 이것은 내담자에게 칭찬을 한다든지, 감사하다는 말을 한다든지, 이해한다는 말을 한다든지 하는 것이다. 반영적 경청 자체로도 내담자에게 지지가 될 수 있지만, 내담자의 장점이나 성공에 대한 칭찬, 감사의 말, 이해한다는 말 등으로 내담자를 직접 지지할 필요가 있을 때도 있다. 예를 들어, "그거 좋은 생각입니다", "정신력과 의지가 강한 사람이군요" 등과 같은 말로 내담자의 경험이나 느낌을 타당하게 해 주는 것이다. 그리고 내담자가 자신의 내적 자원들을 가지고 변화행동을 행할 수 있도록 확신감을 준다.

(3) 반영적 경청하기(Reflective listening)

동기강화모델의 기본적인 요소로써 가장 중요하면서 어려운 기술 중의 하나이다. 반영적 경청은 상담자가 내담자의 말을 정확하게 듣고 이해하여 그 의미를 재진술하는 도전적인 기술이다. 즉, 내담자가 전달하고자 하는 바에 대해 추측하여 질문이 아닌 반영적인 진술로 표현한다. 내담자가 말한 내용과 과정을 상담자가 통합하는 것이며, 이것은 내담자가 말한 내용의 의미를 정확하게 명료화하고 동기를 증진시킨다. 내담자가 말한 내용의 의미를 정확하게 명료화하고, 가장 가능성이 높은 의미를 추측하여 언급해 준다. 반영적 경청에는 단순반영, 확대반영, 양면반영이 있다.

(4) 요약해 주기(Summarize)

요약해 주기는 내담자가 표현한 것에 요점을 정리하여 다시 전달해 주는 것이다. 말 전체를 연결하고, 지금까지의 내용들을 강화하기 위해 사용하며 내담자의 말을 주의 깊게 경청하고 있다는 것을 보여 주고 내담자는 이야기를 더 자세하게 할 준비를 하게 된다. 수집요약, 연결요약, 전환요약의 세 가지 방법이 있다.

(5) 변화대화 끌어내기

'변화대화 끌어내기'는 동기강화모델 고유의 핵심기법이다. 변화의 과정 속으로 내담자를 적극 참여시키는 것은 동기강화모델의 기본 과제이다. 변화대화란 변화에 대한 욕망, 능력, 이유, 필요성 등에 대해 내담자가 이야기하는 것을 말한다. 변화대화를 하는 것 자체도 중요하지만, 더 중요하게 초점을 맞추는 것은 내담자 쪽에서 변화대화를 하도록 만드는 것이다. 상담자의 역할은 내담자가 스스로 자신의 의지를 자신의 목소리로 표현하도록 유도하는 것이다. 내담자가 변화대화를 많이 하도록 하기 위해서 상담자는 공감반영을 적절하게 제공해 주어야 한다. 내담자의 양가감정과 저항이 감소된 것을 나타내는 신호가 되는 변화대화는 '현상유지의 단점 말하기, 변화의 장점 말하기, 변화가능성에 대한 낙관적인 표현하기, 변화의지 말하기'의 네 가지 유형으로 표현된다. 변화대화를 이끌어 내는 방법은 유발적 질문하기, 중요성 척도 사용하기, 결정저울 탐색하기, 정교화하기, 극단적 질문하기, 과거회상하기, 미래 예상하기, 목표와 가치관 탐색하기 등이 있다.

3.

동기강화모델의 사회복지실천에서의 적용

동기강화모델은 사회복지실천의 다양한 영역에서 적용될 수 있다. 이 모델은 변화에 대한 저항이 큰 클라이언트나 변화의 필요성을 느끼지 못하는 사람들에게 매우 효과적이다. 따라서 사회복지사들은 동기강화모델을 통해 클라이언트가 변화의 동기를 찾고, 그들이 스스로 변화할 수 있도록 지원해야 한다. 동기강화모델의 사회복지실천의 구체적인 내용은 표 5-3과 같다.

표 5-3. 동기강화모델의 사회복지실천의 구체적인 내용

구분	내용
알코올 및 약물중독 치료	동기강화모델은 알코올 및 약물중독 치료에서 매우 효과적인 방법으로 사용된다. 중독에 대한 저항이 큰 클라이언트들에게 자기결정권을 부여하며, 변화를 원하도록 유도한다. 상담자는 클라이언트의 내적 동기를 끌어내고, 그들이 원하는 삶을 살기 위해 무엇을 해야 하는지 스스로 깨닫도록 돕는다.
정신건강치료	동기강화모델은 정신건강 치료에서도 매우 효과적이다. 즉, 우울증, 불안장애, 스트레스 등의 문제를 경험하고 있는 클라이언트에게 동기강화모델을 적용하면 변화에 대한 저항을 줄이고, 자기효능감을 향상시킬 수 있다. 클라이언트는 상담자의 지원을 받으며 자신의 문제를 해결할 수 있는 능력을 깨닫게 된다.
건강행동의 변화	건강행동의 변화에도 동기강화모델의 적용이 중요하다. 클라이언트가 흡연, 습식관, 운동부족 등 건강에 해로운 습관을 변화시키기 위해 동기강화모델을 활용하면 변화의 이유와 자기동기를 발견하게 되며, 지속적인 행동변화를 이끌어 낼 수 있다.

밀러와 롤닉의 동기강화모델은 클라이언트가 스스로 변화를 원하고 이를 실천할 수 있도록 돕는 상담기법이다. 이 모델은 클라이언트 중심적 접근법을 통해 내적 동기를 강화하고 변화의 주체로서의 클라이언트를 이끌게 된다. 사회복지실천에서 동기강화모델은 알코올 중독, 약물중독, 정신건강, 건강행동의 변화 등 다양한 분야에서 효과적으로 적용될 수 있으며, 클라이언트가 변화를 지속할 수 있는 동기를 부여하는 중요한 도구라고 할 수 있다.

PART 2

개인 사회복지실천

Chapter

06

복합적 욕구를 가진 클라이언트

배울 내용

1. 커뮤니티케어
2. 사례관리
3. 통합사례관리

학습목표

1. 커뮤니티케어의 개념, 필요성, 목적 및 의의를 파악한다.
2. 사례관리의 정의, 수행과정 및 모델을 설명할 수 있다.
3. 통합사례관리의 개념 및 역할수행을 숙지한다.

사회복지실천현장에서 다양하고 복잡한 욕구를 가진 클라이언트들을 만나는 것은 흔한 일이 되었다. 복합적인 욕구를 가진 클라이언트의 등장 배경을 이해하기 위해서 1980년대의 상황을 점검할 필요가 있다. 1970년대 세계는 복지국가의 위기라는 위험에 직면하면서 재정축소라는 해결책을 제시하였는데, 그 결과 경제적인 상황이 좀 나아지는 경향을 보였다. 그러나 새로운 양상의 사회문제들이 발생하면서 복합적인 욕구를 호소하는 장기보호 노인, 장애인, 부랑자 등의 클라이언트가 급속하게 증가하게 되었다.

이와 같이 복잡하고 다양한 욕구를 지닌 클라이언트에게는 기존의 단편적인 서비스로는 그 욕구를 충족하기 어렵기 때문에 사례관리의 필요성이 요구되었다. 이처럼 복합적 욕구를 지닌 대상에 대한 실천은 지역사회에서 펼쳐지고 있는 통합사례관리와 국가 차원에서 제시하는 커뮤니티케어로 제시할 수 있으며, 이 두 차원은 거의 유사한 내용으로 이해할 수 있다. 다양하고 복합적인 욕구를 지닌 대표적인 클라이언트로는 재가 장기요양 대상, 재가 장애인 및 시설서비스이용 장애인 등을 들 수 있다.

1. 커뮤니티케어

1) 커뮤니티케어의 개념

커뮤니티케어(Community Care)의 개념은 돌봄에 관여하는 다차원적 기능이 각각 수행되면서 협업을 이루는 서비스의 통합적 제공의 과정을 의미하는 복잡한 개념이다. 또한 커뮤니티케어 체계에서 삶의 질 증진을 목적으로 사회적 책임을 수행하려는 사회복지전달체계의 총체적인 노력으로 이해할 수 있음에도 커뮤니티케어에 대한 명확한 정의는 찾아 볼 수 없지만(황미경, 2019), 우리나라의 커뮤니티케어의 의미는 "케어가 필요한 주민(노인, 장애인 등)이 자기 집이나 그룹홈 등 지역사회(Community)에 거주하면서, 개개인의 욕구에 맞는 서비스를 받고, 지역사회와 함께 어울려 살아가며 자아실현과 활동을 할 수 있도록 하는 사회서비스 체계로 정의하고 있으며 케어는 돌봄뿐 아니라 주거, 복지, 보건의료서비스를 포괄하는 사회서비스의 개념"으로 접근하고 있다(보건복지부, 2018).

따라서 커뮤니티케어는 지역사회 중심의 서비스를 강화하고 지역사회에서 자발적인 도움이 일어나도록 촉진하고, 지역사회의 주도성 강화를 통해 이루어지게 된다. 특히, 커뮤니티케어의 개념과 범위는 다양하게 정의될 수 있기 때문에 지역을 중심으로 한 커뮤니티 구축은 다양한 형태로의 접근이 가능하다.

2) 커뮤니티케어의 필요성

커뮤니티케어의 필요성을 구체적으로 살펴보면 다음과 같다(김은상, 2020; 노인실태조사, 2017; 보건복지부, 2019).

첫째, 고령화 등으로 케어에 대한 수요가 급증하고 있고 국민 대다수의 보편적 문제로 대두되고 있으며 돌봄을 필요로 하는 사람을 어디서 · 누가 돌볼 것인가에 대한 해법 마련이 필요하게 되었다.

둘째, 국민들은 불편해도 평소 살던 곳에서 지내기를 희망하고 있으나 병원과 시설을 중심으로 의료 · 복지체계가 이어져 퇴원을 하고 집으로 돌아가고 싶으나 결국은 다시 병원(시설)을 이용해야 하는 상황이다. 또한 입원이 필요하지 않은데 주거 열악 · 간병인 부재 등의 이유로 입원하는 '사회적 입원'이 다수를 차지하게 되었다.

셋째, 욕구의 다양화, 초고령사회 진전에도 불구하고 취약계층 중심의 재가서비스 제공으로는 보편적인 케어 욕구를 충족하기에는 한계가 있으며 또한 재가서비스가 불충분한 가운데 집에서만 돌보게 되어 가족에게는 엄청난 돌봄의 부담으로 작용하게 되었다.

넷째, 서비스 간 연계 부족으로 대상자 욕구가 아닌 공급기관 위주로 짜여지는 제공체계이다. 특히, 복지와 보건 간의 연계의 미흡 등으로 재가서비스는 분절적 · 단편적으로 제공되고 있어서 지역 내 통합적 케어는 실질적인 기능을 하지 못하고 있는 실정이다.

다섯째, 급속한 고령화는 노인 진료비, 노인 의료급여비, 치매 관리비용 등 케어 지출의 급증으로 사회보장 제도의 지속가능성 문제가 존재하게 되었다.

3) 커뮤니티케어의 추진배경과 목적

대한민국 정부는 포용적 복지국가를 모두가 누릴 수 있도록 건강·의료보장 및 소득보장을 중점적으로 추진하고 있다. 건강·의료 보장은 치매 국가책임제, 건강보험 보장성 강화 등이 있으며, 소득보장은 아동수당 도입, 기초연금·장애인연금 인상 등이 있다.

대부분의 어르신들은 일상생활 수행 정도나 건강상태와 상관없이 거주하던 본인의 집과 지역사회에서 여생을 보내기를 희망한다. 하지만 현실적인 제약으로 요양병원으로의 입원이나 시설입소가 불가피한 상황이다. 복지와 보건의료 간의 연계 논의가 미흡한 상태에서 파편적, 분절적인 사회서비스 전달 체계는 공급기관 중심의 정책집행이 이루어지고 있으며, 재가중심의 돌봄서비스 욕구에 대응하지 못하고 있는 현실이다.

따라서 커뮤니티케어는 노령, 장애 및 질병·질환으로 돌봄이 필요한 당사자와 돌봄 제공자의 돌봄 욕구에 대해 입원이나 시설입소 대신 익숙한 삶의 터전에서 일상생활을 유지하도록 지원하는 것이 주 목적이다. 아울러 지역사회를 중심으로 돌봄을 비롯한 사회서비스 부문의 기본권을 보장할 수 있도록 공공-민간, 중앙-지방정부가 지속적·체계적으로 협력하여 돌봄의 당사자와 제공자의 사회적 관계와 참여를 증진함으로써 궁극적으로 개인적 만족도와 성취, 행복수준을 높이고자 한다(보건복지부, 2018).

베이비부머 세대의 고령화 사회 유입과 이에 따른 다양한 서비스 요구, 노인 인구증가에 따른 공공 인프라 확대와 재정 적자 문제는 노인 인구증가와 돌봄서비스 질적 향상을 위해 풀어야 할 당면 과제이다. 기존 돌봄·요양서비스에 대한 수요 확대와 함께 만성 질환에 대한 주기적인 관리·방문 간호가 필요한 대상도 증가하여 돌봄서비스의 확대가 불가피할 것이기에 병원 · 시설중심에서 지역사회중심으로 사회서비스를 혁신하기 위한 출발이며, 정부와 지자체, 지역사회와 민간 영역 등 협업을 통한 정책적 노력이 필요하다(김은상, 2020).

4) 커뮤니티케어의 의의

커뮤니티케어의 의의를 구체적으로 살펴보면 다음과 같다(김은상, 2020; 보건복지부, 2019).

첫째, 커뮤니티케어는 삶의 터전인 자신이 지냈던 친숙한 곳에서 그동안 관계 맺고 살았던 사람들과 함께 계속 관계를 유지하며 삶의 연속성을 보장하고 살아갈 수 있도록 자신이 살던 곳에서 건강한 노후를 지원하는 데 의의가 있다[1]. 이는 존중하는 돌봄을 지향하고 관계적 존재로서의 인간을 이해한다는 의미이다.

둘째, 커뮤니티케어는 죽음의 순간까지도 독립성과 자율성을 최대한 유지하며 삶의 주인으로서 자기관리를 지속할 수 있도록 잔존능력의 활용과 재활을 지원하고자 한다. 독립적이고 자율적으로 살아갈 수 있는 여건을 마련해 준다는 점에서

1) 이와 관련하여 최근 강조되고 있는 개념 중의 하나가 Aging in Place(AIP)이다. AIP(Aging in Place)의 개념은 고령자의 존엄과 자율성을 존중해야 한다는 철학과 연계되어 있으며, 1980년대부터 노인복지정책의 주요 방향과 목표로 언급되어 오고 있지만 아직까지 이론적으로 합의된 정의는 없는 실정이다. 미국 질병예방관리센터(Center for Disease Control and Prevention)에서는 AIP를 연령과 소득, 능력 수준과 무관하게 누구나 자신의 집 또는 공동체에서 안전하고, 독립적으로, 그리고 편하게 생활하는 상태라고 정의하고 있다. AIP라는 용어를 직접 사용하고 있지는 않지만 1982년 UN에서 발표한 고령화국제행동계획과 노인을 위한 UN원칙(International Plan of Action on Aging and United Nations Principles for Older Persons)에서 고령화정책에서 고려해야 할 권고사항에 "노인 돌봄의 기본적인 원칙은 그들이 가능한 한 오랫동안 지역사회에서 독립적 생활을 이끌도록 해야 한다", "노인에게 집은 단지 거주지 이상으로 검토되어야 하며, 물리적인 것에 더해 심리적, 사회적 중요성을 갖는다. 따라서 정책은 가능한 한 오랫동안 그들의 집에서 계속 살도록 도와야 한다"라고 제시하고 있다. 이는 AIP 개념이 물리적인 공간의 개념뿐만 아니고 사회적, 심리적, 환경적 요소와 관련이 있음을 나타내고 있다(신경안 외, 2023).

삶의 주인으로서 인간의 자율성을 존중하는 존엄한 돌봄이라 할 수 있으며, 삶의 질(Quality of Life)을 향상하기 위한 돌봄이다.

셋째, 커뮤니티케어는 맞춤 돌봄을 사람중심으로 통합적으로 제공하는 것을 목표로 한다. 사람중심은 사람마다 다른 욕구를 세심하게 고려하여 개개인의 사례관리를 통해 통합적으로 맞춤서비스를 제공한다는 의미이다. 복합적이면서 다양한 욕구를 가진 노인을 충족할 수 있는 서비스들이 보건의료 제도, 복지서비스 제도, 요양서비스 제도, 주거서비스 제도로 각각 분리되고 다원화되어 있다 하더라도 분리된 제도를 넘어 사람중심으로 필요한 서비스를 연계하여 통합적으로 제공한다는 의미이다.

넷째, 커뮤니티케어는 의료적 처치나 입원 등이 필요 없는 환자임에도 불구하고 여러 가지 이유로 병원에 입원하고 있는 사회적 입원의 비효율적인 케어를 지양하고, 지역사회에 밀착하여 비용적인 부분까지 효율적인 케어를 목표로 사회적 돌봄의 지속가능성을 제고하고자 한다.

다섯째, 커뮤니티케어는 공식적인 제도적 돌봄뿐만 아니라 지역사회 공동체의 참여를 기반으로 한다. 지역사회 공동체는 자신의 미래를 가꾸는 의미에서 지역공동체 연대에 입각하여 돌봄책임을 실천하면서 민주적 공공성에 기반을 두어 지역사회 돌봄정책 거버넌스를 운영·참여하고 활동하는 돌봄 민주주의를 지향한다.

2. 사례관리

1) 사례관리의 정의

한국사례관리학회의 사회복지 사례관리 표준 실천지침에서, "사례관리란 복합적이고 다양한 욕구가 있는 클라이언트와 그 가족의 사회적 기능의 회복을 돕는 통합적인 실천방법이다"라고 사례관리의 개념을 정의하고 있다(한국사례관리학회, 2012). 즉, 사례대상자 클라이언트와 관련된 모든 인적·물적 환경을 살피고 필요한 서비스를 찾고 안정된 서비스를 제공하여 개입과 지원을 하는 총체적인 관리 시스템으로 사례관리를 개념화할 수 있다. 즉, 다차원적인 전문서비스로 복합적인 욕구를 가진 사람의 복지를 위해 공식적·비공식적 자원과 활동 관계망을 조직, 조정, 유지하는 활동이다.

이러한 사례관리는 정신보건, 의료, 사회복지 등 삶의 다양한 분야에서 사례관리 대상자에게 다양한 형태의 방법으로 서비스를 제공하기 때문에 일관되거나 정형화된 형태의 전달 방식으로 정의하기 어렵다. 왜냐하면 클라이언트마다 상황적 조건이 매우 다르기 때문이다. 또한 서비스 전달체계의 요소들을 연결하고 조정하여 개인의 욕구를 충족시키는 포괄적인 프로그램이기 때문이다.

국내에 사례관리가 소개된 것은 1990년대 초반이며, 민간에서 시작되어 공공의 영역으로 확대되었으며 2010년을 기점으로 제도화되었다(김승권 외, 2012). 이러한 사례관리의 기준과 표준 매뉴얼은 기관, 지역의 자원, 클라이언트 욕구의 다양성,

실무자의 역량 및 경험과 환경에 의해서 다르게 적용되고 있으며, 민간 영역뿐만 아니라 공공복지전달체계에서도 핵심적인 실천방법으로 채택되고 있다(김상곤, 2013).

2) 사례관리 수행과정

사례관리를 구성하는 요인들은 프로그램을 시행하는 기관 환경의 특성, 대상자와 실무자의 특성, 프로그램 운영 등의 공통적 요소가 포함된다(이은영, 2013). 일반 사회복지기관의 수행과정은 사례관리 전체 수행의 단계별 기능을 향상하는 것이 필요하다. 생태체계적 관점을 기반으로 복합적인 문제를 가진 개인·가족의 환경 속에서 필요한 서비스와 자원을 스스로 획득하여 사회적 기능을 수행할 수 있도록 하는 통합적인 접근방법으로 접근해야 한다.

사례관리 실천과정은 일반적으로 사례발견 및 접수(Intake), 사정(Assessment), 개입계획(Plan) 및 자원개발, 개입 및 조정, 점검(Monitoring), 평가 및 종결·사후관리로 이루어지게 된다(강미애, 2013; 정선영 외, 2021). 하지만 사례대상자의 다양한 문제는 정형화가 되어 있지 않기 때문에 실천과정 중 인식되는 단계는 사례에 따라 다른 유형의 상황이 적용되기도 한다. 즉, 사례관리 실행의 절차 중 인식되는 중요도는 학자마다 달라서 사례관리 실천 과정에 대한 분류도 조금씩 다르게 제시되기도 하고 연구문제로도 다루어진다.

첫째, 사례발견 및 접수로 욕구 상태, 잠재된 욕구 상태에 있어 클라이언트를 확인하는 것부터 시작된다. 사례의뢰를 접수하고 기본정보를 수집하여 상황에 맞춰 기관에 배치하거나 다른 기관·시설에 의뢰를 이관한다. 사례관리자가 가장 많이 수행하는 업무이며 지역사회조직과 자원개발 활동을 적게 수행하고 가장 중요한 직무로 포함된다.

둘째, 사정은 클라이언트의 의료적, 심리적, 신체·기능적, 사회환경적, 재정적 욕구와 강점 등 클라이언트를 보호할 수 있는 공식적이고 비공식적인 모든 지원체계의 자원을 사정한다. 클라이언트와 그 환경의 장점과 제한점 모두 사정 대상이 된다.

셋째, 개입계획 및 자원개발로 사례관리의 주요 목표로 클라이언트를 돕고 포괄적인 서비스를 제공하기 위한 구체적인 개입계획을 수립한다. 우선순위를 정하여 과업 설정과 개입계획, 연계 방안을 세우고 정보공유 및 서비스 연계 조정을 하며 욕구에 기반한 자원발굴 및 개발을 위하여 클라이언트와 가족, 전문가와 협의하여 수립한다. 서비스자원의 정보수집을 위해서는 외부 기관, 서비스 제공자들과 원활한 관계를 형성하고 유지하는 중개자, 조정자, 협력자로서 해야 할 역할이 강조된다.

넷째, 개입 및 조정이다. 서비스를 실행하고 클라이언트 욕구에 적합한 공식적·비공식적 자원들이 제공된다. 클라이언트에게 돕는 활동에 방해가 되는 요소를 극복할 수 있게 상담, 교육, 지지 등의 활동을 하고 서비스 제공자와 원활한 활동을 할 수 있도록 연계할 수 있게 조정한다.

다섯째, 점검과 재사정으로 서비스 지원체계가 유지되어 클라이언트의 능력향상 정도와 서비스 지원 체계의 점검으로 서비스의 질에 관한 판단과 클라이언트에 대한 서비스 제공을 점검한다.

여섯째, 평가 및 종결·사후관리이다. 사례관리자는 클라이언트에 대한 사례관리 개입의 지속 또는 종결 여부를 결정하는데 전체적인 평가를 시행하고 사후관리에 대한 계획을 수립한다. 평가를 시행할 때 클라이언트의 변화와 만족, 서비스의 통합성, 서비스의 질, 결과에 대한 평가를 클라이언트와 전문가가 함께 의논하게 된다.

3) 사례관리 모델

사례관리 모델은 사례관리를 수행하는 방법과 절차에 대해 구체화된 체계로 사례관리를 실천하는 데 필요한 기준과 방향이 되는 지침을 제공한다.

사례관리의 모델에 따라 사례관리서비스는 다양하게 제공될 수 있으며, 다양한 사례관리 모델의 특성을 안다는 것은 사례관리를 실시하는 기관에 어떤 모델이 적합한지를 알려 준다. 이런 다양한 사례관리 모델 중 어떤 모델을 최상의 모델로 평가할 수는 없지만, 다양한 모델의 특성을 분석하여 자신이 일하는 영역과 대상, 대상자의 욕구와 기관의 요구 등과 맞는 모델을 선택하거나 개발할 경우 사례관리의 기능을 극대화할 수 있다.

사례관리 모델의 공통적인 원칙을 살펴보면, 모든 사례관리 프로그램에는 다음과 같은 사항이 포함되어야 한다(Steinberg et al., 1983). 첫째, 확실한 목표와 표적집단이 서비스 제공자의 기술과 기관의 능력 수준에 적절해야 한다. 둘째, 사례발견 및 클라이언트 스크리닝에 대한 체계적 과정이 있어야 한다. 셋째, 클라이언트가 필요로 하는 서비스와 다른 자원을 동원함에 능숙해야 한다. 넷째, 프로그램은 클라이언트의 사회적, 환경적, 경제적 상태뿐 아니라 신체적, 정신적 건강에 대한 내용이 포함되어야 한다. 다섯째, 종합적 사정과정이 있어야 한다. 여섯째, 보호계획은 클라이언트의 독특한 욕구, 조건 그리고 참여로부터 나와야 한다. 일곱째, 사례기록은 계획, 활동단계 그리고 제공된 서비스가 잘 나타나야 한다. 여덟째, 클라이언트와 환경에 대한 사후관리, 지지적 관계 그리고 재평가가 제공되어야 한다. 아홉째, 서비스 제공 조직 간 연계가 중요하다. 열 번째, 행정가와 사례관리자는 클라이언트 개인의 목표뿐 아니라 서비스 제공 체계에 대한 향상목표를 위하여 노력해야 한다는 것이다(황미경, 2009).

이러한 사례관리의 모델에 대한 사회복지대백과사전(1995)에서는 클라이언트 중심 모델과 제공자 중심 모델을 제시하고 있다. 기관의 방침이 클라이언트 지향적 프로그램인지, 제공자 지향적 프로그램인지의 여부에 따라 크게 영향을 받을 수 있다.

서비스 전달구조(Service Delivery Matrix)로 불리는 무어(Moore, 1992)의 사례관리 모형은 사례관리와 서비스 환경을 체계적으로 고려하여 사례관리를 실시하도록 돕는 주요한 도구이다. 이 모형은 사례관리의 기능과 구조가 서비스 전달체계의 통합정도와 자원보유 정도에 따라 결정된다는 점을 토대로 분배모형, 마케팅모형, 개발모형, 중개모형 등 4가지로 구분하였다(Moore, 1992)

표 6-1. 무어(1992)의 사례관리 모형

모형	특성
분배 모형	• 통합적인 서비스 환경이나 자원이 매우 적을 때 적합한 모형 • 사례관리자의 역할: 효율적으로 자원을 분배함
마케팅 모형	• 자원이 풍부하고 통합적인 서비스 환경에 적합한 모형 • 사례관리자의 역할: 클라이언트의 욕구에 맞게 서비스를 결정하고 서비스 전달이 잘 이루어지도록 함
개발 모형	• 자원이 부족하고 서비스 통합수준도 낮은 상황에 적합한 모형 • 사례관리자의 역할: 자원을 개발하고 통합하여 연계
중개 모형	• 자원이 많음에도 불구하고 서비스 환경이 분절적일 때 적합한 모형 • 사례관리자의 역할: 다양한 제공기관에 있는 서비스를 연계하여 제공

그리고 황성철(1995)은 한국적 사례관리 모형을 사례관리의 다양한 기능과 실행 및 조직구조적인 차원의 변수들을 종합적으로 고려하여 단순형, 기본형, 종합형, 전문관리형 등 4가지로 구분하였다. 우선 단순모형(simple)은 비·준전문가(전문대 졸업자, 훈련된 자원봉사자 등)인 사례관리자가 클라이언트와 지역사회의 자원 및 서비스 연계에 초점을 두고 사례관리를 수행하도록 한다. 둘째, 기본모형(basic model)은 준전문가 또는 신입 전문가(전문대 졸업자/신입 사회복지사)를 사례관리자로 채용하며, 클라이언트와 지역사회 서비스의 연계, 클라이언트 동기 부여 및 자조능력 배양 등을 위한 기초적 상담서비스 제공에 초점을 둔다. 셋째, 종합모형(comprehensive model)은 클라이언트의 문제상황과 행동치료, 클라이언트와 서비스 연계를 목표로 하며, 독립된 사례관리 부서를 설치하고 사례관리 부서에 속한 경력이 풍부한 선임사회복지사에 의해 수행된다. 넷째, 전문관리모형(professional management)은 종합모형과 마찬가지로 독립된 사례관리부서를 설치하고 특정 분야별 전문가로 구성된 팀이 함께 사례관리를 수행한다. 사례관리자는 직접적·간접적 서비스를 제공할 뿐만 아니라 관리자로서 서비스를 관리하는 역할을 한다(김승권 외, 2012; 신숙경, 2014).

표 6-2. 사례관리 한국적 모델 분류

	단순형	기본형	종합형	전문관리형
사례관리의 근본 목적	지역사회의 자원과 서비스 연계	지역사회 자원 및 서비스 연계, 기초 상담, 조언	지역사회의 자원과 서비스 연계, 심층 상담 또는 치료	직·간접적 서비스 제공과 관리자로서 서비스 관리
사례관리의 기능	욕구 인식 및 사정, 사례 계획과 서비스 연계, 서비스 점검	적극적 사례 발굴, 사정, 사례 계획 및 개입, 서비스 연계, 상담, 서비스 점검	로스먼의 15개 기능 수행	기본적인 사례 관리 기능과 자원 배분, 통솔, 의사결정 기능 포함

	단순형	기본형	종합형	전문관리형
사례관리자의 역할	자원과 서비스 중개자	중재자, 상담자, 교육자, 지지자, 서비스 점검자	자원과 서비스 중개자, 상담 또는 치료자, 교육자, 클라이언트 옹호자	연계자, 상담자, 치료자, 교육자, 관리자
사례관리자 교육 및 전문성 정도	준전문가, 비전문가(전문대 졸업자 또는 훈련된 자원봉사자)	준전문가, 전문가(전문대 졸업 또는 초년생 사회복지사)	전문가(경력이 풍부한 선임 사회복지사)	특수분야별 전문가
조직 내 사례관리자의 위치와 슈퍼비전	기존의 조직과 업무 수행 부서에서 수행, 전문가에 의한 엄격한 슈퍼비전	기존의 조직 내에서 수행, 경험이 많은 사회복지사의 슈퍼비전 필요	독립된 사례관리 부서, 최소한의 슈퍼비전	독립팀 형성, 슈퍼비전 필요 없음
사례관리자의 담당 사례수	비교적 많음	적절한 사례(30사례 내외)	비교적 적은 사례(10~20사례)	최소한의 사례(10사례 미만)
개별/팀 접근	팀 접근이 가능하나 주로 개별적 접근	개별적 접근	개별적 접근	팀 형성에 의한 접근
사례관리자의 업무에 관한 자율성 및 권위의 정도	자율적인 결정권이 없음. 전문가와 협의 요망	어느 정도 자율성이 보장됨	자율적인 의사결정이 보장됨	전문분야별 자율성 보장, 그러나 공동결정 요망

그리고 권진숙과 박지영(2011)은 한국형 사례관리 모델, 두 개팀 사례관리 모델은 사례관리의 기본적인 틀이 두 개(사례팀과 관리팀)의 팀에 의해 운영되어야 한다는 점에 기반하여 명명되었다. 사례팀은 사례관리의 직접 개입에 초점을 맞추어 클라이언트와 그 가족과 함께 일하는 사례관리사와 슈퍼바이저가 기본 구성원이 되며, 사례관리자와 슈퍼바이저가 직접서비스와 간접서비스 전체를 인테이크부터 종결까지 총괄하여 책임지게 된다.

관리팀은 주로 간접 개입을 통한 지원을 하게 되는데, 즉 관리팀은 팀장 또는 기관장, 사례관리자, 임상전문가(의사, 경찰, 쉼터 소장 등), 지역사회 전문가(지자체 공무원, 교사, 성직자 등)로 구성되어 기본적으로 자원과 관련된 논의와 지원을 하게 되지만, 문제 발생 시 문제해결을 위한 실질적인 노력을 담당한다(신숙경, 2014).

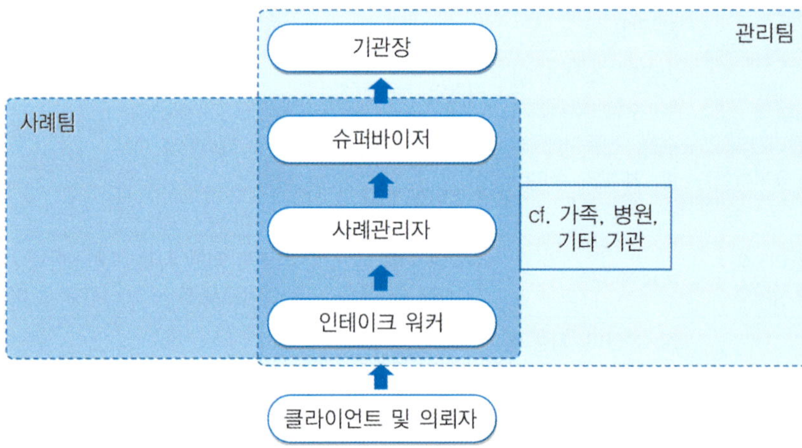

그림 6-1. 사례 개입 과정의 평면 구조

최근 사례관리는 통합사례관리로 확장되어 운영되고 있다. 특히 공공 사회복지 전달체계 구축의 중요한 개념으로 확장되었다. 지역복지 네트워크의 구축과 현장 중심의 사례관리 수행과 매뉴얼 구축은 필수적 요건이며 다른 기관과의 연계로 통합사례관리의 수행 영역은 많은 취약계층의 자립과 문제의 해결에 도움이 되도록 하고 있다.

3. 통합사례관리

1) 통합사례관리의 개념

사례관리는 다양하고 복잡한 욕구를 가진 클라이언트에게 지속적이고 효율적으로 서비스를 제공하기 위한 접근방법이다. 우리나라에서는 1990년대 사회복지의 방향이 지역사회복지 중심으로 전환되면서 효과적인 복지서비스 전달 모델의 하나로 사례관리가 강조되어 왔다. 왜냐하면 사례관리가 비용대비 효과성이 높고, 관리와 통제가 용이하기 때문이다. 따라서 최근 사례관리는 사회복지전달체계의 개편으로 공공과 민간의 광범위한 영역에서 수행·확산되고 있다. 이처럼 실천현장에서 사례관리가 지속적으로 확대되고 그 중요성이 강조되는 이유는 개인의 다양화된 욕구에 대한 맞춤식 휴먼서비스를 제공하는 전문적 실천전략이며, 사회복지의 생산, 전달, 소비가 시설중심에서 지역사회중심으로 변화해 가기 때문이다(민소영, 임선영, 2014). 이러한 사례관리의 궁극적인 목적은 서비스의 효과성을 증진시키고 클라이언트 및 클라이언트 환경의 역량체계를 강화하는 것이다.

사례관리의 개념은 시대에 따라 변화하고, 국가, 활용 분야에 따라서도 다양하게 활용되고 있어 일관되게 규정짓는 것은 쉽지 않다. 이처럼 사례관리는 지역사회라는 거시적 개입과 임상적 접근을 포괄하는 폭넓은 의미의 통합적 실천방법으로 간주된다. 이에 대해 보건복지부는 공공의 통합사례관리는 지역 내 공공·민간 자원에 대한 체계적인 관리·지원체계를 토대로 복합적이고 다양한 욕구를 가진 대상자에게 복지 · 보건 · 고용 · 주거 · 교육 · 신용 · 법률 등 필요한 서비스를 통합적으로 연계 · 제공하고, 이를 지속적으로 상담 및 모니터링해 나가는 사업으로 정의하고 있다(보건복지부, 2018).

따라서 통합사례관리는 지역사회 주민의 지역사회 적응을 돕고 궁극적으로 사회적 기능을 회복하는 데 공공 사례관리의 궁극적인 목적이 있다. 따라서 정책이 담당하지 못하는 영역의 복합적이고 개별화된 복지 욕구가 발생하였을 때 적극적이고 유연하게 대처해야 하며 이는 지역주민과 긴밀한 상호작용이 중요하다. 다시 말해 통합사례관리 목적은 서비스의 통합, 보호의 연속성, 평등한 서비스의 제공, 보호의 질 향상, 클라이언트 역량강화로 볼 수 있다(천슬기, 2023).

2) 공공영역의 사례관리 전개과정

2005년 개정된 「사회복지사업법」 제33조 5항은 "시장 · 군수 · 구청장은 보호 대상자별 보호 계획을 작성하고 변경할 수 있다"고 규정하고 있는데, 이는 공공 부문 통합사례관리의 실질적 기반이 되었고 정부의 재정지원이 투입보다 국민의 복지 체감도가 높지 않다는 비판적 인식 아래 공공과 민간의 복지서비스를 연계 · 조정하여 이용자 중심의 통합서비스를 제공하려는 방향으로 도입된 것이다(김승권 외, 2012).

그리고 2006년 주민 생활지원의 기능 강화를 위한 전달체계 개편을 통하여 시 · 군 · 구에 주민생활지원국을 설치하여 복지 · 보건 · 고용 · 주거 · 교육 등의 관련 기구와 인력을 통합하고 사회복지전담공무원은 통합조사 · 관리, 서비스 조정 및 연계 등에 우선 배치하게 되었다(이익선, 2018). 이처럼 시 · 군 · 구의 조직 개편으로 읍 · 면 · 동에 주민생활지원팀을 설치하고 상담, 현장 방문, 사후관리 기능 등의 일선창구 기능을 강화하였으나 업무량 폭주와 전담인력의 부족으로 사례관리 업무가 활성화되지 못하였다(천슬기, 2023).

또한 2009년 2월, 민생안정 지원체계를 구축하여 복합적 욕구를 가진 가구에 대한 맞춤형 통합서비스를 전달하기 위한 일환으로 전국 10개 자치단체에서 2009년 7월부터 12월까지 사회복지통합서비스 전문요원을 고용하여 사례관리를 수행하였고 2010년 1월부터는 전 자치단체로 통합사례관리를 확대하여 시행하였다. 2012년에는 지역별 통합사례관리체계를 강화하기 위하여 시 · 군 · 구에 「희망복지지원단」을 설치하였는데, 2014년까지 복지담당공무원을 단계적으로 총 7천 명까지 확충하였고 시 · 군 · 구의 기존 통합서비스 전문요원에 평균 6명의 복지공무원을 확충 배치하여 지자체 특성에 맞게 다양한 조직 형태로 운영하도록 하고 있다(국무총리실 외, 2011).

3) 읍·면·동 통합사례관리

2016년부터는 국민중심의 맞춤형 복지실현을 위해 읍 · 면 · 동 복지허브화사업이 추진되었는데, 그 세부 추진 내용으로는 맞춤형 복지전담팀 구성과 운영을 권고하였으며, 사회복지전담공무원 팀장을 포함한 3명 이상의 사회복지전담공무원, 민간전문가(방문간호사, 사례관리사 등)로 구성되어 운영하고 있다. 즉, 사회복지 분야의 전문능력이 확보된 인원 충원과 개별팀을 구성하도록 하는 것이 복지허브화사업의 기본사항이다(한국사회복지행정연구회, 2016).

2017년 이후로는 '주민자치형 공공서비스 구축 사업'의 시행과 체감도 높은 복지서비스 전달을 위해 행정혁신과 주민공동체 강화가 필요하다는 인식에 따라 보건복지부와 공동으로 하되, 주무 부처는 행정안전부가 담당하는 것으로 업무를 이관하면서 현재 '찾아가는 보건복지서비스'로 통용되고 있다(행정안전부, 보건복지부, 2020). 읍·면·동 복지허브화사업과 다른 점은 행정팀에 주민자치 전담인력 1명, 찾아가는 보건복지팀에 간호인력 1명을 추가하는 것인데, 이러한 인력 증원은 실질적인 수행력을 높이기 위함이며, 동시에 복지와 보건의 연계, 복지와 행정의 연계, 주민자치의 강화가 주 목적이다(주현정, 2020).

읍·면·동 통합사례관리란 읍·면·동 단위에서 복합적인 욕구를 가진 대상자의 욕구를 파악하여 다양한 지역사회 자원을 연계하고 문제해결에 나설 수 있도록 지원하는 것으로, 다양한 사례관리사업과의 연계 및 공동 개입 등 지역사회 사례관리의 게이트웨이 역할을 수행하며 대상자 욕구 충족을 위한 공공·민간자원 연계 확대 및 자원 활용도를 제공하며 대상자 누락 및 중복 등 기존 사례관리 분절성을 극복하기 위하여 자료를 공유하는 것을 말한다(행정안전부, 보건복지부, 2022).

2016년 714개소부터 시작된 읍·면·동 통합사례관리는 2021년 현재 전국 3,501개 읍·면·동 중 3,312개소(94.6%)에서 통합사례관리 전담팀을 설치·운영하고 있는데, 연도별 설치현황은 **표 6-3**과 같다(행정안전부, 보건복지부, 2022).

표 6-3. 통합사례관리 전담팀 설치 현황

구분	2016년	2017년	2018년	2019년	2020년	2021년
전담팀 수(개소)	714	1,816	2,582	2,911	3,197	3,312

출처: 행정안전부, 보건복지부(2022).

이와 같은 읍·면·동 통합사례관리의 절차는 **그림 6-2**와 같이 10단계로 대상자 발굴, 초기상담, 대상자 접수, 욕구 및 위기도 조사, 사례 회의 개최, 대상자 구분 및 선정, 서비스 제공계획수립, 서비스 제공 및 점검, 종결, 사후관리를 통해 이루어지고 있다(보건복지부, 2022).

그림 6-2. 통합사례관리 절차

출처: 보건복지부(2022).

첫째, 대상자 발굴이란 모든 지역주민, 유관 기관, 이웃 등의 발굴체계를 이용하거나 별도의 지역 특화사업을 통해 욕구를 가지고 방문하는 지역주민 또는 지역사회 내 위기가구를 찾는 과정으로 다양한 발굴체계를 활용하여 취약계층 발굴에 참여하고 일제 조사를 실시하게 된다.

둘째, 초기상담이란 지역주민과 행정기관이 만나는 첫 단계로, 대상자의 의뢰 동기와 근본적인 문제 및 복지 욕구를 파악하는 것이다. 초기상담 단계에서 상호 신뢰 관계를 잘 형성해야만 기관에 대한 신뢰가 증진되고 사회복지서비스에 대한 긍정적 효과가 나타날 수 있다. 초기상담은 의뢰일로부터 5일 이내에 실시하며 당사자뿐만 아니라 가구원별로 주요 문제를 파악하여 문제의 심각성과 필요한 지원에 대한 대상자의 우선순위 등을 파악하여야 한다. 주요 문제 영역별 점검 항목은 안전, 건강, 일상생활 유지, 가족관계, 사회적 관계, 교육, 경제, 직업, 생활환경, 법률 및 권익보장이며 읍 · 면 · 동 초기상담 후 지역자원 부족과 협력체계 미흡으로 해결이 어려운 고난이도 사례의 경우 희망복지지원단에 요청하여 시 · 군 · 구, 읍 · 면 · 동 간의 충분한 사전협의를 통해 주 사례기관을 결정하게 된다.

셋째, 대상자 접수란 초기상담 시행 후 통합사례관리가 필요한 가구를 접수하는 단계로 대상자 서비스를 의뢰요청할 경우 즉시 접수 처리하며 대상자에게 통합사례관리 서비스를 안내한다.

넷째, 욕구 및 위기도 조사란 욕구의 원인을 분석하여 통합사례관리 가구와 서비스 연계 가구로 구분 · 선정하기 위한 욕구 조사와 위기 정도 파악 및 통합사례관리 종결의 적정성 판단 등 통합사례관리 대상자 선정을 위한 위기도 조사로 구분한다. 이때 사회복지전담공무원은 사회보장정보시스템(행복e음)에 통합사례관리를 요청한 날짜로부터 10일 이내에 욕구 및 위기도를 조사해야 한다.

다섯째, 사례회의의 개최란 대상자와 관련된 사업 담당자, 전문가들이 참여하여 진행하는 회의로 대상자 선정 · 종결 시 필수적으로 진행한다. 사례회의의 역할 및 기능으로는 대상자 구분 · 선정 및 사례관리 가구에 대한 서비스 제공 계획수립, 대상 가구의 욕구 변화 및 문제해결 정도 점검, 서비스 제공 점검, 개입방법 변경, 장 · 단기 목표 및 서비스 계획 수정 등이 있다.

여섯째, 대상자 구분 및 선정이란 욕구 및 위기도에 대한 조사결과를 통해 사례회의를 실시하고 읍 · 면 · 동 사례관리 팀장과 주 사례관리자가 협의하여 대상 가구를 통합사례관리 가구, 서비스 연계 가구, 미선정 가구로 구분하는 것이다.

일곱째, 서비스 제공계획 수립은 사례회의를 통해 선정된 통합사례관리 가구에 대해 장 · 단기 개입 목표를 설정하고, 구체적인 서비스를 제공할 계획을 세우는 것으로 목표달성 가능성, 구체성, 측정 가능성, 대상 가구 상황 등을 고려하여 수립한다.

여덟째, 서비스 제공 및 점검은 통합사례관리 가구에 서비스 제공계획에 따른 서비스를 제공하고, 서비스 이행 상황과 대상 가구의 환경과 욕구 변화 등을 주기적으로 점검 · 파악하는 것으로 전화 · 찾아가는 복지상담 등을 통해 대상자의 서비스 평가, 생활 실태 등을 파악하여 욕구 재조사, 서비스 제공계획 재수립, 종결을 위한 통합사례관리를 평가하게 된다.

아홉째, 종결은 통합사례관리의 대상 가구 장 · 단기 개입목표가 달성되었거나 타 시 · 군 · 구로의 전출, 대상자의 사망, 거부, 연락 두절 등의 사유로 통합사례관리를 더 이상 지속하기 불가능할 경우 실시한다.

열째, 사후관리란 통합사례관리 가구에 대한 개입 종결 후 일정 기간을 설정하여 대상 가구가 변화를 지속해서 유지하는지에 대한 모니터링이다. 이때 새로운 문제 · 욕구가 있으면 재개입의 필요성 등을 판단하여 통합사례관리 대상 가구의 문제가 재발하지 않도록 한다.

지금까지 살펴본 읍 · 면 · 동 통합사례관리는 지역사회 자원을 발굴하여 당사자의 욕구에 부응하는 최적의 지역사회 자원을 연계하여 기존 사례관리의 분절성을 극복하기 위한 데이터베이스를 마련하여 대상자의 누락과 서비스의 중복을 방지하고 신속하고 효과적인 자원 연계 및 제공을 실시하는 것이 주 목적이라고 할 수 있다(이익선, 2018; 천슬기, 2023).

4) 통합사례관리 역할수행

사례관리자는 사례관리체계를 구성하는 가장 핵심적인 요소로 다양한 서비스를 제공하는 전문가들과의 협업을 통해 클라이언트를 연속선상에서 보호하고 다양한 서비스 체계와 연계함으로써 클라이언트의 사회적, 경제적, 신체적 건강을 지원하게 된다. 따라서 사례관리자에게는 도움이 필요한 클라이언트의 욕구 충족을 위한 직접적인 서비스 제공과 잠재적 자원을 연계하는 등의 간접적인 서비스 역할을 수행하며, 이를 위해 다양한 지식과 기술을 가져야 한다. 전통적 사례관리자 역할은 사례관리 과정에 따라 다양하게 정의되어 왔으나 최근에는 직접적 서비스 기능과 간접적 서비스 기능으로 사례관리자의 역할을 구분하고 있다(김경민 외, 2025; 김학영, 2017; 박인희, 2013; 천슬기, 2023).

(1) 직접서비스의 역할

직접적 서비스 제공자의 역할은 클라이언트와 협력 관계를 유지하면서 클라이언트의 욕구를 구체화하고, 그 욕구를 실현하는 것을 가로막는 장애 요인을 확인하고 극복하도록 원조하는 것이다. 이때 사례관리자는 클라이언트가 자신의 욕구를 인식하고 충족하기 위해 클라이언트 스스로에 초점을 두고자 하며, 동시에 서비스에 접근할 수 있는 능력과 기술을 향상하는 데 중점을 둔다. 직접서비스의 역할은 이행자, 교육자, 안내자 · 협조자, 진행자, 정보전문가, 지원자 등의 역할로 구분되며, 주로 위기에서 스스로 문제를 해결하기 어려운 클라이언트에게 심리적인 지지를 제공하는 이행자의 역할을 수행한다. 반면 지원자의 역할은 클라이언트가 자신의 강점과 능력을 발견하고 자기옹호를 충분히 할 수 있을 때 수행할 수 있으며, 사례관리자는 이 역할을 위해 지식, 기술, 자기분석과 자기인식능력을 갖추어야 한다.

(2) 간접서비스의 역할

간접적 서비스 제공자의 역할은 클라이언트가 사회망을 발전시키는 전력에 사례관리자가 관여하는 것으로 사례관리에 있어 매우 중요하다. 간접적 서비스 역할은 중개자, 연결자, 조정자, 옹호자, 협동자, 협의자, 평가자의 역할로 구분되며, 사례관리자는 간접적 서비스 역할을 통해 클라이언트의 향상을 위한 자원들이 연결되고 유지되도록 노력해야 한다.

Chapter

07

변화동기가 적은 클라이언트와 일하기

배울 내용

1. 가정폭력
2. 장애인
3. 중독
4. 공격성

학습목표

1. 가정폭력의 개념, 특성 및 대처법을 숙지한다.
2. 장애인의 개념, 분류 및 특성을 설명할 수 있다.
3. 중독의 정의, 유형 및 중독증후군 모델을 숙지한다.
4. 공격성의 정의 및 요인을 파악한다.

1.

가정폭력

1) 가정폭력의 개념

가정은 가족구성원이 생계나 주거를 함께하며, 일상적인 부양, 양육, 보호, 교육 등이 이루어지는 생활공동체로, 기본 생활단위로서 모든 사람에게 생활의 근간이자 정신적 모태가 된다(「건강가정기본법」). 따라서 가정폭력은 가족구성원의 행동, 인지, 정서, 대인관계에 가장 큰 악영향을 미치고, 신체적 · 심리적 · 사회적 피해를 발생시킨다. 또한 가정해체를 유발하는 원인이 되기도 하고(양혜경 외, 2015), 사회문제로 확대되는 경향을 보인다. 이러한 가정폭력은 피해자의 건강과 삶의 질에 심각한 충격을 주며 폭넓은 범위의 건강 문제와 연결된다(Marcus & Braaf, 2007).

가정폭력에는 신체적 폭력, 정서적 폭력, 성적 폭력, 경제적 폭력, 통제, 방임 등 다양한 폭력 유형이 포함되고, 당사자의 관계에 따라 배우자 폭력, 아동 폭력, 배우자 외 가족원 폭력, 노인 폭력으로 구분할 수 있다(가정폭력실태조사, 2022). 또한 가정폭력은 친밀한 관계나 파트너, 혈연 관계 내에서 발생하는 폭력으로, 그 특성상 다른 유형의 폭력보다 더 치명적인 결과를 초래할 수 있다. 이러한 이유로 가정폭력은 폭력 유형 중에서 예후가 가장 좋지 않은 것으로 알려져 있다.

2) 가정폭력의 특성

부부싸움은 서로 대등한 입장에서 하나의 주제에 대해 다투는 것이지만, 가정폭력은 한 사람이 주도권을 가지고 상대방을 일방적으로 통제하고 지배하는 행위로서 「가정폭력방지법」에서 명시하고 있는 범법행위이다(장희숙, 2003). 즉, 가정폭력은 가정구성원 사이의 신체적, 정신적 또는 재산상 피해를 수반하는 행위로(「가정폭력처벌법」 제2조 제1호) 과거에는 신체적인 폭력이 주된 유형이었지만, 점차 성적 폭력, 정서적 폭력 등 가정 내에서 다양한 폭력이 발생하고 있다(신나래, 박언주, 2020). 배우자 폭력 유형 및 행동은 **표 7-1**, 아동폭력 유형 및 행동은 **표 7-2**와 같다(김미혜, 2025).

표 7-1. 배우자 폭력 유형 및 행동

유형	행동
신체적인 폭력	• 배우자를 다치게 하는 물건을 던짐 • 배우자를 밀거나 머리, 어깨, 팔 등을 움켜잡음 • 손바닥으로 몸, 머리, 뺨 등 때림 • 목을 조르고 코와 입 등을 막아서 숨을 쉬지 못하게 하거나 일부러 화상을 입힘 • 칼 등의 흉기로 위협 또는 다치게 함 • 몽둥이, 허리띠 등 다칠 수 있는 물건으로 때림 • 발, 주먹 등을 사용하여 사정없이 때림
성적 폭력	• 무력을 사용하여, 배우자가 원하지 않을 때 성관계를 요구하거나 배우자가 동의하지 않는 형태의 성관계 강요 • 무력은 사용하지 않았지만, 배우자가 원하지 않을 때 성관계를 요구하거나 배우자가 동의하지 않는 형태의 성관계 강요 • 배우자가 동의하지 않는 신체적 접촉(키스, 만지기, 포옹 등)을 하는 행위 • 배우자와의 성행위 또는 신체 일부를 동의 없이 촬영하는 행위 • 배우자와의 성행위 또는 신체 일부를 촬영한 동영상, 사진, 배우자의 이미지를 이용한 성적 합성물 등을 배우자의 동의 없이 온라인에 올리거나 올리겠다고 협박하는 행위

유형	행동
경제적 폭력	• 상대방이 생활비를 부담하지 않고, 생활비를 일부러 주지 않음 • 배우자의 재산, 지분을 배우자의 동의 없이 처분함 • 가정의 지출과 수입을 독점함 • 배우자의 재산과 돈 등을 뺏거나 빚을 지게 함
정서적 폭력	• 욕을 하거나 모욕함 • 때리려는 시늉을 하고 위협함 • 배우자의 물건을 부숨 • 배우자가 아끼는 반려동물, 지인 등을 해하겠다고 위협함 • 배우자가 보는 데서 자해하거나 자살하겠다고 위협함 • 잠을 자지 못하게 괴롭힘
통제	• 친구, 가족 등 가까운 사람들과 연락하거나 만나지 못하게 함 • 온, 오프라인에서 누구와 연락하는지 감시함 • 배우자가 무엇을 하는지 어디에 있는지 꼭 알려고 함 • 냉담하게 대하거나 무시함 • 다른 남성/여성(배우자/파트너와 같은 성별)과 이야기하면 화를 냄 • 바람을 피운다고 자꾸 의심하고 화를 냄 • 배우자가 아파서 병원 가는 것도 동의 받도록 함 • 직업을 갖거나, 교육을 받는 등의 사회적 활동을 하지 못하게 하거나 동의를 구하도록 함 • 외출 시간, 귀가 시간 등을 간섭하거나 허락을 받도록 함 • 성관계 시 피임기구를 동의 없이 제거하거나 거부함

표 7-2. 아동폭력 유형 및 행동

유형	행동
신체적인 폭력	• 뺨, 머리, 몸 등을 손바닥으로 때림 • 몽둥이, 허리띠 등의 물건으로 때림 • 아동의 신체를 잡고 넘어뜨리거나 던짐 • 발과 주먹 등으로 세게 때림 • 아동의 신체를 사정없이 마구 때림 • 아동의 목을 조르고 코와 입을 막아 숨을 못 쉬게 함 • 일부러 화상을 입힘 • 칼, 흉기 등으로 다치게 하거나 위협함

유형	행동
정서적 폭력	• 때리겠다고 겁을 주거나 위협함 • 욕 등의 나쁜 말을 함
방임	• 식사 때마다 제대로 챙겨 주지 않음 • 병원 치료가 필요해도 진료를 받지 못하게 하거나, 병원에 데리고 가지 않음 • 약물, 알코올 등의 중독이 되어 아동을 돌보지 않음 • 성인과 함께 있어야 하는 경우에도 혼자 있게 함

가정폭력은 가정이라는 특수 환경으로 인해 독특한 특성을 가지게 되는데(최연화, 2022; Gondolf & White, 2001), 첫째, 신체적, 정서적, 심리적, 성적, 경제적 폭력과 통제 및 방임 등 가정폭력의 각각의 유형은 병행되면서 서로 악영향을 미친다.

둘째, 상대적으로 입증이 쉬운 사회적 폭력에 비해 가정폭력은 명확하게 드러나는 것이 쉽지 않다.

셋째, 가정폭력은 친밀한 관계, 파트너, 혈육 관계 안에서 발생한다는 점에서 어떠한 폭력상황보다도 치명적 결과를 보이는 경우가 많아 폭력유형 중 가장 예후가 좋지 못한 것으로 알려져 있다.

넷째, 친밀한 가족 관계 내에서 발생하여 폭력행동이 애정과 관심 표현으로 포장되어 피해를 자각하기 어렵고, 외부로 쉽게 노출되지 않는 폐쇄성과 객관적 증명이 어려워 애정 다툼 정도로 치부되는 경우가 많아 피해를 알리는 데 소극적이다. 이러한 피해의 특성에 따라 가정폭력과 데이트폭력 등은 조사에 괴리가 존재한다.

다섯째, 사회적 학습이론에 의하면, 가정폭력은 세대 간 학습되어 연속적으로 전승되고, 지속성과 반복성을 갖는다.

여섯째, 가정폭력행위자는 폭력을 정당화하는 내재화 과정을 거친다. 이러한 과정에서 폭력은 반복성과 상습성을 가지게 되고, 피해자는 폭력을 용인하는 경우가 상당하다.

일곱째, 일반적인 폭력사건에는 쌍방이 존재하지만, 가정폭력에서는 가정이라는 특수성 때문에 가해자와 피해자를 분리하여 접근하기가 쉽지 않다. 가정폭력 연구에서 피해자 중심의 연구는 주로 피해자 상담 교육으로 진행되어 폭력 근절에 한계를 보였으며, 행위자 중심의 치료 개입은 인과적 원인 규명이 간과될 위험이 있다.

가정폭력 피해자인 아내와 자녀의 특징을 살펴보면, 사고, 감정, 행동 측면에서 다양한 문제점과 부정적인 요인들이 나타난다. 이러한 가정폭력 피해자의 특성은 표 7-3과 같다.

표 7-3. 가정폭력 피해자 특징

영역	학대당한 아내 특징	폭력 피해 자녀 특징	분석
사고	왜곡된 자화상, 흑백논리, 다른 사람에 의해 자기의 가치를 결정, 비현실적 소망, 마술적 사고방식	세상에 대한 불신, 다른 사람의 의도에 대한 의심, 능력과 가치에 대한 회의와 불신, 장래에 대한 비현실적인 소망, 다른 사람에 대한 비현실적인 기대, 세상에 대한 왜곡된 해석	공통적으로 만성적 피해 의식
감정	죄책감, 외로움, 불안, 우울, 분노, 수치심, 경계심, 열등감, 과민성, 절망감, 무력감, 무감동, 무가치감, 낮은 자존감	불안, 우울, 죄책감, 수치심, 외로움, 경계심, 열등감, 과민성, 절망감, 무력감, 무감동, 분노, 무가치감, 낮은 자존감	두려움, 적개심, 고립감, 공포 등 공통된 감정
행동	부당한 행동에 대한 지나친 수용, 폭력에 대한 합리화, 최소화, 다른 사람을 조종하고 조작하는 행동, 좁아지는 시야, 뒷일 처리인의 역할 수행, 자살 시도와 같은 극단적 행동	▪ 일반적 문제행동 부모가 서로를 대한 대로 친구들을 대함, 남들에게 베푼 만큼 똑같은 대우를 기대함, 충동에 대한 자제력 부족, 문제해결능력의 부족, 과도한 방어 행동, 심한 스트레스를 받으면서 생활 ▪ 발달단계별 문제 행동 • 유아기: 수면장애, 식사장애, 소음에 대한 과민반응 • 아동기: 심한 부끄러움, 위축 행동, 빈번한 신체질환 • 학령기: 싸움, 폭력, 잦은 결석, 성적부진, 자해행위	• 자녀는 부모의 영향을 받아 또 다른 형태의 행동을 보임 • 자녀들은 성장과 폭력 경험 정도에 따라 다른 특징을 보임

3) 가정폭력 대처법

(1) 가정폭력 상황에서의 즉각적인 대처

가정폭력 대처법 중 가장 중요한 첫 단계는 피해자의 즉각적인 안전을 확보하는 것이다. 따라서 폭력이 발생했을 때는 **그림 7-1**과 같은 위험에서 벗어나기, 긴급신고, 증거수집 및 알리기 등의 행동들이 필요하다.

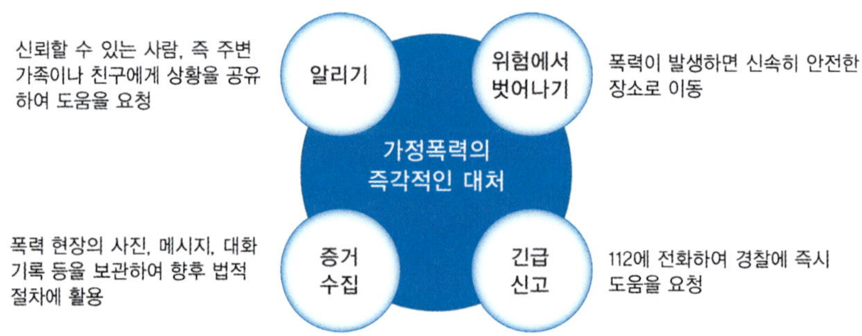

그림 7-1. 가정폭력 상황에서의 즉각적인 대처

(2) 법적 도움을 받는 방법

가정폭력 대처법에서 법적 도움은 피해자를 보호하고 가해자를 처벌하는 중요한 단계이다. 법적 도움을 받기 위해서는 신고, 진술, 증거 제출 및 법적 보호 조치 등이 필요하다. 구체적인 내용은 **표 7-4**와 같다.

표 7-4. 법적 도움을 받는 주요 절차

단계	내용
1. 신고	112로 신고하여 경찰에게 폭력 상황을 알림
2. 진술	경찰에게 사건의 구체적인 상황을 설명
3. 증거 제출	폭력 현장의 사진, 대화 기록 등 제출
4. 법적 보호조치	접근 금지 명령, 거주지 분리 등 요청

법적 도움은 피해자의 안전과 권리를 보호하며, 가해자가 법의 심판을 받도록 하는 데 매우 중요한 역할을 하게 된다.

(3) 상담을 통한 심리적 지원

가정폭력 대처법 중 상담은 피해자가 정신적 안정을 되찾고 트라우마를 극복하는 데 중요한 역할을 한다. 상담은 트라우마의 극복, 문제해결 및 사회적 자립지원 등과 같은 도움을 제공하게 된다.

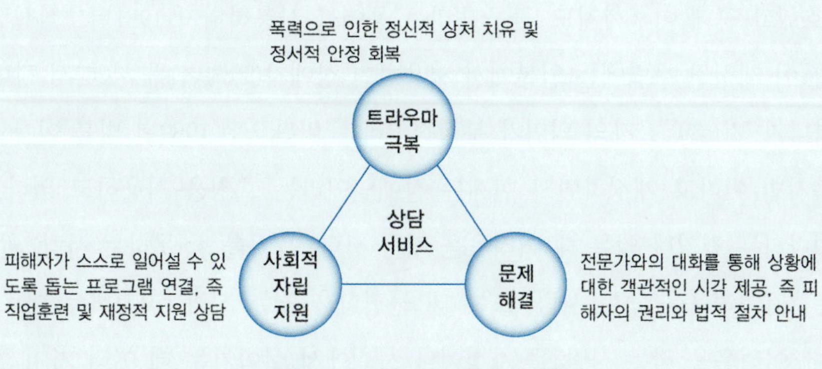

그림 7-2. 상담서비스의 내용

다시 말해 상담은 피해자가 폭력 상황에서 벗어나 새로운 삶을 시작할 수 있도록 돕는 중요한 과정이라고 할 수 있다.

2.

장애인

1) 장애와 장애인의 개념

현재 장애를 가진 사람을 나타낼 때 가장 보편적인 용어는 장애인이다. 우리나라의 경우 장애인이라는 용어가 고려나 조선시대만 해도 존재하지 않았으며 개념조차 모호했고 근대 이후까지도 '불구자'라는 용어를 사용하다가 1981년 「심신장애자복지법」이 제정될 무렵에는 일본에서 사용하던 장애자(障礙者)를 본 따서 장애자로 사용하다가 '자(者)' 글자의 의미가 부정적이라는 비판으로 1989년 법률 이름도 「장애인복지법」이라고 개정하면서 현재는 장애인이라는 호칭을 사용하고 있다.

우리나라는 걷거나 앉는 데 어려움을 겪는 사람, 듣기를 잘 못하는 사람, 말로 표현하는 데 어려움을 겪는 사람, 보는 데 불편함을 겪는 사람, 지시하는 대로 따라하는 데 어려움을 겪는 사람 등 가정이나 사회에서 살아가는 데 여러 가지 어려움을 겪는 사람들을 흔히 장애인이라고 부른다. 이와 같이 우리나라에서 장애에 대한 전통적인 개념은 신체적 결함 자체에 의미를 두고 있는데 최근에는 장애를 단순한 신체나 지적, 정신적 결함자체로 보기보다는 장애로 인해 어떤 일을 수행할 수 있는 능력이 결여된 정도를 기준으로 삼고 사회, 경제적 부적응이나 역할에 있어서의 결여로 보기도 한다.

덕워스(Duckworth, 1983)에 의하면 질병(disorder/disease)은 특정 부위나 구조가 정상에서 벗어난 상태를 말하며 장애에는 기능장애(impairment), 능력장애(disability), 사회적 불리(handicap)가 있다. 기능장애는 특정부위의 기능이 제한된 것을 말하며, 능력장애는 특정한 일을 수행하는 데 있어서 능력이 제한된 상태를 의미하며, 사회적 불리란 사회적 기능이 제한된 상태를 의미한다. 장애의 개념구분은 **표 7-5**와 같다.

표 7-5. 장애의 개념 구분과 의미

구분		의미
질병	질병(disorder/disease)	특정 부위(구조)가 정상에서 벗어난 상태
장애	기능장애(impairment)	특정부위의 기능 제한
	능력장애(disability)	특정한 일을 수행하는 데 있어서의 능력 제한
	사회적 불리(handicap)	사회적 기능의 제한

2) 장애인의 분류

「장애인복지법」에 근거한 장애의 범주 및 종류는 2000년도에 「장애인복지법 시행령」과 시행규칙이 전면 개정되어 대폭 확대되면서 장애를 크게 신체장애와 정신장애로 구분하였으며, 「장애인복지법」상 장애분류는 **표 7-6**과 같다.

표 7-6. 「장애인복지법」에 따른 장애분류표

대분류	중분류	소분류	세분류
신체장애	외부 신체 기능 장애	지체장애인	가. 한 팔, 한 다리 또는 몸통의 기능에 영속적인 장애가 있는 사람 나. 한 손의 엄지손가락을 지골(指骨: 손가락 뼈) 관절 이상의 부위에서 잃은 사람 또는 한 손의 둘째 손가락을 포함한 두 개 이상의 손가락을 모두 제1지골 관절 이상의 부위에서 잃은 사람 다. 한 다리를 가로발목뼈관절(lisfranc joint) 이상의 부위에서 잃은 사람 라. 두 발의 발가락을 모두 잃은 사람 마. 한 손의 엄지손가락 기능을 잃은 사람 또는 한 손의 둘째 손가락을 포함한 손가락 두 개 이상의 기능을 잃은 사람 바. 왜소증으로 키가 심하게 작거나 척추에 현저한 변형 또는 기형이 있는 사람 사. 지체(肢體)에 위 각 목의 어느 하나에 해당하는 장애정도 이상의 장애가 있다고 인정되는 사람
		뇌병변장애인	뇌성마비, 외상성 뇌손상, 뇌졸중(腦卒中) 등 뇌의 기질적 병변으로 인하여 발생한 신체적 장애로 보행이나 일상생활의 동작 등에 상당한 제약을 받는 사람
		시각장애인	가. 나쁜 눈의 시력(공인된 시력표에 따라 측정된 교정시력을 말한다. 이하 같다)이 0.02 이하인 사람 나. 좋은 눈의 시력이 0.2 이하인 사람 다. 두 눈의 시야가 각각 주시점에서 10도 이하로 남은 사람 라. 두 눈의 시야 2분의 1 이상을 잃은 사람
		청각장애인	가. 두 귀의 청력 손실이 각각 60데시벨(dB) 이상인 사람 나. 한 귀의 청력 손실이 80데시벨 이상, 다른 귀의 청력 손실이 40데시벨 이상인 사람 다. 두 귀에 들리는 보통 말소리의 명료도가 50퍼센트 이하인 사람 라. 평형 기능에 상당한 장애가 있는 사람
		언어장애인	음성 기능이나 언어 기능에 영속적으로 상당한 장애가 있는 사람
		안면장애인	안면 부위의 변형이나 기형으로 사회생활에 상당한 제약을 받는 사람
	내부 기관 장애	신장장애인	신장의 기능장애로 인하여 혈액투석이나 복막투석을 지속적으로 받아야 하거나 신장기능의 영속적인 장애로 인하여 일상생활에 상당한 제약을 받는 사람
		심장장애인	심장의 기능부전으로 인한 호흡곤란 등의 장애로 일상생활에 상당한 제약을 받는 사람

대분류	중분류	소분류	세분류
		간장애인	간의 만성적 기능부전과 그에 따른 합병증 등으로 인한 간기능의 장애로 일상생활에 상당한 제약을 받는 사람
		호흡기장애인	폐나 기관지 등 호흡기관의 만성적 기능부전으로 인한 호흡기능의 장애로 일상생활에 상당한 제약을 받는 사람
		장루 · 요루장애인	배변기능이나 배뇨기능의 장애로 인하여 장루(腸瘻) 또는 요루(尿瘻)를 시술하여 일상생활에 상당한 제약을 받는 사람
		뇌전증장애인	뇌전증에 의한 뇌신경세포의 장애로 인하여 일상생활이나 사회생활에 상당한 제약을 받아 다른 사람의 도움이 필요한 사람
정신장애	지적장애인		정신 발육이 항구적으로 지체되어 지적 능력의 발달이 불충분하거나 불완전하고 자신의 일을 처리하는 것과 사회생활에 적응하는 것이 상당히 곤란한 사람
	자폐성장애인		소아기 자폐증, 비전형적 자폐증에 따른 언어 · 신체표현 · 자기조절 · 사회적응 기능 및 능력의 장애로 인하여 일상생활이나 사회생활에 상당한 제약을 받아 다른 사람의 도움이 필요한 사람
	정신장애인		지속적인 양극성 정동장애(情動障碍, 여러 현실 상황에서 부적절한 정서 반응을 보이는 장애), 조현병, 조현정동장애(調絃情動障碍) 및 재발성 우울장애에 따른 감정조절 · 행동 · 사고 기능 및 능력의 장애로 인하여 일상생활이나 사회생활에 상당한 제약을 받아 다른 사람의 도움이 필요한 사람

출처: 보건복지부(2024). 장애인복지 사업안내.

표 7-6에서 보는 것과 같이 대분류는 신체장애와 정신장애로 나눌 수 있으며, 신체장애는 외부신체기능장애와 내부기관장애로 분류되고, 외부신체기능장애에는 지체장애, 뇌병변장애, 시각장애, 청각장애, 언어장애, 안면장애가 속하며, 내부기관장애에는 신장장애, 심장장애, 간장애, 호흡기장애, 장루 · 요루장애, 뇌전증장애가 속한다. 정신장애에는 지적장애, 자폐성장애, 정신장애로 분류된다.

3) 장애인의 특성

(1) 심리적 특성

손광훈(2005)은 장애인의 일반적인 사회·심리적 특성으로 비사회적인 행동, 자기중심적인 행동, 퇴행적인 행동, 도피적인 행동, 정서불안을 들었다. 이와 같은 매우 복합적인 원인으로 현장에서 많은 장애인들이 대인관계에 있어서 비일치적인 의사소통으로 어려움을 겪고 있다. 또한 장애인은 일반적으로 이상심리를 지니고 있으며 이는 장애로 인한 것이라고 인식하는 경향이 있다. 장애인들은 심리·사회적 문제를 수반하고 있어 사회적응이 어렵게 될 수 있다. 장애인의 구체적인 적응저해 요인은 **표 7-7**과 같다.

표 7-7. 장애인의 적응 저해 요인

영역	요인
인지적 영역	문제해결력, 의사결정, 파지와 전이, 확산적 사고, 지능 등
정신운동적 영역	기민성, 지구력, 반응시간 등 행동의 제한성
정의적 영역	동기와 욕구, 태도, 가치, 자신감, 내향성, 불안, 우울, 열등감, 의존심과 독립심, 신체상과 자아개념, 사회적 기능 등
환경적 영역	가족의 태도, 가족관계, 가정환경, 물리적 환경, 사회의식, 법령 및 제도
신체적 영역	보유 능력의 정도, 장애시기, 건강상태

표 7-7에서 보는 것과 같이 인지적 영역과 정신운동적 영역, 정의적 영역, 환경적 영역, 신체조건 영역 등이 상호 결합되어 적응을 저해하는 요인으로 나타날 수 있다. 즉, 개인 내적인 요인인 심리적 요인과 개인 외적 요인인 사회적·환경적 요

인들이 재활의 저해 요인이 된다. 특히 동기나 불안, 우울, 실패감, 의존심, 가족관계, 물리적 환경, 사회의식과 제도, 사회적 기능 등은 중요한 요인이 된다.

(2) 가족관계 특성

가족구성원 중에 장애가 발생하면 가족의 스트레스는 정서적 긴장, 갈등, 가족의 미래에 대한 불안 등이 복합적으로 작용하여 일어난다. 가족구성원은 개인적 차이에 따라 각기 다른 문제에 직면하게 되는데, 가족 간의 관계에서 이러한 긴장과 위기상황을 어떻게 대처해 나가느냐에 따라 가족은 상호협동적인 기능과 균형을 유지할 수 있다. 일반적으로 장애인 가족은 단계적응과정을 거친다. 각각의 적응단계는 가족마다 차이가 있지만 대부분 순환체계를 경험한다. 이들은 충격과 불신, 분노, 타협, 침체, 수용을 경험한다(강영실, 2004). 한 가정에 있어 장애의 출생이나 발생은 가족구성원 모두에게 책임감과 더불어 고통, 어려움이 부가된다. 장애인의 발생은 그 가족 모두에게 충격, 거부, 슬픔, 죄책감, 가족과 친척 또는 이웃과의 대화단절, 아동을 돌보는 데 따른 시간 소요와 역할책임 등의 심리적 고통을 유발하여 가족관계 및 부부관계에 부정적 영향을 미친다.

이처럼 장애를 둔 가족의 다양한 경험 중 경제적으로는 장애의 치료나 교육비의 지출이 추가적으로 늘어나고 양육의 스트레스와 수치심은 스스로를 고립시켜 주위 친척이나 사회로부터 단절과 경계를 경험하고 있다. 형제들 또한 부모의 애정이 장애형제에게 편중되면서 소외감이나 질투심, 또는 대외적으로 겪게 되는 스트레스와 부담감으로 심리적 손상을 경험하게 된다.

(3) 대인 · 사회관계 특성

장애인은 사회의 모든 불이익 집단 중에서 가장 심하게 사회적으로 배제된 이들이다. 이들에게 있어 삶의 기회는 심각하게 제한되어 있다. 사회참여에 있어 노인이나 빈곤계층과 함께 사회적 차별과 편견으로 인해 장애인 스스로가 가진 능력을 발휘하지 못하고 사회적으로 배제되거나 단절된 채 살아간다.

이와 같이 장애인은 사회적으로 배제된 대표 집단이며 사회적 배제는 기존의 빈곤에 대한 논의가 가지는 한계성, 즉 경제적 측면과 정태적인 빈곤 현상에 대한 문제점의 인식으로부터 출발한다. 장애인의 경제적, 심리적, 사회적 측면 등 포괄적인 측면에 대한 고려와 현상은 그 현상이 도출되는 역동적 과정에 대한 관심 등을 통하여 그 한계성을 극복하고자 하고 있다.

사회로부터 장애 및 장애인에 대한 제거와 배제의 출발점은 점차 시간이 지날수록 장애인을 사회에 통합시키고자 했던 시도로 인해 오히려 이들이 사회에서 배제되는 결과를 초래하게 되는 모순적 측면들이 반영되기도 하였고 이를 극복하기 위한 다양한 시도가 시행되고 있다. 이처럼 그동안 장애인들은 역사적 · 사회적인 배제와 차별 속에서 싸우며 힘겹게 자리를 고수하며 저항해 왔으나 현재 장애인에 대한 사회의 태도는 여전히 높은 벽에 부딪혀 있다.

3.

중독

1) 중독의 정의

중독이라는 용어는 크게 두 가지의 의미가 있는데, 하나는 '독으로 지칭되는 유해물질에 의한 신체 증상인 중독(intoxication, 약물중독)'이고, 다른 하나는 '알코올, 마약과 같은 약물남용에 의한 정신적인 중독이 주로 문제되는 중독(addiction, 의존증)'이다. 또한 정신적 의존증으로서의 중독은 알코올, 니코틴, 마약과 같은 물질중독(substance addiction)과 인터넷, 도박, 쇼핑과 같은 행위중독(behavioral addiction)으로 구분될 수 있으며, 특히 우리나라에서 심각한 사회적 문제가 되고 있는 중독인 알코올, 도박, 인터넷, 마약 중독을 최근 보건복지부에서는 4대 중독으로 분류하고 있다(중독포럼, 2013).

한편 미국정신의학회의(APA)는 지난 2013년 정신장애 진단 및 통계편람 제5판(DSM-5)을 통해 물질 관련 및 중독성 장애(substanced related and addictive disorders)에 대한 새로운 진단 기준을 제시하고 있다. 구체적으로 DSM-5에서는 '물질 사용 장애'와 '물질 유도성 장애'로 구분하고 있는데, '물질 관련 장애'는 개인의 신체와 정신, 그리고 사회에 해가 될 정도로 물질에 의존하고 남용하거나 중독되어 금단증상이 나타나는 것으로, 술, 담배, 마약과 같은 중독성 물질을 사용하거나 중독성 행위에 몰두함으로써 생겨나는 다양한 부적응적 증상을 포함한다(American Psychiatric Association, 2015). 또한 물질 관련 장애의 하위항목으로는 알코올, 카페인, 대마, 환각제, 아편계, 진정제 · 수면제 · 안정제, 흥분제, 담배가 포함되며, 비물질 관련 장애의 하위항목에는 도박이 포함된다.

2) 중독의 유형

최근 중독 관련 전문가들은 중독을 관례적으로 물질 중독(substance addiction)과 행위 중독(behavioral addiction)으로 구분한다(김교헌, 2007). 다시 말해 중독 대상이 물질이면 물질 중독, 행위이면 행위 중독이라고 구분하는데, 알코올, 담배, 약물은 물질 중독으로 분류되고, 도박, 인터넷, 인터넷 · 스마트폰 게임은 행위 중독으로 분류할 수 있다. 이들 중독에 대해 구체적으로 살펴보면 다음과 같다(정명희 외, 2024).

(1) 알코올중독

알코올은 뇌를 비롯하여 인체 각종 장기에 영향을 주는 유해 물질로, 섭취하는 양과 패턴, 그리고 섭취하는 기간 등에 따라 사람에게 다양한 형태의 위험을 증가시키며, 개인뿐만 아니라 간접적 · 이차적인 영향을 사회전반에 미친다(이해국, 이보혜, 2012). 우리나라의 알코올 사용 장애 유병률은 세계적으로 높은 수준이며, 알코올 문제는 만성적으로 지방간, 간경변을 일으키고(Savolainen et al., 1993), 간암, 구강암, 식도암 등 각종 암의 발생률을 증가시킬 뿐 아니라(Bagnardi et al., 2001), 우발적인 상해나 상호 간의 폭행 등을 발생시켜 수많은 건강문제와 사회문제를 유발한다. 이처럼 알코올중독은 개인의 건강뿐 아니라 수많은 사회문제를 일으켜 사회의 안전을 위협하는 사회적으로 심각한 문제이다(이해국, 이보혜, 2013).

(2) 흡연중독

담배 연기 속에는 4천여 종의 화학물질이 포함되어 있으며, 이 중에서 발암물질이 약 40여 종, 발암을 촉진하는 물질이 약 2백여 종이나 되는 것으로 밝혀져 있다(장은영, 2008). 담배 안에 들어 있는 니코틴이라는 성분에 의해 급성이나 만성의 신체 증상이 발생하는 것을 니코틴 중독(nicotine dependency)이라고 한다. 니코틴은 흡연에 대한 중독을 야기하는 약물학적 원동력 역할을 한다. 이러한 흡연은 심혈관계뿐만 아니라 호흡기 질환을 일으키는 것으로 알려져 있다. 특히 청소년은 세포, 조직, 장기가 아직 완전하게 성숙하지 않은 상태에 있기 때문에 담배와 같은 독성 물질에 접촉하는 경우 그 손상 정도가 성숙한 세포나 조직에 비하여 더욱 커지게 되고, 결국 더 많은 피해를 유발하게 된다(조광희, 2007).

또한 흡연은 호흡기와 폐 등에 부정적인 영향을 미친다는 보고 외에 백내장, 급성 골수백혈병, 자궁암, 신장암, 췌장암 및 위암을 비롯해 신체 내 거의 모든 장기에 부정적인 영향을 미치는 것으로 나타났다. 그리고 최근에는 간접흡연의 부작용에 대한 연구들이 진행되어 그 부작용에 대해 이야기하고 있다. 즉, 담배 연기 속에 포함되어 있는 각종 유독성 물질과 발암물질로 인해 흡연자는 비흡연자에 비해 전반적으로 건강하지 못하고, 일찍 질병에 걸려 사망하는 것으로 보고되고 있다.

(3) 도박중독

도박이란 돈이나 가치 있는 소유물을 걸고 결과가 불확실한 사건에 내기를 거는 행위를 말한다(한국도박문제관리센터, 2016). 도박장애(Gambling Disorder)는 도박으로 인하여 본인, 가족 및 대인관계의 갈등과 재정적, 사회적, 법적 문제가 발생함에도 불구하고 자신의 의지로 도박행위를 조절하지 못하고 지속적으로 도박을 하게 되는 것을 말한다(한국도박문제관리센터, 2016).

DSM-5에서는 개인, 가족, 직업적인 장애를 유발하면서도 지속적이고 반복적인 부적응적 도박행동을 도박장애의 필수적인 특징이며, 도박으로 인한 문제점으로는 자살, 노숙의 증가뿐만 아니라 불법 사채를 사용하는 경우가 많으며, 도박중독 문제를 겪는 사람들은 결혼생활 및 가족관계에서 많은 어려움을 겪고 있는 것으로 보고하고 있다. 또한 도박중독 문제를 겪는 사람들은 자존감이 낮고, 우울감이 높으며, 술과 담배의 사용이 흔하다(이민규 외, 2003).

도박중독의 수준은 사교성 도박자, 위험 도박자, 문제성 도박자 및 병적 도박자의 4단계로 구분할 수 있다〈**표 7-8, 그림 7-3**〉.

표 7-8. 도박중독의 수준

구분	내용
사교성 도박자	• 대부분의 도박 경험자가 해당 • 도박을 하는 시간과 돈을 통제할 수 있음 • 도박의 목적은 오락 또는 친목 도모
위험 도박자	• 사교성 도박에서 문제성 도박으로 가고 있는 도박자 • 문제성 도박이나 병적 도박으로 발전할 수 있음
문제성 도박자	• 도박이 삶에 문제를 일으키고 있는 도박자 • 도박을 하는 시간과 돈을 제한하는 데 어려움이 있음 • 병적 도박자를 포함하는 개념으로 사용되기도 함
병적 도박자	• 내성, 금단증상, 통제력 감소 • 도박 때문에 중요한 활동을 포기 • 다른 곳에 분류되지 않는 충동조절장애

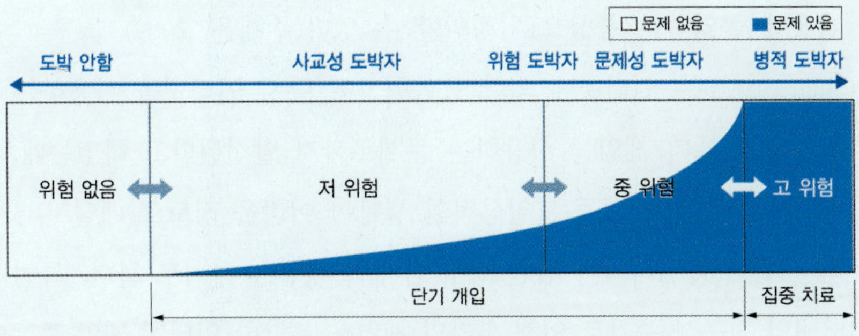

그림 7-3. 도박문제의 연속성

출처: 한국도박문제관리센터(www.kcgp.or.kr).

사교성 도박자는 저위험 수준으로 도박에 대하여 자기조절이 가능하고, 오락이나 친목을 목적으로 도박을 하는 것이다. 위험 도박자는 저위험에서 중위험으로 넘어가는 수준으로 사교성 도박에서 문제성 도박으로 가고 있는 도박자이다. 문제성 도박자는 중위험 수준이며 도박으로 인해 개인적, 사회적으로 문제가 발생되고 도박행위에 대한 자발적 조절이 어려운 도박자이다. 그리고 병적 도박자는 고위험 수준으로 도박으로 인해 일상생활 및 주요 사회생활을 포기한 도박자로써 집중치료가 필요한 대상이다.

(4) 인터넷과 인터넷 게임 중독

인터넷중독을 나타내는 용어로는 사이버 중독(virtual addiction), 병리적 인터넷 사용(pathological internet use), 인터넷 증후군(internet syndrome), 웹 중독(webaholism), 사이버 의존(cyberspace dependence) 등이 있다. 이처럼 인터넷중독은 학자들에 따라 조금씩 다르게 정의되고 불리어지고 있으나, 결국 인터넷중독이란 과도한 인터넷 사용으로 인해 신체적 · 심리적 · 사회적 문제를 가지며 계속해서 인터넷 사용에 몰입하는 증상으로 정의할 수 있다(주혜윤, 2009).

술라(Sular, 1996)는 인터넷에 의한 중독현상이 단지 인터넷을 사용하는 문제에 국한되지 않고 컴퓨터 게임을 사용하는 문제로까지 발전된다고 하였는데, 실제로 컴퓨터 게임에 빠진 청소년들은 일상적인 생활이 어려울 정도로 매일 4, 5시간 이상 컴퓨터 게임에 몰입하거나 심한 경우 밤새워 게임을 하기도 한다. 특히 최근의 무선 인터넷의 접근성 증가로 인해 온라인 게임을 포함한 인터넷 게임 중독의 노출 위험이 높아지고 있으며, 이로 인한 인터넷 게임 중독은 신체적 질환과 우울, 불안 등 공존질환뿐만 아니라 문제행동과 폭력발생 위험으로 개인 및 사회·경제적으로 심각한 피해를 유발한다는 보고하고 있다(중독포럼, 2016).

(5) 스마트폰 중독

'스마트폰 중독'이라는 용어가 학술연구에서 일반화하여 사용되기 시작한 것은 2011년부터이다(황하성 외, 2011). 최근에는 중독이라는 용어에서 과의존으로 변경하여 사용하는 추세이다. 하지만 스마트폰 과의존을 구성하는 개념은 기존에 사용했던 중독 척도와 같은 것이다(한국정보화진흥원, 2015). 스마트폰 중독(과의존)은 과도한 스마트폰 이용으로 스마트폰에 대한 현저성이 증가하고, 이용 조절력이 감소하여 문제적 결과를 경험하는 상태로 조절 실패, 현저성, 문제적 결과 3요인으로 구성된다(한국정보화진흥원, 2016). 구체적으로 조절 실패(self-control failure)란 이용자의 주관적 목표 대비 스마트폰 이용에 대한 자율적 조절능력이 감소하는 것이며, 현저성(salience)은 개인의 삶에서 스마트폰을 이용하는 생활패턴이 다른 형태보다 두드러지고 가장 중요한 활동이 되는 것을 의미한다. 마지막으로 문제적 결과(serious consequences)는 스마트폰 이용으로 인해 신체적·심리적·사회적으로 부정적인 결과를 경험함에도 불구하고 스마트폰을 지속적으로 이용하는 것을 의미한다. 스마트폰 증후군이 유발하는 다양한 문제들을 살펴보면 **표 7-9**와 같다.

표 7-9. 스마트폰 증후군의 문제

구분	내용
충동장애	스마트폰을 지속적으로 사용하게 되면 과도한 영상 자극에 노출되어 이성적 판단으로 충동을 조절하고 억제하는 기능이 발달하지 못해 주의력결핍 과잉행동장애(ADHD)를 유발할 수 있다.
우뇌증후군	스마트폰을 지속적으로 사용하게 되면, 스마트폰의 자극이 우뇌의 발달을 저하시키는 우뇌증후군을 유발할 수 있다. 우뇌는 면역 기능을 억제하는 브레이크 역할을 하고 좌뇌는 면역 기능을 촉진하는 엑셀과 같은 역할을 하는데, 만약 좌우 뇌의 기능이 균형을 갖추지 못하면 면역 기능에 이상이 생기면서 ADHD나 틱장애와 같은 질환이 생길 수 있으며, 균형감각이나 공간지각 능력에 문제가 생길 수 있다.
팝콘브레인	미국 연구발표에 따르면, 지나치게 스마트 기기에 노출된 아이는 현실에 무감각해지는 팝콘브레인으로 뇌 구조가 변한다는 결과를 발표하였다. 스마트폰에서 나타나는 영상들은 빠르고 강한 정보이기 때문에 이것에 익숙해진 아이들은 현실의 약한 자극에는 반응을 하지 않는 것이 바로 팝콘브레인의 증상이다.
VDT증후군	VDT증후군(Visual Display Terminal Syndrome: 컴퓨터단말기 증후군)은 스마트폰, 태블릿 PC나 컴퓨터 모니터와 같은 영상기기를 오랫동안 사용해 생기는 현대병을 의미한다. 가장 큰 원인으로 지목받는 것이 스마트폰이다. 특히 스마트폰 사용에 따라 생길 수 있는 나쁜 자세는 아무리 유연한 아이들이라 할지라도 경추 압박을 받게 된다. 미국 뉴욕의 척추전문의사인 케네투 한스라이 교수 연구진이 국제외과기술저널(Surgical Technology International)에 보고한 논문에 따르면, 스마트폰을 사용하면서 고개를 숙이는 각도에 따라 성인의 경우 최대 27kg의 부담이 가해지는 것으로 나타났다.
사회성·정서발달	표현을 잘하지 못하여 말을 할 때도 눈을 잘 마주치려 하지 않고 자기만의 세계에 빠져 또래와의 대화나 놀이에 흥미를 느끼지 못하게 되어 사회성 및 정서발달에도 부정적인 영향을 미치게 된다.
성장장애	스마트폰을 볼 때 눕거나 엎드려서 사용하면 체형이 삐뚤어지고 척추 측만증 등이 생겨 학습능력이 떨어지고 성장장애를 나타낼 수도 있다. 또한 눈 깜박임이 줄어 안구건조증이나 근시도 가져올 수 있고 휴대전화의 전자파가 뇌에 침투할 수 있다.

(6) 약물중독

약물(drugs)은 인간의 체내에 들어가서 신체적, 정신적, 기능에 변화를 초래하는 물질(substances)을 말한다. 약물에는 질병의 진단이나 치료 또는 예방 목적으로 사용하는 의약품과 본드, 신나, 부탄가스 등과 같이 의약품으로 사용되지 않으면서 인간의 신체적, 정신적 기능에 변화를 초래하는 물질이 포함되어 있다. 따라서 넓은 의미의 약물에는 마약도 포함되어 사용되고 있음을 알 수 있다(최원석, 2008). 우리나라는 마약류 중독자의 현황 및 유병률 자료가 없는 현실로, 현재 적발된 마약류 사범의 공식적인 숫자를 통한 추정치만이 연구 및 제반 정책 수립에 이용되고 있을 뿐 전 국민을 대상으로 한 마약류 약물 사용의 실태 조사는 전혀 이루어지지 않고 있다(이해국, 이보혜, 2013).

우리나라는 세계화 추세에 따른 활발한 국제 교류로 인하여 외국에서 개발된 다양한 신종마약이 국내로 반입되고 있으며, 2011년 마약류 사범 중 78.7%가 향정신성의약품 사범으로 특히 프로포폴이나 각종 수면제(졸피뎀 등) 등과 같은 향정신성 의약품들이 사회적 이슈가 되고 있다(식품의약품안전청, 2010). 다이어트 식품 및 약물들의 경우 인터넷을 통해서 에페드린 등 마약 성분이 함유된 알약형태의 약품들이 광범위하게 유통되고 있으며, 이들 약물을 만성적으로 복용했을 경우 발생하는 심각한 부작용들이 지속적으로 보고되고 있다(이해국, 김보혜, 2013).

3) 중독증후군 모델

중독증후군 모델(model of addiction syndrome)은 셰이퍼 등(Shaffer et al., 2004)에 의해 처음 제시되었다. 이 모델은 중독성 물질에 의한 화학적 작용의 결과로 중독이 일어난다고 보는 전통적인 관점을 벗어나 물질 및 행위를 포함하는 모든 중독 현상은 하나의 단일한 중독증후군에서 기인한다고 보았다. 그들은 중독이 일련의 병적상태와 연관된 증상과 신호의 군집을 의미하는 증후군으로서 원인적, 증상적으로 공유되는 특성을 가지고 있다고 보았다. 이러한 공통 특성은 생물 · 심리 · 사회적(biopsycho-social) 선행요인의(위험요인) 취약성들이 상호작용한 결과로 발생되며, 어떤 중독(물질 또는 행위)이든 적극적인 사용욕구, 충동, 선택적 인지, 중독 유지를 위한 학습과 강화라는 공통의 증상적 특징을 갖는다. 즉, 알코올과 같은 물질 중독 외에도 도박, 게임과 같은 행위 중독이 근본적으로 하나의 병인에 뿌리에 두고 있으며 중독이 표현되는 수단이 무엇인가에 따라 중독의 종류가 결정된다(김교헌, 2006; 윤지영, 2025; Shaffer et al., 2018).

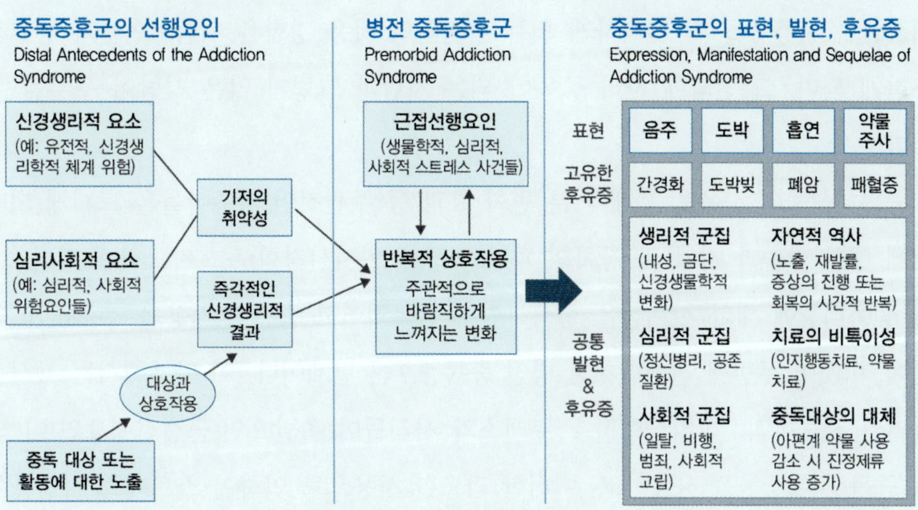

그림 7-4. 중독증후군 모델

셰이퍼 등(2004)은 **그림 7-4**와 같이 중독은 3가지 단계를 거쳐 발생한다고 설명하고 있다. 첫번째는 중독증후군의 선행요인 단계로 개인에게 존재하는 생리학적, 심리사회적 요소들이 상호작용하여 중독에 대한 기저 취약성이 발생하는 단계이다. 그들은 중독증후군의 취약한 신경생리적 요소로 중독에 대한 유전적 요인, 도파민 보상회로 시스템의 과활성화를 예로 들었다. 하지만 이러한 신경생리적 요소들은 단독으로 작동되기보다는 심리적, 사회적, 환경적 요소들과 함께 상호작용함으로써 개인의 기저의 취약성이 된다. 심리적 위험요소로는 우울과 불안, 외상 후 스트레스 장애를 비롯한 다양한 정신질환이 중요한 위험요인이 될 수 있다. 또한 사회적 위험요인으로는 빈곤과 부모의 낮은 감독수준을 비롯한 취약한 지역적 돌봄 환경, 가족과 또래 영향 등 인구사회학적 위험요소 역시 물질 및 행위중독들을 발현하고 촉진하는 데 영향을 미칠 수 있다. 이와 같은 취약성이 있는 개인이 중독대상물을 사용했을 때 인지하게 되는 주관적인 사용 경험은 위험요인들과 상호작용하게 되며, 그 결과에 따라 중독이 되는 사람과 그렇지 않은 사람이 구분될 수 있다.

중독대상물의 사용을 통해 기분 변화 효과 등 주관적인 만족감들을 느끼게 되면 이에 대한 학습과 기억 및 강화의 과정을 통해 인지신경회로를 자극하게 된다. 이때 중독대상에 대한 신뢰감을 형성하면서 반복적이고 습관적 사용을 추구하게 되는데, 이것이 두번째 진행단계인 병전 중독증후군 단계이다. 이 단계에서는 자신을 둘러싼 생물학적 · 심리사회적 스트레스와 사건들이 촉발요인(근접선행요인)이 되어 중독성 대상물을 사용하고, 이러한 과도한 사용으로 인하여 스트레스 사건들이 발생하기도 하는 등 순환적 상호작용이 일어나게 된다. 이러한 악순환의 과정은 결과적으로 중독적 사용을 촉진하게 된다고 보았다.

마지막으로 중독증후군의 발현단계에 들어서면 각각의 중독대상의 고유한 특성에 따라 서로 다른 후유증(예로 알코올은 간경화, 도박은 재정 파탄 등)을 보이기도 하지만 생리적(예로 금단, 내성) · 심리적(예로 우울, 불안, 충동성 등 정신병리) · 사회적(예로 비행, 범죄, 사회적 고립)으로 공통된 증후들을 보이기도 한다. 그리고 시간적 경과에 따른 변화에 있어서도 잦은 재발 및 증상의 악화 또는 회복이라는 공통된 연쇄적 흐름을 경험한다.

특히, 중독증후군 모델은 중독 대상의 대체 현상 역시 중독으로 인하여 생기는 하나의 공통된 특성으로 보고 중독증후군이 발달할수록 또 다른 새로운 중독적 행동들로 확장될 가능성이 높아진다고 하였다. 즉, 중독이 진행되면서 뇌의 보상회로 시스템의 과활성화와 같은 신경학적 변화들은 중독자에게 새로운 취약성으로 작용하게 되어 새로운 중독에 취약하게 만든다는 것이다. 그 결과 여러 중독이 동시에 발생하거나 또 다른 종류의 쾌락 대상물로 옮겨 가는 등의 중독의 공존과 대체가 발생될 수 있다고 하였다. 이때 교차되는 새로운 중독대상물(물질 또는 행동)은 개인적 선호보다 중독대상물에 노출되는 상황과 사용 기회들에 더 큰 영향을 받는다. 또한 치료 여부와 관계없이 중독의 조절 및 회복기에 발생할 수 있고, 알코올과 니코틴, 마약류와 진통제류 등의 물질 간 외에도 알코올과 도박, 약물과 병적 쇼핑과 같이 물질과 행위 중독 간에도 발생할 수 있다고 하였다. 즉, 교차하는 중독의 대상은 어떤 것이든 가능하다는 것이다.

중독증후군 모델에서의 교차중독에 대한 해석은 다양한 연구자들에 의해 지지받고 있다. 프로코피오(Procopio, 2005)는 임상적으로 물질중독뿐만 아니라 도박, 성중독, 폭식과 같은 중독성 행동들은 모두 하나의 중독적 특징이 관찰되었고, 장기적으로는 선행한 중독에서 회복되는 것처럼 보이더라도 일생 동안 또 다른 중독성 행동으로 전환 및 대체하는 경우가 빈번하게 관찰된다고 하였다. 김교헌(2006)은 인지신경학적 측면에서 모든 중독현상이 동일한 뇌신경 회로의 자극과 이로 인한 결과로 자기조절력의 상실을 보이는데, 이것이 중독증후군의 핵심적 특징이라고 부연하였다. 싱클레어 등(Sinclair et al., 2021)은 알코올중독 대상자가 과도한 음란물 소비로 전환된 사례연구를 통해 사회문화적 조건, 스트레스에 대한 정서조절의 미숙함 등의 심리적 취약성, 선행 중독이력을 통해 형성된 생물학적 민감성 등의 상호작용의 결과로 중독대상의 교차가 발생하였음을 확인하였다. 더불어 교차되는 중독성 대체물이 반드시 재발과 중독을 의미하지는 않지만 치료 및 재활 과정에서의 안정적인 회복을 방해하거나 재발위험을 높일 수 있기 때문에 반드시 주의를 기울여야 한다고 강조하였다(Sinclair, Vanderplasschen et al., 2021).

4. 공격성

1) 공격성의 정의

공격성(aggression)은 일반적으로 다른 사람에게 신체적, 심리적, 정서적 해를 입히려는 의도적인 행동으로 정의된다. 프로이트는 인간의 공격성을 그의 본능이론을 통해 설명하였다. 두 가지 주요 본능, 즉 생명 본능(eros)과 죽음 본능(thanatos)이다. 생명 본능은 생존과 성적 욕구를 포함하는 긍정적이고 창조적인 에너지인 반면, 죽음 본능은 파괴적이고 자기 파괴적인 충동을 의미한다. 프로이트는 공격성을 죽음 본능의 발현으로 보았으며, 이 본능이 외부로 표출될 때 타인에 대한 공격성으로 나타난다고 하였다(윤아림, 2024; 임하경, 2006).

프로이트에 따르면, 공격성은 자기애 손상이나 자존감의 위협에 대한 반응으로 나타난다. 자기애 성향이 높은 사람들은 자신이 타인의 인정을 받지 못하거나 비난받을 때, 이러한 공격성을 통해 자신을 방어하려는 경향이 있다. 이는 공격성이 일종의 방어기제로 작용하여, 자신이 위협받지 않도록 타인에게 공격적인 태도를 취하게 만든다는 의미이다. 자기애가 높은 사람들은 자신의 자존감이 훼손되거나 자기 이미지가 위협받는 상황에서 더 쉽게 분노를 느끼고, 이를 공격적인 행동으로 표현한다. 이와 같은 행동은 일종의 보상 기제 역할을 하여, 자신의 자존감을 유지하고 자신이 강하다는 느낌을 얻기 위한 수단이 되기도 한다. 이러한 맥락에서 프로이트는 공격성이 자기애와 깊이 연관되어 있으며, 이는 심리치료 과정에서 중요한 고려 사항이 된다.

한편, 심리학에서 공격성은 여러 형태로 나타날 수 있는데 신체적, 언어적, 관계적 공격성으로 나눌 수 있다. 신체적 공격성은 타인에게 물리적 해를 가하려는 행동이며 때리기, 차기, 물건 던지기 등이 포함된다. 언어적 공격성은 타인에게 언어적으로 해를 끼치려는 행동이며 욕설, 모욕, 비난 등이 포함된다. 관계적 공격성은 타인의 사회적 관계를 해치려는 행동이며 소문 퍼뜨리기, 고립시키기, 배척 등이 포함된다.

사회학적 정의로는 공격성을 사회적 맥락에서 이해하며 개인 간의 상호작용이나 집단 내에서의 권력관계와 연관된다. 구조적 공격성은 사회 구조나 제도가 특정 집단이나 개인에게 불리하게 작용하여 해를 끼치는 것을 의미한다. 예를 들어, 차별적 법률이나 정책이 이에 해당될 수 있다.

생물학적 관점에서의 정의는 신경해부학적 구조로 전두엽과 변연계의 상호작용이 공격성에 중요한 역할을 한다. 그리고 신경전달물질인 세로토닌, 도파민, 노르에피네프린 등이 공격성과 관련이 있다. 유전자에 의해서도 나타날 수 있는데, 특정 유전자가 공격성에 영향을 미칠 수 있다. 또한 테스토스테론 등의 성호르몬이 공격성에 영향을 줄 수 있다.

2) 공격성의 요인

공격성의 다양한 요인은 심리적, 생물학적, 사회적, 환경적 요인 등 여러 가지가 복합적으로 작용하여 나타난다(고진경, 2017; 김기현 외, 2013). 심리적 요인(psychological factors)은 개인의 감정, 성격 특성, 인지적 과정 등이 공격성에 영향을 미친다. 감정에 의한 요인으로 분노, 좌절, 불안 등의 감정이 공격적 행동을 유발할 수 있다. 예를 들어, 목표 달성의 좌절은 분노를 유발하고, 이는 공격성으로 이어질 수 있다. 성격적인 특성으로는 높은 충동성, 낮은 자기통제력, 높은 적대감 등을 가진 사람들은 공격적인 행동을 보일 가능성이 크다. 또한 개인의 인지적 왜곡은 타인의 행동을 적대적으로 해석하는 경향이 있는 사람들은 공격적 행동을 더 자주 나타낼 수 있다.

생물학적 요인(biological Factors)은 유전자, 호르몬, 신경전달물질 등과 관련이 있다. 특정 유전자가 공격적 행동과 관련이 있을 수 있다. 예를 들어, MAOA 유전자는 공격성과 관련이 있다는 연구가 있다. 테스토스테론과 같은 성호르몬은 공격성에 영향을 미칠 수 있다. 높은 테스토스테론 수치는 공격적 행동과 연관이 있을 수 있다. 세로토닌, 도파민, 노르에피네프린 등의 신경전달물질이 공격성과 관련이 있다. 예를 들어, 낮은 세로토닌 수치는 높은 공격성과 관련이 있다.

사회적 요인(social factors)은 개인의 사회적 환경과 상호작용에 영향을 미친다. 가정 내 폭력, 부모의 양육 태도, 형제 간 경쟁 등은 공격성을 유발할 수 있다. 공격적 행동은 관찰과 모방을 통해 학습될 수 있다. 예를 들어, 공격적인 모델로 TV나 영화 속 폭력 장면을 관찰한 후 이를 모방하는 경우가 있다.

환경적 요인(environmental factors)은 개인이 처한 물리적 환경과 관련이 있다. 높은 기온은 공격적 행동의 빈도를 증가시킬 수 있다. 이는 신체적 불편감이 공격적 반응을 유발할 수 있기 때문이다. 지속적이고 강한 소음은 스트레스를 유발하고, 이는 공격성을 증가시킬 수 있다. 과밀한 공간에서의 군중은 개인의 스트레스를 증가시키고, 공격적 행동을 유발할 수 있다.

PART 3

집단대상 사회복지실천

Chapter

08

집단의 이론적 틀

배울 내용

1. 집단역동성의 개념
2. 집단역동성의 주요 요소
3. 집단의 치료적 요인

학습목표

1. 집단역동성에 대해 이해한다.
2. 집단역동성과 관련한 주요 요소를 알 수 있다.
3. 집단의 치료적 요인을 이해하고 집단 현장에 적용해 본다.

1. 집단역동성의 개념

1) 집단역동성의 개념

집단역동성은 집단구성원의 역동에 의해 만들어진 힘으로 집단역학이라고도 한다. 집단의 목표를 촉진하고 만족스러운 관계를 형성하기 위해서 집단 사회복지사는 집단과정에서 집단역동을 잘 활용할 수 있어야 하며 이때 집단응집력이 생기고 집단구성원 상호 간 긍정적인 관계로 발전할 수 있다. 집단 사회복지사가 집단역동성을 잘 활용하지 못할 경우 집단역동성은 집단 발전에 역기능 역할을 미칠 수 있으며 그 결과 집단의 응집력은 감소하고 개별 집단구성원뿐만 아니라 전체 집단구성원에 부정적인 영향을 미칠 수 있으며 결과적으로 개입 효과에도 영향을 미칠 수 있다. 따라서 사회복지사는 집단이 발달함에 따라 변화하는 집단역동성을 잘 이해하고 활용하여 긍정적인 집단역동성이 형성될 수 있도록 해야 한다.

2. 집단역동성의 주요 요소

1) 상호작용과 의사소통

집단구성원과 집단지도자 등 집단에 속한 사람 간에 이루어지는 모든 상호 관계를 의미하며 상호작용을 이해하고 개입하는 데 있어서 의사소통은 핵심적인 부분이다. 집단구성원은 언어적·비언어적 의사소통을 통해 서로에게 정보, 감정, 태도 등을 전달하고 받아들이며 또 이에 반응하는 등 서로에게 영향을 주고받는다. 집단 내 의사소통의 방식은 집단역동성에도 영향을 미친다. 그러므로 집단지도자는 명확하고 진실되며 개방적인 형태의 바람직한 의사소통이 이루어지도록 교육, 지도해야 한다.

상호작용은 집단구성원들 사이에서 서로 자유롭게 상호작용이 이루어지는 집단 중심의 상호작용과 집단지도자를 통해 집단구성원들의 의사소통이 이루어지거나 집단지도자가 이야기하는 것을 집단구성원이 지켜보는 집단지도자 중심의 상호작용이 있다.

집단 중심의 상호작용이 이루어지면 집단구성원의 사기가 높아지고 목표를 성취하려는 노력이 증진된다. 집단역동성을 증가시키기 위해서 집단지도자는 집단구성원이 집단 중심적인 생각과 행동을 보이도록 해야 한다.

집단지도자 중심의 상호작용은 집단지도자나 일부 집단구성원이 의사소통 및 상호작용을 독점할 수 있기 때문에 집단구성원의 자유롭고 활발한 상호작용이 제한되는 경우가 있다. 반면 목표 달성을 위한 상호작용이 증가한다는 장점이 있다. 집단역동을 증진하기 위해서는 집단지도자가 집단구성원 간에 상호 호혜적인 상호작용이 이루어질 수 있도록 해야 한다.

2) 집단의 목적

모든 집단은 집단이 달성하고자 하는 목적을 갖는다. 체제로서의 집단이 공동으로 달성하고자 하는 목적과 개별 집단구성원이 성취하고자 하는 목적이 있다. 집단의 목적과 개인 목적의 일치 여부에 따라 집단의 역동성은 달라진다.

집단의 목적과 집단구성원의 목적이 일치할수록 집단구성원의 중도 탈락률이 낮아지며 성취동기는 더 높아지기 때문에 집단지도자는 집단의 목적을 명확히 제시해야 한다. 집단구성원의 잠재적인 욕구 및 기대를 집단의 목적 설정에 반영하여, 집단의 목적과 집단구성원의 목적이 조화를 이룰 수 있도록 해야 한다.

3) 집단응집력(결속력)

집단응집력은 집단 유대감 또는 결속력이라고도 하며, 집단구성원이 하나의 통합된 전체로 묶여 공동체로서 인식하는 유대관계의 정도를 말한다. 집단응집력은 집단구성원이 다른 집단구성원과 집단에 갖는 매력을 의미하며 집단구성원이 집단에 남아 있도록 하는 모든 힘의 합이다. 집단응집력이 강할수록 집단구성원들의 태도나 행동을 변화시키는 영향력도 강하다. 응집력이 높은 집단의 집단구성원은 자기 노출에 대한 저항감이 감소하고, 집단에 대한 만족도가 높다. 서로 수용적이고 친밀하며, 집단 모임에 잘 참석하고, 집단에 대한 책임감을 느껴 집단의 목표 달성을 위해 협력한다.

반면, 집단응집력이 강할 경우 집단구성원의 상호 의존도 높아질 수 있으며 개별성과 자아정체감이 상실될 수 있기 때문에 집단지도자는 집단응집력을 촉진하는 과정에서 집단구성원들의 부정적인 결과가 나타나지 않을 수 있도록 주의해야 한다.

집단응집력 향상을 위해서 집단 토의와 프로그램 활동을 적극적으로 활용하여 집단구성원 간에 개방적인 의사소통이 이루어지도록 하며, 집단구성원의 욕구가 집단 내에서 충족되고 목표가 달성되도록 도와야 한다. 집단과정에 완전히 참여할 기회를 통해 집단의 일원임을 충분히 느낄 수 있도록 도와야 하며, 집단참여를 통해 자원을 획득하거나 집단구성원으로서의 자부심을 가질 수 있도록 도와야 한다.

4) 집단규범

집단규범은 집단규칙이라고도 하며 집단 내 적절한 행동양식에 대해 집단구성원들이 공유하는 기대 및 신념으로 집단구성원에게 해야 하는 것과 하지 않아야 하는 것에 대한 지침을 제공한다. 규범은 집단 초기에 사회복지사에 의해 제시될 수도 있지만, 시간이 지나면서 집단구성원들의 상호작용과 합의를 통해서 발전된다. 집단지도자는 집단구성원이 규범을 잘 이해하고 있는지 파악해야 하며, 개별 집단구성원 및 전체 집단에 긍정적으로 영향을 줄 수 있는 규범을 형성해 나가도록 도와야 한다.

기능적 집단규범은 집단의 유지와 발달에 긍정적인 영향을 미치며 역기능적 규범은 집단 발달에 부정적인 영향을 미친다.

표 8-1. 기능적 집단규범과 역기능적 집단규범의 특징

기능적 집단규범	역기능적 집단규범
집단구성원의 자발적 자기개방	자기개방 회피, 피상적 수준 유지
집단지도자에 대한 수용과 존경	집단지도자에 대한 불만 및 비난
문제해결 노력에 초점 유지	문제에 대한 불평한 표출
모든 집단구성원이 고르게 집단 경험의 기회를 갖도록 공평한 기회 제공	공격적 집단구성원의 집단 지배 허용
개별 집단구성원은 자신에 대한 자유로운 주제 선택	감정적으로 강렬하거나 미묘한 주제 회피
집단구성원 간 직접적이고 분명한 의사소통	지도자와만 의사소통
집단 목적 성취에 장애가 되는 것에 대한 표현 허용	집단 목적 성취에 장애가 되는 것은 무시하며 집단 문제에 대한 거론 회피

출처: 사회복지 1급 수험서(공감, 2025).

5) 지위와 역할

집단에서 지위와 역할은 밀접히 관련되어 있다. 지위는 집단 내에서 한 집단구성원이 다른 사람에 비해 상대적으로 차지하는 위치를 말하여, 역할은 집단에서 특정한 지위에 있는 집단구성원에게 기대되는 행동 양식을 말한다.

집단지도자는 집단구성원이 집단 내에서 맡은 역할에 관해 관심을 가져야 하며 특정 역할에 고정되지 않을 수 있도록 신경 써야 한다. 집단지도자는 집단구성원이 다양한 지위와 역할을 경험하게 함으로써 집단역동을 증가시킬 수 있다.

6) 집단문화

집단문화는 집단구성원이 공유하는 가치, 신념, 관습, 전통 등으로 그 집단이 다른 집단과 구별되는 그 집단만의 특성을 의미한다. 집단문화는 집단구성원의 인종적 · 종교적 · 문화적 배경 및 이전 경험으로부터 비롯된다. 집단구성원은 자신의 문화적 · 사회적 고정관념에서 벗어나 집단구성원의 독특한 가치체계를 탐색하며 점차 상호작용을 통해 서로의 가치를 이해하고 공유하는 과정을 통해 가치체계를 발전시킨다. 집단문화는 서서히 발달하지만 한번 일단 수립되고 나면 바뀌기는 쉽지 않다. 집단문화는 동질적인 집단구성원으로 구성된 경우 빠르게 형성되는 반면, 이질적인 집단구성원으로 구성된 경우 느리게 형성된다.

7) 하위 집단

하위 집단이란 집단 안에 구성된 또 다른 형태의 소규모집단으로 공통된 관심사나 태도, 반응과 같은 정서적 유대감을 갖게 된 집단구성원 간에 형성된다. 적게는 두 명 또는 서너 명으로 구성된 다양한 하위 집단을 형성한다. 하위 집단은 대부분의 집단에 형성되어 있으며 집단을 이끌어 가는 데 있어 효과적으로 활용될 수 있다. 큰 집단의 경우 하위 집단은 집단응집력을 향상하는 역할을 한다.

하위 집단은 전체로서의 집단에 긍정적인 영향을 미치기도 하지만 부정적인 영향을 미치기도 한다. 집단지도자는 하위 집단이 전체 집단에 유리하게 작용하도록 도움을 주어야 한다. 집단지도자는 하위 집단과 전제 집단과의 관계를 고려하여 하위 집단 간 갈등이 있는지, 상호 협조적인지, 집단의 목표 달성에 어떤 기능을 하고 있는지를 파악해야 한다. 집단지도자가 하위 집단을 파악하는 방법으로 의사소통의 형태 및 내용, 상호작용 등을 관찰함으로써 가능하며, 소시오그램이나 소시오메트리를 통해 분석할 수 있다.

8) 피드백

피드백은 정보 투입에 대한 반응으로 적합한 상황에서 적절한 피드백은 집단구성원의 스스로 변화에 긍정적인 영향을 미친다. 집단 사회복지사는 집단구성원들 서로 간에 피드백을 주도록 격려함으로써 집단구성원의 문제와 집단의 문제를 해결하도록 해야 한다.

효과적인 피드백을 위한 지침으로 집단구성원의 요청이 있을 때 피드백을 제공하며, 구체적인 행동이나 관계에 대한 피드백을 제공한다. 집단구성원이 활용할 수 있는 만큼의 적절한 피드백을 제공하며, 집단구성원 상호 간에 피드백을 제공하도록 한다. 집단구성원의 문제해결능력 향상을 위해 강점에 초점을 두고 강점 중심으로 피드백한다. 피드백은 구체적이고 직접적으로 하되 피드백을 제공받는 집단구성원이 제대로 이해했는지 확인해야 한다.

9) 긴장과 갈등

집단구성원 간에 다양한 형태의 긴장과 갈등이 형성될 수 있다. 과제를 추진하거나 상호작용을 통해 집단구성원 간 대인관계가 형성되고 자신들의 욕구 충족을 위해 다른 집단구성원과 상호작용이 이루어질 때 긴장과 갈등은 발생하게 된다. 이러한 긴장과 갈등은 집단에 부정적인 영향을 미치기도 하지만, 집단의 문제해결을 증대시키는 데 긍정적인 영향을 미치기도 한다. 집단 사회복지사는 집단의 성장을 위해 집단의 긴장과 갈등을 건설적인 방법으로 해결해 나갈 수 있도록 도와야 한다.

10) 물리적 환경

물리적 환경은 집단역동성을 결정하는 데 중요한 요인이다. 집단구성원의 비밀보장, 친밀감, 편안함을 제공해 줄 수 있는 공간이 필요하다. 공간의 크기와 밝기, 가구 및 집기 위치, 자리 배치 등에 주의와 배려가 필요하다. 자리 배치는 세로보다는 둘러앉는 것이 의사소통이나 상호작용에 용이하다.

3. 집단의 치료적 요인

1) 희망 주기(희망 증진)

집단구성원은 집단 내에서 집단구성원들의 문제가 조금씩 해결되는 것을 보면서 자신의 문제도 해결될 수 있다는 희망을 품게 되는데 희망 자체에 치료적 효과가 있다. 이는 집단에 참여함으로써 자신의 문제가 해결될 수 있으리라는 기대는 긍정적인 결과와 관련 있다.

집단지도자는 오리엔테이션 단계에서 집단의 효과를 분명하게 설명해야 한다. 긍정적 기대를 강화하고, 부정적 선입견을 제거하여 집단의 효용성에 대해 믿음과 확신을 가질 수 있도록 해야 하며 집단구성원들이 신념과 자신감을 향상할 수 있도록 해야 한다.

2) 보편성(일반화)

비슷한 문제를 가진 집단구성원을 보면서 자신의 문제를 자신에게만 일어나는 문제가 아니라 누구나 겪을 수 있는 문제라는 생각을 하게 된다. 집단구성원이 자신과 비슷한 갈등과 경험, 문제가 있다는 것을 알고 위안과 안도감을 얻게 된다. 집단구성원은 서로 비슷하다고 인식하고, 관심을 공유함으로써 다른 집단구성원에 의한 절대적인 수용으로부터 도움을 받게 된다.

3) 이타주의(이타심)

집단구성원들이 자기중심적 사고에서 벗어나 서로 도움을 주고받는 과정에서 자신도 누군가를 도울 수 있음을 알면서 느끼는 감정을 이타주의라고 한다. 이타주의의 경험은 자신이 가치 있는 존재임을 깨닫게 되고 자신을 더욱 독립적으로 성장시킬 수 있다.

4) 정보전달(지식과 기술의 습득)

집단지도자의 교육 내용이나 집단구성원의 제안, 지도, 충고 등을 들으면서 집단구성원은 새로운 지식과 기술 등 정보를 습득할 수 있게 된다. 이러한 정보를 통해 자기 문제에 대해 명확하게 이해하게 된다. 집단구성원끼리의 정보교환 등도 치료와 연결된다.

5) 사회기술 발달

다양한 사람들과 모여서 대화하고 상호작용을 함으로써 사회적 학습, 기본적인 사회적 기술 등이 개발된다. 집단구성원끼리 피드백을 주고받거나 역할극 등을 통해 대인관계에 필요한 사회기술이 개발될 수 있다.

6) 모방 행동

집단구성원과 집단지도자의 행동을 통해 새로운 행동을 습득할 수 있다. 특히 초기 단계에서는 사회복지사가 매우 중요한 역할을 한다. 다른 사람들의 행동을 관찰하는 과정에서도 자기 행동의 치료적 효과를 얻을 수 있다.

7) 대인관계 학습

집단구성원과의 상호작용을 통해서 자신의 대인관계에 대해 통찰력을 갖게 된다. 집단은 집단구성원에게 새로운 대인관계 방식을 적용해 보거나 시험해 보는 경험의 기회를 제공받는다.

8) 집단응집력

집단에 대한 소속감은 집단구성원에게 긍정적인 변화를 일으키게 하며, 치료 집단에서 치료 경험에 도움을 주는 매우 중요한 요소이다. 집단 내에서 발달하는 소속감이나 친밀감은 클라이언트에게 위로와 용기를 제공한다.

9) 감정의 정화(카타르시스)

집단 내의 비교적 안전한 분위기 속에서 집단구성원은 그동안 억압된 감정을 자유롭고 안전하게 표현할 수 있다. 집단구성원들이 자신의 문제에 대한 불안, 감정, 생각 등을 공유하여 감정이 정화되는 경험을 하게 된다. 감정의 정화를 통해 공통의 목적을 성취해 가기 때문에 자신의 문제를 더욱 객관적으로 해결할 수 있다.

10) 실존적 요인들

치료 과정에서 집단구성원은 자신이 다른 사람으로부터 받을 수 있는 지도와 지지에는 한계가 있다는 것을 알게 되면서 자신의 인생에 대한 궁극적인 책임은 바로 자신에게 있다는 인식을 하게 된다.

11) 1차 가족 집단의 교정적 재현(반복)

집단은 부모의 역할을 하는 사람, 형제와 같은 동료, 높은 수준의 자기 개방, 강한 정서적 유대, 적대감이나 경쟁심 등에서 가족과 유사한 면이 있다. 자기 가족 내에서 경험했던 일 중 만족스럽지 못했던 일들은 가족과 유사점을 가지고 있는 집단 내에서 상호작용을 통해 교정할 수 있다.

Chapter

09

집단 모델

배울 내용

1. 집단 사회복지실천의 이론적 모델
2. 집단의 유형
3. 집단 사회복지실천기술

학습목표

1. 집단 사회복지실천의 이론적 모델에 따른 특성을 이해할 수 있다.
2. 집단 유형에 따른 특성을 이해할 수 있다.
3. 집단 사회복지실천기술에 대해 알아 보고 집단 현장에 적용해 본다.

1. 집단 사회복지실천의 이론적 모델

1) 사회적 목표모델

사회적 목표모델은 집단 사회복지실천의 초기 모델로서 인보관운동과 청년단체의 집단 사회복지실천에 기원을 둔다. 사회적 목표모델은 민주주의를 유지, 발달시키려는 사회적 목표를 강조하며 민주적 집단과정을 중시한다.

집단구성원 각 개인은 사회에서 의미 있는 참여를 할 수 있는 잠재력을 가지고 있으며, 집단은 효과적인 사회 변화를 만들어 낼 수 있는 능력을 갖추고 있다고 본다.

집단의 목적은 민주주의와 지역사회 정의의 유지와 발달, 개인의 성숙과 민주시민의 역량 개발이다. 집단구성원의 과업은 사회적 의식과 사회적 책임을 발달시키는 것이다. 이때 사회복지사는 집단 내의 사회의식 개발을 위해 영향력이 있는 사람으로 바람직한 역할모델을 제시할 수 있어야 한다.

대표적 집단은 지역사회 내의 범죄와 빈곤 같은 문제를 다루기 위해서 지역사회복지관이나 시민단체 등으로, 보이스카우트, 걸스카우트, 사회복지관의 지역 환경지킴이 등이 속한다.

2) 치료모델

치료모델은 사회적 기능수행에 문제가 있거나 문제가 발생할 확률이 높은 개인에게 원조하는 것을 강조하는 임상모델 집단으로 집단을 통해 개인을 치료하는 것에 초점을 둔다. 이때 집단은 개인의 목적을 달성하기 위한 수단 혹은 도구이다. 세부적인 집단 목표를 전문가가 사전에 결정한다.

집단의 장기적인 목적은 개개인의 사회 적응 향상이며, 집단 상호작용을 통해 역기능 행동을 하는 구성원의 치료와 재활을 돕는다.

사회복지사는 집단 형성과 운영에 영향력을 행사하며, 전문적인 변화 매개인의 역할을 한다. 또한 지시적이고 계획적이며 목표지향적 역할을 수행하고 집단구성원 개개인의 욕구와 집단의 욕구를 구체적 목표 달성과 관련하여 미리 파악한 후 개입 전략을 세우고 집단 회기의 내용을 미리 구조화해야 한다.

집단구성원은 전문가의 치료 계획에 따라 사전에 선택되며 자신의 문제나 어려움을 해결하기 위해 치료적 집단에 참여한다. 대표적 집단으로 우울증 치료를 위한 집단, 치유 집단, 알코올중독자 회복 집단 등이 있다.

3) 상호작용모델

상호작용모델은 사회적 목표모델과 치료모델의 두 가지 모델을 혼합한 것으로 집단구성원이나 집단의 문제를 해결하기 위해 집단구성원 간에 상호원조체계를 구축하는 것에 초점을 두고 있다. 집단의 초점은 문제해결을 위한 상호원조체계의 개발이며 장기적인 목적은 개인과 사회의 조화다.

집단구성원은 구성원들의 관심사 토론과 상호 원조관계의 형성, 상호 이익의 결속력 등에 따라 집단이 구성된다. 집단 활동 이전에 구체적인 목표를 정하지 않으며, 집단지도자와 집단구성원들이 상호작용을 하면서 목표를 설정한다.

사회복지사의 역할은 개인과 집단의 관계나 경계의 불균형을 방지하고, 상호원조체계가 되는 방법을 배우도록 돕는 조력자나, 개인과 집단이 상호원조체계가 되도록 중재하는 중재자 역할을 한다. 사회복지사는 구성원과 권력을 공유하고 집단에 대한 통제권을 공유한다. 대표적인 집단으로 지지집단이 있다.

표 9-1. 집단 사회복지실천의 모델

특징	사회적 목표모델	치료모델	상호작용모델
목적	사회적 의식, 사회적 책임, 책임 있는 시민 및 사회·정치적 행동, 사회에 대한 개인의 적응, 집단 선 추구	역기능적이 행동을 하는 구성원의 치료와 재활, 개인의 목적 성취를 지원하기 위한 수단으로서의 집단 강조, 개인선 추구	적정수준의 적응과 사회화를 성취하기 위해 구성원 간 상호 지지체계 형성, 대인관계 향상, 집단 및 개인 양자의 선을 위한 집단과 개인의 상호관계강조, here and now, 상황과 집단이 관여하는 체계 자체에 관심
기관	인보관, 지역복지관	임상기관, 사회복지기관 또는 시설	임상기관, 지역복지관
초점	대규모 사회환경에 속한 개인	개인적 역기능 변화	구성원 간의 자조, 상호지지체계 개발
지도자 역할	역할모델, 조력자, 교사	변화대리인, 전문가, 조력자, 중개자	중개자, 조력자
대상	시민, 이웃, 지역주민	역기능이나 문제해결을 위해 원조를 필요로 하는 자	공동 관심사를 성취하기 위해 협력하는 구성원

특징	사회적 목표모델	치료모델	상호작용모델
집단 활동	토론, 참여, 합의, 집단과제의 개발 및 실행, 지역사회 조직화, 구성원의 사회적 행동기술습득과 사회 변화에 필요한 프로그램	구성원의 행동유형을 변화시키기 위해 구조화된 운동을 하거나 직접 또는 간접적 영향력 발휘	성원들의 관심사 토론, 상호지지 형성, 상호 이익이 되는 결속된 사회체계의 형성
집단 크기	3~30명	7~10명 정도	유동적이지만 15명 이상을 넘지 않음
대표 학자	Ryland Wilson Coyle Wiener	Vinter Sarri Glasser Redl	Schwartz Bion Lewin

출처: 윤현숙 외(2001), 김혜영 외(2000).

2. 집단의 유형

1) 치료집단

치료집단은 집단구성원의 사회정서적 욕구를 충족시켜 주는 것으로 지지집단, 교육집단, 성장집단, 치유집단, 사회화집단으로 구분된다.

(1) 지지집단

지지집단은 집단구성원 간 상호 원조를 통해 적응기술과 대처기술 향상을 원조하기 위한 집단이다. 유사한 문제를 가진 구성원으로 구성되어 집단구성원 간 유대감 형성이 용이하며 자기 개방 수준이 높다.

지지집단의 예로 이혼한 부부의 자녀로 구성된 집단, 암환자나 환자의 가족들이 질병과 그로 인한 영향과 대처하는 방법에 관해 토론하는 집단, 자녀 양육의 어려움에 대해 공유하는 한부모 집단을 들 수 있다.

(2) 교육집단

교육집단의 주목적은 구성원들의 지식, 정보 또는 기술의 향상에 있다. 정보의 제공은 주로 전문가에 의해서 강의와 구성원 간의 토의를 통해서 이루어진다. 집단구성원은 학습에 대한 공동의 관심사를 가진 사람들로 구성되며, 자기 생각이나 생각 등의 표출은 비교적 낮다. 집단지도자는 집단구성원의 지식, 기술, 경험 등을 고려하여 최상의 학습효과를 얻도록 해야 한다.

교육집단의 예로 성교육을 받는 청소년 집단, 예비 부모 교육을 받는 미혼 성인 집단, 위탁가정의 부모가 되려는 집단, 특정 약물이나 질환에 대해 정보를 획득하는 집단이 있다.

(3) 성장집단

성장집단은 구성원에게 자신과 타인에 대해서 그들의 생각과 감정, 행동을 인식 · 확장 · 변화시킬 수 있는 기회를 통하여 자기 인식 증진과 사고의 변화에 그 목적을 두고 있다. 성장집단은 사회심리적 병리를 치료하기보다는 사회심리적 건강

증진에 초점을 둔다.

자신의 성장 기회로 집단을 활용하려는 사람들에 의해 구성되는데 다양한 구성원으로 구성되는 경우 이질성 그 자체로 성장을 강화할 수 있으며, 유사한 특성을 가진 구성원으로 구성되는 경우 집단구성원 간의 감정이입과 지지를 증가시킬 수 있다. 성장집단에서 자기 표출의 정도는 높은 편이다.

성장집단의 예로 부부를 위한 참만남 집단, 청소년을 위한 가치명료화 집단, 여성을 위한 의식 고양 집단, 은퇴 후의 삶에 대해 초점을 맞추는 노인 집단이 있다.

(4) 치료집단

치료집단의 목적은 구성원들의 행동 변화, 개인적인 문제의 개선, 또는 상실된 기능의 회복을 원조하는 것이다. 대개 집단구성원은 전문가에 의해 치료집단이 적합한지 사정된 후 공통의 문제를 겪고 있는 구성원들로 구성된다. 자기 표출의 정도는 비교적 높은 편이나 구성원들이 겪는 문제에 따라 차이가 날 수 있다.

치료집단의 예로 지역정신건강센터에서 심리치료를 받는 외래환자 집단, 건강협회에서 지원하는 금연을 원하는 사람들의 집단, 초범자로 보호관찰 처분을 받은 청소년집단 · 약물중독으로 치료를 받는 집단이 있다.

(5) 사회화집단

사회화집단은 사회적 관계에 어려움을 가지고 있는 경우 사회생활에서 효과적으로 기능하기 위해 필요한 사회기술을 학습하거나 사회적으로 받아들여지는 행동유형을 배움으로 사회에서 효과적으로 생활할 수 있도록 원조하는 데 그 목적을 두고 있다. 사회화집단은 게임, 역할연습, 레크리에이션 활동 등의 특정 프로그램 활동에 참여하여 결속력을 발전시키며 대인관계 기술을 향상한다. 사회화집단은 자치집단, 여가집단 그리고 사회기술훈련집단으로 구분된다.

자치집단은 정신병동이나 시설에서 생활하는 사람들이 치료적 공동체에서 자신들의 역할, 책임, 권리 등을 분명히 할 수 있도록 하는 집단이다.

여가집단은 스카우트 활동, 캠핑, 스포츠 활동 등을 위한 집단이다. 여가는 그 자체가 목적일 수도 있으며, 여가활동을 통하여 치료적 효과를 얻으려는 경우 목적에 이르는 수단이 되기도 한다.

사회기술훈련집단은 의사소통에 어려움이 있거나 사회적 관계를 맺는 데 어려움이 있는 사람들을 대상으로 사회적 기술을 가르쳐 주고 훈련하는 집단이다.

사회화집단의 예로 학교에서 공격적인 아동들의 집단, 과거에 정신장애 환자였던 사람들의 모임집단, 치료센터에 입소 되어 있는 아동들의 주별 모임집단, 소풍, 춤과 같은 여가활동을 포함하는 한부모 집단을 들 수 있다.

2) 과업집단

과업집단은 조직의 문제에 대한 해결책이나 새로운 아이디어를 찾거나 의사결정을 하는 등 특정한 과업을 수행하기 위한 목적으로 구성된 집단이다. 과업집단은 구성원, 조직 및 지역사회의 욕구 충족을 주요 목적으로 두고 있다. 구성원들의 욕구 충족을 위한 집단으로는 팀, 치료회의 등이 있으며, 조직의 욕구 충족을 위한 집단으로는 위원회, 이사회 등이 있다. 지역사회의 욕구 충족을 위한 집단으로는 사회행동집단, 연합체 등이 있다.

과업집단의 예로 비상대책위원회, 지역발전협의회, 지역사회보장협의체가 있다.

3) 자조집단

자조집단은 비슷한 문제나 관심이 있는 사람들로 구성되어, 자신들의 문제를 스스로 해결하기 위해 상호 원조하는 집단이다. 집단구성원은 서로 도우려는 자신들의 노력을 통해 스스로 문제를 잘 극복하고 더 만족스러운 삶을 살 수 있다는 의식이 있으며 공감 및 지지가 강하다.

자조집단은 같은 문제를 공유하는 한 명의 구성원 또는 여러 명의 구성원이 집단을 이끌며 사회복지사의 역할은 매우 제한적이라는 점에서 지지집단과 차이가 있다.

사회복지사는 자조집단의 형성에 도움을 주거나 자조집단을 다른 체계와 연결하거나 정보 및 자원을 알려 주는 자문역할을 한다.

자조집단의 예로 알코올중독자 자조집단, 정신장애인 가족 자조집단, 유방암 여성 자조집단, 순직군인 배우자 자조집단을 들 수 있다.

표 9-2. 치료집단과 과업집단의 비교

특성	치료집단	과업집단
집단의 목적	집단구성원의 심리사회적 욕구충족	특수한 과업이나 목표 달성
집단구성원 역할	상호작용을 통해 결정됨	상호작용이나 임명을 통해 결정됨
의사소통	개방적이며, 자유롭고 형식에 얽매이지 않음	특정한 과업에 대한 토론에 초점이 맞춰짐
절차	집단에 따라 융통적이거나 공식적으로 이루어짐	공식적인 안건이나 규정
집단구성	비슷한 문제를 경험한 사람들로 구성됨	필요한 재능, 전문성, 노동 분화에 따라 구성됨

특성	치료집단	과업집단
자기노출	일반적으로 높음	일반적으로 낮음
비밀보장	개인적 수준에서 처리되거나 집단 내에서 유지됨	개인적으로 처리될 수 있지만 공개되기도 함
평가	집단구성원의 치료적 목표 성취 정도에 따라 성공여부를 평가함	집단구성원이 성취한 과업이나 의무사항, 결과물에 의해 평가됨
유형	지지집단, 교육집단, 성장집단, 치유집단, 사회화집단 등	이사회, 위원회, 팀, 대의원회의, 사회행동집단, 사례회의 집단 등

출처: 사회복지 1급 수험서(공감, 2025).

3. 집단 사회복지실천기술

1) 집단과정 촉진기술

집단과정 촉진기술은 집단지도자가 집단과정에 영향을 미치려는 의도가 있을 때 사용하는 기술이다. 집단과정 촉진기술은 집단구성원 간의 이해 증진, 개방적 의사소통을 형성, 신뢰감 형성에 도움을 주는 기술이다.

(1) 집단구성원 참여 촉진

소외되거나 침묵하는 구성원을 집단에 참여할 수 있도록 하여 자신의 경험을 나누고 문제해결방법을 찾을 수 있도록 돕는 기술이다.

(2) 집단구성원에게 집중

집단구성원의 말이나 행동에 집중하여 반응하고 그 의미를 이해하는 것을 나타내는 기술이다.

(3) 표현기술

집단구성원이 자신의 문제나 과업 등에 대한 느낌이나 생각을 자유롭게 표현할 수 있게 원조하는 기술이다. 집단지도자는 자기 개방을 통해 표현기술을 촉진할 수 있다.

(4) 반응기술

집단지도자가 특정한 집단과정에 선택적으로 반응하여 다음에 이루어진 집단과정에 영향을 미치는 기술이다. 반응기술을 통해 집단이 적절한 방향으로 나아갈 수 있다.

(5) 집단 의사소통 초점 유지

집단과정의 특정 영역에 초점을 유지함으로써 집단과 무관한 의사소통을 감소시키고 주제와 관련된 내용을 심층적으로 탐색하게 하는 기술이다.

(6) 집단과정의 명확화

집단과정이 어떻게 이루어지는지와 구성원 간 상호작용이 어떻게 이루어지는지를 인식하도록 돕는 기술이다.

(7) 내용의 명료화

집단구성원의 상호작용 내용을 명료화하는 기술이다. 집단구성원이 자신을 분명하게 표현할 수 있도록 돕고 집단구성원 간 주고받은 메시지를 분명히 이해하고 있는지를 확인함으로써 내용을 명확하게 할 수 있다.

(8) 집단 상호지도

집단지도자가 집단의 상호작용을 특정한 방향으로 이끄는 기술이다.

2) 자료수집 및 사정기술

자료수집 및 사정기술은 집단구성원 간 이루어지는 의사소통 유형에 어떤 영향을 미칠 것인가를 계획하고 집단목적의 성취를 위해 어떤 기술을 사용할 것인지를 결정하는 데 유용한 기술이다.

(1) 확인 및 묘사

집단구성원이 특정 상황을 파악하고 묘사할 수 있도록 원조하는 기술이다. 집단구성원의 문제를 정확히 이해할 수 있도록 돕는다.

(2) 정보요구, 질문 및 탐색

정보제공을 요구하고 질문하고 탐색하는 기술이다. 집단지도자는 문제와 관심사를 명확히 하고 집단구성원에게 추가로 정보를 파악할 수 있다.

(3) 요약 및 세분화

집단이 직면하고 있는 문제나 관심사에 관해 토론할 때 사용되는 기술로 논의된 핵심을 요약하거나 복잡한 문제를 작은 단위로 나누는 기술이다.

(4) 언어적 · 비언어적 의사소통의 통합

집단구성원의 언어적 의사소통과 비언어적 의사소통을 통합하는 기술이다. 집단구성원의 말이나 행동의 의미를 파악하고 숨겨진 생각과 느낌을 분명하게 하는 기술이다.

(5) 정보분석

정보분석기술은 자료의 유형을 파악하고 자료 간의 차이를 발견하는 기술로 필요한 자료를 획득할 수 있다.

3) 행동기술

행동기술은 집단의 목적과 과업을 성취하도록 원조할 때 사용하는 기술이다.

(1) 지지하기

집단지도자가 집단구성원이 집단에서 다루는 주제와 관련하여 자신의 의견과 감정, 경험을 표현하도록 격려하고 돕는 기술이다. 구성원 서로에게 감정을 이입하여 반응하도록 하며, 집단구성원의 장점과 집단에 기여하는 바를 알려 줌으로 지지를 할 수 있다.

(2) 재구조화 및 재정의

집단이 직면한 관심사와 이슈를 긍정적인 관점에서 볼 수 있도록 원조하는 기술이다. 이를 통해 집단구성원이 변화와 성장의 기회를 활용할 수 있다.

(3) 집단구성원 간 의사소통 연계

집단지도자와의 의사소통보다 집단구성원 간 의사소통을 촉진하게 하는 기술이다.

(4) 지시하기

집단구성원의 활동이나 행동에 대해 지시하는 기술이다.

(5) 조언, 제안 및 교육

집단구성원이 새로운 기술을 습득하고 문제를 이해하며 문제상황을 변화시킬 수 있도록 원조하는 기술이다.

(6) 직면하기

집단구성원의 말과 행동이 불일치할 때 집단구성원의 행동을 명확히 하는 기술이다.

(7) 모델링, 역할극, 실연 및 코칭

집단지도자나 집단구성원이 특정 상황에서 행동에 대해 시범을 보임으로써 다른 구성원이 모방할 수 있게 하는 기술이다.

(8) 자원제공

집단지도자는 집단의 안팎의 자원을 집단구성원에게 알려 주거나 연결해 주는 역할을 한다. 이때 정확한 사정과 의뢰를 통해 집단구성원이 필요로 하는 자원을 제공해 주어야 한다.

(9) 갈등해결

집단구성원 간의 갈등, 집단 외부환경과의 갈등, 집단과 기관과의 갈등을 해결하는 기술이다. 집단지도자는 집단 내 갈등을 방지하기 위해 집단규칙을 개발하고 유지하도록 원조해야 한다. 집단지도자는 갈등해결을 위해 조정, 협상, 중재기술을 사용한다.

Chapter

10

집단 발달단계별 사회복지실천

배울 내용

1. 집단 발달단계의 이해
2. 집단 발달단계별 사회복지실천

학습목표

1. 집단 발달의 특징과 발단단계를 이해할 수 있다.
2. 집단 발달단계별 특징에 대해 이해할 수 있다.

1. 집단 발달단계의 이해

시간이 지남에 따라 집단에서 내부구조나 조직, 진행 과정, 집단문화가 변화하는데 이러한 집단의 변화를 집단 발달이라고 한다. 집단 발달단계는 성장이나 발달 과정에서 서로 구분되는 기간이나 정도를 말하며, 각 단계 간에 명확한 구분이 있는 것은 아니며 때로는 중복되는 경우도 있다. 집단의 발달은 여러 가지 범위에서 일어나며 집단 구조자나 참여자의 역할, 지위 등이 변하기도 하고, 집단의 활동 과제 및 운영 과정에 변화가 일어나기도 한다.

집단 발달의 특징을 살펴보면, 인간이 태어나서 발달단계를 거치는 것처럼 집단 발달도 준비단계, 초기단계, 사정단계, 중간단계, 종결단계로 이루어진다. 집단의 발달단계는 모든 집단이 동일한 발달단계를 거치는 것은 아니며 여러 단계를 순차적으로 계속하여 움직이지도 않는다. 집단에 따라 한 단계에서 오래 머물기도 하고 특정 단계를 뛰어넘기도 한다. 폐쇄집단의 경우 시작부터 종결단계까지 동일한 구성원으로 유지되기 때문에 집단 발달의 내용을 비교적 예측할 수 있지만, 개방집단은 구성원들이 지속적으로 유입되기 때문에 집단 내용을 예측하기 어렵다.

2. 집단 발달단계별 사회복지실천

집단 사회복지실천은 집단의 역동성을 이용하는 사회복지실천 방법으로 시간의 흐름에 따른 집단의 발달과 단계별 특징을 이해하고 그 특징을 활용하는 것이 중요하다. 집단지도자는 집단 발달단계에 따라 수행해야 할 과업 등을 차별적으로 선택하여 적용하면 효과적이고 성공적인 집단지도를 할 수 있다.

집단 발달단계 구분은 다양하지만 일반적으로 준비단계-초기단계-사정단계-중간단계-종결단계로 구분한다.

1) 준비단계

(1) 특징

준비단계는 집단을 본격적으로 시작하기 전에 집단을 계획하고 집단구성원을 모집하는 단계로 시작단계 또는 계획단계라고도 한다. 집단사회복지사는 집단을 구성하기 전에 기관의 승인을 얻어야 한다. 집단구성 요소를 고려하여 집단을 계획해야 한다. 준비단계에서 과업은 집단의 목적 설정, 잠재적 구성원 모집과 사정, 집단구성, 집단의 지속기간과 화합 빈도, 물리적 환경, 기관의 승인 등을 고려하여 집단을 준비한다.

(2) 집단의 목적 설정

집단의 목적은 집단구성원에게 활동의 방향을 제공한다. 집단 목적이 모호하거나 집단 목적에 대한 의견이 일치하지 않으면 집단은 실패할 가능성이 높으므로 집단지도자는 전체로서의 집단이 추구하는 목적 및 목표, 집단구성원 개개인의 목표 등을 고려하여 집단의 목표를 명확하게 설정해야 한다. 집단의 목적은 집단지도자와 구성원 간 논의를 통해 조정될 수 있다. 또한, 집단구성원의 개인 목표와 집단 목표의 일치도가 높을 때 목표의 성취 동기가 강해진다.

(3) 잠재적 구성원 모집과 사정

본격적으로 집단을 구성하기 전에 집단의 목적과 목표에 적합한 잠재적 구성원을 결정하고 정보를 수집해야 한다. 잠재적 구성원에 대한 정보수집이 이루어지면 모집 절차를 통해 잠재적 구성원을 모집하게 된다. 잠재적 구성원이 실제 집단의 적합한 구성원이 되기 위해 면접이나 관찰 등을 통해 잠재적 구성원을 사정해야 한다.

(4) 집단의 지속 기간과 회합 빈도 정하기

집단의 종결 일시는 미리 정할 수도 있고, 정하지 않을 수도 있다. 집단의 지속 기간은 집단의 목적 및 집단의 특징에 따라 달라질 수 있으므로 이를 고려하여 정한다. 어떤 주기로 집단활동을 할 것인지도 정해야 하는데 이는 집단이 특징에 따라 달라진다. 일반적으로 성인의 경우 일주일에 한 번, 1회당 1시간 30분에서 2시간 정도 모임을 한다. 집중력이 짧은 아동의 경우 1시간 내외로 하는 것이 좋다.

(5) 집단 구성하기

① 집단구성원의 특징: 동질성과 이질성

집단을 구성할 때는 동질성과 이질성을 함께 고려해야 한다. 집단구성원의 동질성이란 구성원들의 집단참여 동기, 목적, 문제 등과 함께 인구사회학적 특성들이 유사해야 함을 의미한다. 집단구성원 간의 나이, 교육 수준, 문제 유형 등이 유사할 때 집단구성원들 간의 상호작용이 더욱 활발해질 수 있다. 집단의 응집력을 높이기 위해서는 동질적이어야 하며 참여 동기가 유사한 구성원을 모집한다. 집단구성원의 유사함은 집단 소속감을 증가시키며 집단의 결속력과 협동력을 높일 수 있다. 집단구성원 간 공통점이 높도록 동질적으로 구성한 집단은 의사소통이 활발하고 구성원들이 서로에 대한 관심이 높으며 문제해결 활동도 적극적이다.

집단구성원의 이질성이란 구성원들의 주요 특성에 차이가 있음을 의미한다. 서로 다른 인생 경험, 전문적 기술 수준, 대처유형 등을 가지고 집단에 참여하는 구성원들은 집단구성원들에게 광범위한 관점과 견해를 제공한다. 다른 능력과 경험을 지닌 구성원들로부터 상호 간에 배울 다양한 기회를 제공할 수 있다. 반면, 유대감 형성 시간이 길고, 방어와 저항이 발생할 수 있다.

② 집단의 형태: 개방집단과 폐쇄집단

개방집단이란 집단이 지속되는 기간 동안 새로운 구성원의 출입이 자유로운 집단을 말한다. 참여를 원할 때 가입할 수 있으므로 당장 도움이 필요한 사람에게 유용하다. 새로운 구성원들의 유입으로 다양한 자원과 아이디어가 생길 수 있다. 그러나 집단구성원이 자주 교체되므로 소속감을 느끼거나 응집력 형성이 다소 어려워질 수 있다. 또한 새로운 구성원이 가입함으로써 기존 구성원의 문제해결이나 성취하려는 노력을 방해할 수 있다는 단점이 있다.

폐쇄집단이란 구성원의 자격을 뚜렷하게 규정함으로써 집단이 운영되는 동안 새로운 집단구성원의 가입 없이 처음부터 끝까지 일정하게 운영되는 집단을 말한다. 폐쇄집단의 경우 구성원이 동일하기 때문에 집단응집력이 높으며 자기개방이 용이하다. 그러나 구성원의 결석이나 탈락할 경우 의미 있는 상호작용이 감소하거나 이루어지기 어려울 수 있으며, 생각이나 의견이 한정될 수 있다는 단점이 있다.

(6) 집단의 크기

집단의 크기, 즉 집단의 구성원 수는 집단의 목적과 집단 특징에 따라 달라지는데, 활발한 상호작용이 일어나기 위해서는 집단의 크기가 적절해야 한다. 치료 집단의 경우에는 5~7명 혹은 10명 내외로 구성하는 것이 좋다고 알려져 있다. 집단의 크기가 너무 크면 집단구성원 개인에 대한 관심도가 낮아지며, 집단지도자의 효율적 개입이 어렵고 하위 집단이 활성화되어 집단 전체를 통제하고 지도하기 어렵다.

2) 초기단계

초기단계는 집단이 시작되어 집단구성원들이 서로를 탐색하는 단계이다. 집단구성원들은 다른 집단의 경험, 이전의 관계 등에 기초하여 다양한 기대를 한다. 그러나 초기 단계에서는 집단구성원들은 낯선 사람들과 새로운 환경에 대한 불안감, 불신감, 두려움, 저항감 등을 느끼게 된다. 초기단계의 주요 과업으로는 사회복지사 및 집단구성원 소개, 집단의 목적 설명, 집단구성원 역할 소개, 개별구성원 목적 설정, 집단규칙 수립, 계약하기 등이 있다.

(1) 사회복지사 소개 및 집단구성원 소개

집단의 첫 모임에서 사회복지사는 집단구성원에게 자기 자신을 소개한다. 집단지도자의 역할을 명확히 밝힘으로써 사회복지사의 역할을 인식시켜 준다. 집단구성원의 소개는 구성원 간의 상호 관심사와 흥미를 공유하게 하고, 상호 신뢰를 발전시키는 계기가 된다. 한 사람씩 돌아가며 자신을 소개하기도 하고 집단구성원 간의 상호작용을 촉진하기 위해 집단구성원들을 두 명씩 짝을 짓도록 한 후 각각 5분씩 상대방을 면접하도록 하고 자신의 파트너가 집단구성원을 소개하는 방법도 있다. 이때 사회복지사가 미리 질문한 내용을 집단구성원에게 알려 주면 면접을 신속하게 진행할 수 있다.

(2) 집단 목적 소개와 집단구성원의 역할 소개

집단구성원들은 집단 목적을 알고 집단에 참여하기도 하지만, 첫 모임에서 사회복지사는 집단의 목적이 무엇인지 명확히 한다. 집단 목적을 소개한 후 구성원들의 의견을 수렴하여 반영한다. 이렇게 결정된 집단 목적은 집단구성원 모두가 공유하게 한다.

(3) 목표설정

집단을 대상으로 하는 사회복지실천에서 사회복지사는 집단구성원들을 위해 두 가지 목표를 설정할 수 있다. 집단 목표는 집단에 참여한 모든 집단구성원의 공통 목표이며, 이는 집단의 목적에 따라 달라질 수 있다. 집단 목표도 있지만 개별구성원마다 달성하고자 하는 목표가 있다. 따라서 사회복지사는 개별구성원이 달성하고 싶은 목표를 분명히 설정하도록 한다. 집단구성원의 개별 목표가 설정되면 이를 문서화하고 종결단계에서 개별적으로 그리고 집단과 함께 목표 성취 정도를 평가해 보는 것도 바람직하다.

(4) 집단규칙 수립

모든 집단에 공통으로 적용되는 규칙은, 첫째 비밀보장이다. 사회복지사는 집단구성원들과 관련된 정보 중에서 비밀보장을 지킬 수 있는 정보와 외부에 보고해야만 하는 정보를 명확하게 파악하는 것이 집단구성원과 사회복지사 간의 관계 형성에 도움이 될 수 있다. 둘째, 사회복지사는 집단구성원들과 집단구성원들의 행동과 관련된 규칙을 논의하고 결정해야 한다. 초기단계에서 집단규칙과 관련된 내용을 집단구성원들과 함께 논의함으로써 그들에게 익숙하지 않은 집단을 효과적으로 운영할 수 있다.

(5) 계약하기

초기단계에서 구성원들은 집단규칙에 대한 준수, 사회복지사의 역할, 구성원의 역할 등의 내용으로 계약한다. 계약을 통해 상호 간의 기대나 의무, 책임을 분명히 하는 것이 필요하다. 사회복지사는 구성원들을 반드시 계약 협상 및 체결에 참여시킴으로써 구성원들의 자기결정권을 보장하고, 집단에서 사회복지사의 파트너로서 함께 활동할 기회를 제공해야 한다.

3) 사정단계

사정이란 사회복지사가 클라이언트 체계에 대한 정보를 수집하고 조직화하여 판단하는 과정으로 집단과정에서 사정의 초점은 집단의 유형이나 개입전략에 따라 달라진다. 집단은 시간이 지남에 따라 변화하기 때문에 집단 발달 단계에 따라 사정내용을 다르게 하여 단계마다 개별구성원에 대한 사정과 전체로서의 집단에 대한 사정, 집단 환경에 대한 사정을 수행해야 한다.

(1) 집단의 발달 단계별 사정 내용

① 초기단계

초기단계에서는 집단구성원의 현재 기능의 특징, 전체 집단의 특징을 사정한다.

② 중간단계

중간단계에서는 초기에 비해 구성원들 개개인에서 어떠한 변화가 나타나고 있으며 개인별 목표 달성 정도, 전체로서의 집단은 어떤 역동성을 보이고 있으며 집단의 목표는 어느 정도 달성되고 있는지 사정한다.

③ 종결단계

종결단계에서는 최종적으로 성취한 것들이 무엇인지 확인하여 추가적인 개입이 필요한 영역이 있는지 확인한다.

(2) 개별구성원에 대한 사정

집단에 참여하는 구성원들은 대인관계나 심리사회적 측면에서 역기능적 특성을 보일 수 있다. 사회복지사는 개별구성원들을 관찰하거나 집단 내에서 어떤 역할을 하는지 살펴봄으로써 개별구성원에 대한 행동 특징, 심리사회적 특징 등을 확인할 수 있다. 사회복지사는 개별구성원에 대한 사정을 기초로 하여 집단활동을 통해 역기능적 특징이 개선되고 문제해결 능력이 향상되도록 도와주는 역할을 한다.

(3) 집단에 대한 사정

집단 전체의 사정 영역은 집단 내의 하위 집단 사정, 집단의 상호 방식에 대한 사정, 집단규범에 대한 사정 등을 포함한다.

① 하위 집단 사정

집단 내 하위 집단이 형성되어 있는지 확인한다. 하위 집단의 형성 자체가 문제가 되는 것은 아니지만 하위 집단이 전체 집단에 역기능 역할을 미칠 수 있으므로 집단 사정도구인 소시오그램을 활용하여 하위 집단 형성 여부를 확인하고 하위 집단의 목적이 전체 집단의 목적과 일치하는지 확인한다.

② 집단의 상호작용 방식에 대한 사정

집단 전체의 상호작용이 구성원 간에 지지적으로 이루어지고 있는지 혹은 집단의 목표 달성에 방해되는 방향으로 이루어지고 있는지, 집단 내 권력이나 자원을 특정 구성원이 독점하는지, 집단 내 의사결정 방식이 민주적인지 등을 사정한다.

③ 집단규범에 대한 사정

사회복지사는 집단규범 내용을 확인하여 전체 집단과 개별구성원에게 도움이 되는지 아니면 해가 되는지를 판단하여 부정적 영향을 미치면 집단규범을 바꿀 수 있도록 해야 한다.

(4) 집단환경에 대한 사정

① 집단을 인가하고 지원하는 기관에 대한 사정

인가 지원기관의 목표와 집단 목표의 유관성을 사정하고 자원 할당이 어떻게, 얼마나 이루어지는지를 사정한다.

② 상호 조직 간의 환경 사정

다른 기관과의 관계에 초점을 두고 이루어진다. 다른 기관이 유사한 집단을 운영하는지, 다른 기관의 사회복지사가 유사한 자원이 있어야 하는지, 다른 기관이 집단구성원에게 유용한 서비스나 프로그램을 제공하는지, 타 기관이 집단과 연계되는 것이 어떤 이점이 있는지 등을 사정한다.

③ 지역사회 사정

지역사회 환경이 집단에 미치는 영향을 사정한다. 집단이 다루고 있는 문제나 관심사에 대한 지역사회의 태도를 사정하고 지역사회가 집단에 대해 어느 정도 수용하고 지지적인지 사정한다.

(5) 집단 사정 도구

① 소시오그램

소시오그램 혹은 사회도는 집단구성원의 대인관계, 집단구성원 간 사회적 유대관계를 측정하는 집단 사정 도구이다. 집단 내 구성원 간의 질적인 관계를 파악하기 위한 도구로 집단구성원들의 수용과 거부 과정을 평가하는 방법으로 사용된다.

소시오그램을 통해 집단구성원의 성별, 집단구성원 간 선호도와 무관심, 배척 여부와 방향, 한 구성원과 긍정적 상호관계를 맺지만 외톨이 직전에 있는 구성원, 하위 집단 형성 여부, 소외된 구성원, 삼각관계 형성 여부, 집단구성원 간 결속의 강도를 알 수 있다.

② 소시오메트리

소시오메트리는 집단구성원 간 관심 정도를 측정하기 위한 방법으로 각 구성원에 대한 호감도를 1점(가장 싫어함)에서 5점(가장 좋아함)으로 평가한다. 모든 집단구성원으로부터 받은 점수를 합산하면 호감이 높은 사람을 알 수 있고, 집단응집력을 파악할 수 있다. 각 구성원의 총점을 합산한 점수가 높을수록 집단응집력이 높다고 할 수 있다.

③ 의의차별척도

의미차별척도라고도 하며, 태도 척도의 한 유형이다. 의의차별척도는 집단구성원이 동료 구성원에 대해 주관적인 의미를 측정하는 방법으로 두 개의 상반된 입장 중에서 하나를 선택하도록 한다.

응답자들은 좋다-나쁘다. 크다-작다, 빠르다-느리다, 강하다-약하다 등과 같은 상반된 입장을 평가하기 위해 보통 5점 또는 7점의 척도로 평가하게 된다. 의의차별 척도는 동료 구성원에 대한 평가, 동료 구성원의 잠재력에 대한 인식, 구성원의 활동력에 대한 인식 등 집단구성원이 동료 집단구성원을 사정하는 데 활용될 수 있다.

4) 중간단계

집단 발달의 중간단계는 집단응집력이 높아지는 시기로 집단구성원들은 자신이 계획한 목표를 달성하기 위해 이전보다 더 집중적 활동을 하는 시기이다.

(1) 사회복지사의 과제

① 집단구성원의 참여 격려

사회복지사는 집단구성원들이 집단에 적극적으로 참여할 수 있도록 독려한다. 구성원들의 강점에 대한 믿음을 보여 주고 목표 달성을 위해 노력하는 과정에서 장애물을 만날 수 있음을 인식할 수 있도록 돕고, 집단구성원들의 상호 원조를 인정하고 칭찬한다. 또한 새로운 행동과 활동을 시도해 보도록 격려한다.

② 집단구성원의 목적 달성 원조

중간단계에서 중요한 활동 중 하나는 집단구성원과 사회복지사 모두 전체로서 집단의 목적과 개별구성원으로서 자신의 목적을 달성하려는 노력에 집중하는 것이다. 따라서 사회복지사는 구성원들이 자신의 목적과 전체 집단의 목적을 분명히 인식하도록 돕고 구체적 개입 목표를 발달시키며 목표 달성에 필요한 집단의 문화와 규범을 발전, 유지하고 방해가 되는 장애를 극복하도록 원조한다.

③ 저항하는 구성원 독려하기

집단 활동 및 변화에 저항하는 구성원이 있다면 사회복지사는 자신의 문제에 대처하지 않음으로써 발생할 수 있는 결과에 대해 초점을 맞추어 구성원 간에 건설적인 직면을 하도록 원조한다.

5) 종결단계

종결단계는 집단목표가 달성되었거나 일정한 시간이 지나 집단이 해체되는 단계이다. 사회복지사는 그동안 집단이 해 온 성과를 정리하고 평가하며 집단에 대한 의존성을 감소시키고 이별과 종결에 대한 감정을 정리한다.

(1) 사회복지사의 과제

① 변화 노력의 유지 및 일반화

사회복지사는 집단구성원들이 집단에 참여함으로써 이룬 변화를 유지하고 구체적인 변화를 주요 생활영역으로까지 일반화할 수 있도록 돕는다. 집단 활동이 시작되면 변화가 일어나지만, 집단이 종결되면 변화가 유지되기 어렵기 때문에 집단 종결 이후 변화를 어떻게 유지하고 생활의 다른 영역까지 확대 적용할 수 있는지 준비시킨다.

② 집단에 대한 의존성 감소시키기

사회복지사는 집단구성원에게 집단 종결 몇 주 전부터 집단의 종결을 알리고 이에 대해 논의하게 한다. 집단에서 성취한 것을 상기시켜 더 이상 집단이 필요하지 않음을 토론하게 한다.

③ 종결에 대한 감정 다루기

집단 종결에 대해 집단구성원과 사회복지사는 다양한 감정을 느끼게 되는데 자신감, 유능감, 목표를 성취했다는 만족감 등 긍정적인 느낌도 있지만 거부되었거나 상실감, 유대가 깨어진다는 불안감 등 부정적인 느낌도 있다. 사회복지사는 집단구성원들이 느끼는 감정에 대해 서로 토론해 보도록 격려해야 한다.

PART 4

가족 사회복지실천

Chapter

11

가족의 이해와 실천

배울 내용

1. 가족의 이해
2. 가족의 유형과 체계
3. 가족과 사회복지실천

학습목표

1. 가족의 개념, 특성 및 기능을 이해한다.
2. 가족의 유형과 체계를 설명할 수 있다.
3. 가족의 사회복지실천 방안을 모색해 본다.

1. 가족의 이해

1) 가족의 개념

가족에 대한 전통적 관점의 연구자들에 의한 정의는 주로 공동거주, 자녀의 존재, 그리고 사회적으로 인정되는 부부의 성적 관계 및 경제력 협력을 공통적으로 강조하고 있다. 특히 머독(Murdock, 1949)은 공동의 거주, 경제적 협동, 생산(재생산)의 특징을 갖는 집단으로 사회적으로 인정받는 성관계를 유지하고 있는 최소한 두 명의 성인 남녀와 한 명 이상의 자녀로 이루어진 사회집단을 가족으로 정의하고 있다. 그리고 스트라우스(Strauss, 1969)는 가족은 결혼에 의해 형성되고, 부부와 그들에 의해 출생한 자녀로 구성되며 법적 유대, 경제적, 종교적, 그리고 그 외 다른 권리와 의무, 성적 권리와 금지, 다양한 심리적 감정을 공유하는 집단으로 정의하였고, 기든스(Giddens, 1992)는 가족은 정서적이고 물질적인 지지에 기반을 둔 두 명 또는 그 이상의 사람들이 상호 간에 기대를 가지고 그들의 삶의 유형과 관계없이 상호 책임감과 친밀감, 계속적인 보호를 주고받는 구성체라고 정의하고 있다(김경은 외, 2020).

우리나라의 경우 유영주(2010)는 가족을 인간의 본질적 특성인 개체성과 반개체성, 즉 개인으로서의 '나'와 관계로서의 '나'의 욕구를 충족시켜 줄 수 있는, 상호작용하는 생활공동체적 집단으로 정의하고 있으며, 정황순 등(2016)은 가족은 사회의 영향을 받기만 하는 집단이라기보다는 사회의 영향에 대해 나름대로의 의미를 부여하며 적응, 변화하는 집단으로 정의하고 있다.

지금까지 살펴본 이러한 정의는 혈연, 동거, 경제적 협력 등의 요인들을 포함하고, 가족원 간의 정서적 유대와 관계성에 기반한 가족정체성을 강조하는 현대적 의미에서 가족을 정의하고 있다고 할 수 있다(김경은 외, 2020).

더불어 가족에 대해 법에서 명시하고 있는 정의들을 살펴보면, 2005년 「민법」 개정 이전에는 '가족'은 동일한 호적에 기재되어 있는 일가(一家)의 구성원으로서 호주가 아닌 자를 의미하였다. 즉, 호주의 배우자, 혈족과 그 배우자 기타 「민법」의 규정에 의하여 그 가(家)에 입적한 자가 해당된다. 이에 대하여 개정된 「민법」 제779조(가족의 범위)에는 가족(가족원)의 범위를 기본적으로 자기를 중심으로 자기의 배우자, 형제자매, 직계혈족(부모와 자녀)을 포함하는 것으로 규정하고 있다. 또한 생계를 같이 하는 경우라면, 자기 직계혈족의 배우자, 배우자의 직계혈족, 배우자의 형제자매까지를 가족원으로 한다. 그러나 이는 법률상 가족(원)의 범위를 제시한 것으로 현실적인 가족의 상황과는 다를 수 있다.

그리고 가족의 범위를 명시하고 있는 「민법」 이외의 법률은 「건강가정기본법」, 「국가유공자 등 예우 및 지원에 관한 법률」, 「독립유공자예우에 관한 법률」, 「소득세법」, 「어선원 및 어선재해보상보험법」, 「장기 등 이식에 관한 법률」, 「해외 이주법」, 「산림조합법」 등이 있으며, 각각의 법령에서 가족의 범위를 규정하고 있다. 현행법상 다수의 법률에서 가족관련 규정을 두고 있고, 그 구체적인 범위는 서로 상충하는 부분이 있어, 법률상 가족 개념은 상당히 혼란스러운 것도 사실이다.

2) 가족의 특성

가족은 일차적 집단, 공동사회집단, 폐쇄집단, 형식적 집단(formal group)이지만 가족관계는 비형식적(in-formal)이라는 특성을 지니고 있는데, 구체적인 내용은 **표 11-1**과 같다(김성철 외, 2020).

표 11-1. 가족의 특성

구분	내용
일차적 집단	쿨리(Cooley)는 인간이 출생과 동시에 참여하는 집단이 일차적 집단(Primary group)으로 가족구성원 상호 간의 관계가 직접적(face-to-face)이고, 친밀하며, 그 관계가 항구적으로 지속된다고 하였다. 따라서 가족은 일차적 집단이라는 특성을 가진다.
공동사회집단	퇴니스(Tonnis)는 가족은 사회와 구성원 상호 간의 애정과 이해로 결합되어 외부적 장애에 의해 결코 분열되지 않는 본질적 결합관계이며, 가족구성원 간의 상호 신뢰를 바탕으로 한 정의적이고 감정적 기초로 성립된 관계라고 본다. 즉, 가족은 공동사회집단이라는 성격을 지닌다. 이에 비해 이익사회(gesellschaft)는 '어떠한 결합에도 불구하고 본질적으로 분리되어 있는 사회'로 본질적으로 분리되어 있는 사회와 정당 그리고 사회와 조합 등의 집단을 의미한다.
폐쇄집단	가족은 가족구성원이 되기 위한 자격의 획득과 포기가 쉽지 않은 폐쇄집단(closed group)이고 개인은 누구나 원하는 대로 특정 가족의 구성원이 될 수도 없다.
가족은 형식적 집단(formal group)이나 가족관계는 비형식적(in-formal)	객관적 조직과 특정한 관습적 절차 체계를 가지고 있으며 이것에 의하여 행동이 통제되는 집단이다. 가족은 결혼의 법적 절차에 따라 부부관계를 성립하고 이런 관계에서는 형식적이며 제도적인 집단의 성격을 가지고 있으며, 가족구성원 상호 간의 관계는 솔직하고 형식에 규제되지 않으며, 인간적 감정으로 연결되어 있고 비형식적 관계로서 대체로 자유로운 관계라는 특징을 지닌다.

3) 가족의 기능

가족은 개인과 사회의 중간에 위치한 체계로서 전체 사회에 대해서는 하위체계로, 개인에 대해서는 상위체계로 볼 수 있다. 따라서 가족의 기능은 가족제도가 전체 사회에 대해 작용하는 기능(대외적 기능)과 가족구성원에 대한 기능(대내적 기능)으로 구분할 수 있다. 가족의 기능이란 가족구조의 정서적 차원인 가족 응집성과 조직적인 권력 차원인 가족 적응성을 말하는 것으로 적절한 수준의 응집성은 개인의 개별성과 가족의 결속감에 균형을 이루어 가장 기능적인 가족체계를 유지하고 개인의 발전에도 최적의 수준을 제공하게 된다(Olson et al., 1985). 적응성은 가족체계가 대내 · 외적인 스트레스 상황에 유연하게 대처할 수 있는 능력을 말한다. 가족집단이 수행하는 역할 및 행위를 의미하는 가족기능은 시대, 문화, 그리고 지역에 따라 다르게 나타난다(김경은 외, 2020).

가족의 기능은 사회와 시대에 따라 끊임없이 변화하고 있으며, 사회학, 가족학 등 가족의 기능을 연구하는 학문 분야에 따라 다양하게 정의되고 있다. 전통적 가족기능론에서는 가족의 기능을 고유기능, 기초기능, 부차적 기능 등으로 구분한다. 고유기능에는 애정, 성, 생식과 양육의 기능, 성적 통제와 종족보존의 기능 등이 있고, 기초기능은 대내적으로는 생산과 소비, 사회적으로는 노동력 제공과 경제질서의 유지기능 등을 포함하며, 그리고 부차적(파생적) 기능에는 교육, 보호, 휴식, 오락, 종교의 기능 등을 포함한다.

전통적으로 가족이 수행해 왔던 기능은 성적 기능, 자녀출산의 기능, 생산과 소비를 함께하는 경제적 기능, 양육(보호)의 기능, 교육(사회화)의 기능, 부양의 기능, 휴식과 오락의 기능 및 종교적 기능 등이다. 가족의 기능을 **그림 11-1**과 같이 고유기능, 기초기능, 부차적 기능 및 종교적 기능으로 구분하여 살펴보면 다음과 같다.

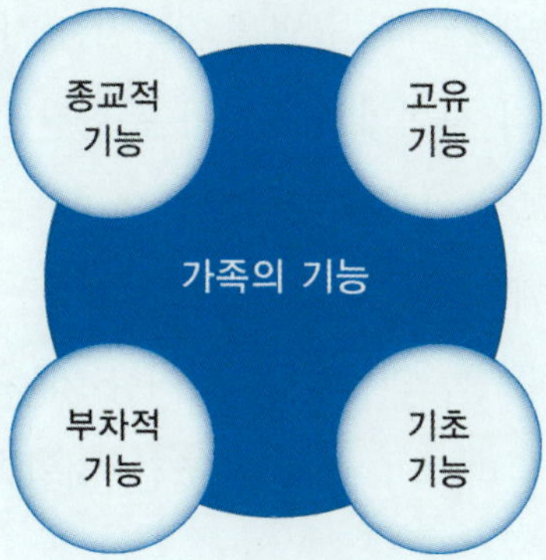

그림 11-1. 가족의 기능

가족집단만이 수행하여 오던 고유한 가족의 중심 기능에는, 첫째, 대표적으로 성(性)과 애정의 기능 그리고 자녀출산에 따른 양육기능이 있다(양옥경 외, 2000). 가족은 본능적 의지에 의해 결합된 집단으로 대부분의 사회에서는 결혼이라는 제도적 통로를 통해 성적 질서유지 기능을 하게 된다. 즉, 성적 욕구를 충족하면서 사회적으로는 성행위를 제도적으로 통제하고 규제하는 대외적 기능을 하는 것이다. 이러한 일차적 기능들은 다른 집단이 대신할 수 없는 가족 고유의 기능으로 사회존속과 인류 종족 보존의 기능을 동시에 가진다.

둘째, 생산과 소비의 경제생활을 통해 기초적인 생활유지가 가능하도록 하는 기초기능으로 전통 농경사회에서는 자급자족의 생산단위로서 가족이 생산기능의 주체였다. 그러나 현대사회에서는 공사 영역의 분리로 가족은 소비기능의 주체로 변화하였다. 즉, 기업이나 공장에서 대량 생산한 물자를 구입해서 사용하는 소비 공동체로 기능이 바뀌면서 생산단위로서의 가족의 기능이 축소되고 소비기능이 강화되었다. 생활양식도 산업 적응적 모델로 바뀌어 오늘날에는 가족이 독자적으로 담당했던 전통적 기능들이 사회로 많이 이전되었다.

셋째, 부차적 기능은 기초기능과 고유기능으로부터 파생된 기능으로 자녀의 교육, 즉 자녀들에게 그 사회의 가치와 규범을 가르치는 사회화의 기능과 휴식, 오락, 종교 등으로 심리적 · 신체적 사회의 안정화와 문화전달의 대외적 기능이다.

넷째, 종교적 기능은 종교적 의례나 형식만을 의미하는 것이 아니라 매일의 생활에 감사하고 삶의 진리를 깨달으며, 인간 능력의 한계를 겸허하게 인정하고 기도하는 자세로 살아가는 생활태도를 의미한다. 이러한 기능들이 어떻게 수행되느냐에 따라 가족의 질적 수준이 달라지며, 시간적 조건, 지역과 문화배경에 따라 다르게 나타난다.

전통사회에서는 의 · 식 · 주 해결, 자녀 양육, 노인 부양 등 대부분의 기능을 가족이 수행하였다. 그러나 산업화, 도시화로 인하여 그 기능의 일부가 전문화된 기관과 조직체 등 다른 제도에 흡수되어 그 기능이 점차 축소되고 있으며, 가치관의 급속한 변화와 자본주의 사회 · 경제적 문제가 복합적으로 결합되어 가족의 생산기능은 공장으로, 교육기능은 학교로, 종교기능은 종교단체로, 오락기능은 극장으로, 의료기능은 병원 등으로 기능이 분화되어 가면서 가족의 기능을 상실해 가고 있다. 따라서 이러한 가족기능의 변화는 사회변화에 민감한 가족체계와 사회의 역동적 관계에서 파생되는 다양한 결과로서, 미래의 가족기능은 출산이나 양육의 기능, 교육이나 사회화의 기능보다 정서적 기능이 중요하게 부각될 것으로 전망되고 있다 (양옥경 외, 2000).

2. 가족의 유형과 체계

가족의 유형은 가족구성원의 수와 혈연관계에 따른 분류, 가장권과 권위에 따른 분류 및 결합형태에 따른 분류로 구분할 수 있는데, 이러한 가족유형에 대해 구체적으로 살펴보면 다음과 같다(박귀영 외, 2023).

1) 가족구성원의 수와 혈연관계에 따른 분류

가족구성원의 범위를 따져서 가족의 유형을 분류하는 가장 기본적인 방법은 소가족과 대가족[1], 핵가족(nuclear family)과 확대가족(extended family)으로 구분하는 것이다. 가족구성원의 수와 혈연관계에 따른 분류의 특징을 살펴보면 **표 11-2**와 같다(박귀영 외, 2023).

표 11-2. 가족구성원의 수와 혈연관계에 따른 분류의 특성

구분	내용
소가족	가족구성원의 수를 기준으로 5인 이하를 의미하며, 일반적으로 소가족이란 부부와 그들의 자녀로 구성된 가족을 의미한다.

1) 소가족과 대가족의 개념을 살펴보면, 대소의 구별이 단순히 식구 수의 많고 적음을 의미하기도 하지만 혈연관계의 범위와 관련지어 사용되기도 한다.

구분	내용
대가족	가족구성원의 수를 기준으로 6인 이상을 대가족이라고 하고, 대가족이란 부부와 친자 이외에 근친자 등이 포함되어 보통 가족원 수가 많은 가족을 의미한다.
핵가족	핵가족은 부부와 그들의 미혼 직계 자녀들로 구성된 가족으로서, 자녀들은 결혼 후 부모의 집을 떠나 새살림을 시작하는 것이 원칙이다. 그러므로 가족 구성은 2세대로 한정되며, 이런 핵가족을 부부가 중심이 된다고 하여 부부가족(conjugal family)이라고도 하고 또는 확대가족을 구성하는 요소라고 하여 요소가족(elementary family)이라고 한다.
확대가족	확대가족은 핵가족이 종적 또는 횡적으로 연결되어 형성되는 것으로서, 자녀가 결혼 후에도 그들의 부모와 동거하는 가족형태를 말한다. 먼저 가족이 종적으로 확대된 가족을 직계가족(stem family)이라고 하며, 이때 맏아들만 본가에 남아서 부모를 모시고 가계를 계승하며, 그 이외의 아들들은 분가하게 된다. 또한 가족이 횡적으로 확대된 가족을 방계가족(collateral family)이라고 하며, 형제들이 결혼 후에도 그들의 부모와 동거하는 가족이다.

2) 가장권과 권위에 따른 분류

가정 내에서도 가족을 대표하기 위해 가장권이 주어지고, 가족을 대표하려면 권위를 가져야 하는데, 가장권이란 사회가 법적으로나 관습상 인정하는 가장의 공적 권리로 가장과 가족구성원은 지배와 복종의 관계가 된다. 그리고 가장권은 가족의 대외적 관계에서의 대표권과 대내적 관계에서의 지배권 및 결정권으로 이루어지는데, 이것이 부부 중 어느 편에 속하느냐에 따라서 가족을 분류한다. 즉, 가장의 권위가 부계에 속하면 가부장제(patriarchalism)라고 하고, 모계에 속하면 모권제(matriarchalism), 양계에 공동으로 속하면 동권제(equalitarianism)라고 한다. 가장권과 권위에 따른 분류의 특성을 살펴보면 **표 11-3**과 같다(박귀영 외, 2023).

표 11-3. 가장권과 권위에 따른 분류의 특성

구분	내용
가부장제	가부장제는 역사적으로 가장 발달해 온 제도로서, 가장 많은 사회의 가족유형으로 나타나고 있다. 가부장권은 대부분 가명(家名) 및 가산(家産)의 장남상속권과 함께 계승되었는데, 부자의 혈통에 따라 가명이 전해지고, 장남이나 아들 한 사람에게만 가산이 상속되는 단일 상속권 등이 동반되는 경우이다.
모권제	모권제는 가장의 권위가 모계를 통해 이어지지만 부계만큼 절대적이지 않다. 즉, 모계 사회에서는 가족의 혈통 계승과 가산의 상속이 모계를 중심으로 이루어지고 여자들이 가족의 통솔권을 가지나 대외권을 갖지 않는다. 부계사회에서는 재산권을 가진 아버지가 대외권도 함께 갖는 것에 비하여, 모계사회에서는 어머니의 남자 형제, 즉 외삼촌이 대외권을 가지고 집 밖의 일을 처리하고 남자아이(조카)의 교육을 맡는다. 이를 숙부권이라 하며, 부자 관계는 하나의 인정(人情)이며 사적인 성질을 가지고 있을 뿐 실질적인 권리와 권한을 갖지 않는 형태로 주로 원시사회에서 나타나는 유형이다.

3) 결합형태에 따른 분류

가족의 유형은 가족의 구성 범위 및 가장권의 소재와 함께 결혼형태도 중요한 요인으로 작용하게 된다. 결혼형태는 다시 사회적으로 용인되는 배우자의 수, 결혼 후의 거주 형태, 가계의 계승 방법에 따라서 여러 가지 양상을 보이게 되는데, 이것을 항목별로 살펴보면 **표 11-4**와 같다(박귀영 외, 2023).

표 11-4. 결합형태에 따른 분류의 특성

구분	내용
배우자의 수	부부의 결합은 남자와 여자가 1대 1로 이루어지는 것이 원칙이지만 사회에 따라서는 부부 중 어느 한쪽이 단수이고 상대방이 복수로 되어 있다. 부부가 각각 1인으로 되어 있는 형태를 단혼제 또는 일부일처제(monogamy)라고 하고, 남편이나 아내가 동시에 한 사람 이상의 배우자와 결혼생활을 할 수 있는 제도를 복혼제(polygamy)라고 한다. 복혼제는 다시 남자가 1인이고 여자가 다수인 일부다처제(polygyny)와 여자가 1인이고 남자가 다수인 일처다부제(polyandry)로 나눈다.

구분	내용
가계의 계승	가족은 명예와 족보를 유지하여 오는데, 가명과 친족의 계보가 부의 혈통에 따라 계승될 때 이를 부계제(patrilineal system)라 하고, 모의 혈통을 따를 때 모계제(matrilineal system)라 한다. 또한 어느 한 혈통에만 치우치지 않고 가보에서 차지하는 친척의 범위와 비중이 양계 동격이거나, 가명이나 가산의 상속이 혈통보다 개인 위주로 형편에 따라 양계 어느 쪽에서나 계승자를 택할 수 있는 경우 이것을 양계제(bilineal system)라고 한다. 그러나 문두구모(Mundugamor) 사회에서는 아들은 모계를, 딸은 부계를 따르며, 브라질의 아피나예(Apinaye)족은 그와 정반대로 아들이 부계를, 딸은 모계를 각각 따르도록 하고 있어 이중적인 계승제도를 볼 수 있는 사회도 있다.
거주제	결혼 후 부부가 어디서 사느냐에 따라서 가족의 유형이 구별되는데, 즉 거주제는 가족제도에 따라 다르게 나타난다. 주로 시가살이 또는 부거제(patrilocal)와 처가살이 또는 모거제(matrilocal) 및 단가살이 또는 신거제(neolocal) 등 세 가지로 구분한다.

4) 가족체계

체계적 관점에 의하면 우리는 생물적 · 심리적 · 사회적 · 환경적 현실이 서로 연결된 사회에 살고 있으며, 개인은 개인의 위치와 역할을 중심으로 상호 연계되어 있다. 가족도 사회체계의 한 유형으로, 가족은 상호의존적이며 상호작용하는 가족구성원 개개인들로 이루어진 전체이다. 체계로써의 가족은 부분으로서 통합하려는 성질과 개성을 유지하는 성질을 가진다. 또한 부분은 하나하나가 통합된 전체이므로 부분을 보면 전체를 알 수 있다.

가족구성원은 상호 의존하는 관계로 한 사람의 행동이 다른 가족에게 영향을 미치며, 이는 반복적인 상호작용으로 유형화된다. 체계로서의 통합성을 유지하는 한편 경계를 형성하여 외부체계와 구분되기도 한다.

이 모든 체계들은 서로 상호작용하면서 에너지를 교환한다. 따라서 가족을 대상으로 하는 실천에서는 가족구성원 개개인에 초점을 맞추기보다는 전체로서의 가족에 중점을 둔다. 콜린스 등(Collins et al., 1999)은 가족체계에 대한 주요 가설들로 다음 6가지를 설명하고 있다.

(1) 전체로서의 가족은 각 부분의 합 이상이다

가족은 체계로서 개별 가족구성원들로 이루어진 전체이지만, 각 가족구성원들의 합은 단순한 부분의 합 이상의 성질을 갖는다. 즉, 하나의 사회체계로서 가족은 각 개인의 개인적 특성의 합보다는 크다는 것으로, 상호작용을 통해 부분의 합 이상의 무엇을 만들어 낸다는 의미이다. 따라서 각 개인들의 행동을 이해하기 위해서는 가족원들과의 상호작용 속에서 관찰해야 한다는 것이다. 즉, 각 구성원들의 고립된 부분만을 조사해서는 전체를 알 수 없다는 것이며, 특성보다는 관계에 초점을 맞추고, 관찰결과가 맥락에 따라 다르게 나타남을 인정해야 한다.

(2) 가족은 변화와 안정성의 균형을 맞추려고 노력한다

현재의 상태를 유지하기 위해 애쓰는 것을 '항상성(homeostasis)'이라고 하는데, 체계는 외부환경의 변화에 따라 항상성을 가지려고 한다. 가족은 변화하는 외부환경과 가족원들의 성장욕구에 반응하여 계속해서 성장하도록 압력을 받음과 동시에, 현재의 상태를 유지하기 위해 노력한다. 안정과 변화라는 서로 상반된 욕구 사이에서 균형을 찾기 위해 노력한다. 때문에 가족은 안정을 유지하기 위해 계속해서 적응하고 변화해야 한다. 위기 상황으로 가족들이 변화와 적응에 대한 압력을 느끼게 되면, 새로운 가족기능을 수행하기 위해 새로운 행동패턴을 만들게 되고, 이어서 새로 수정된 가족균형 상태로 이어지게 된다(도광조, 2018).

(3) 한 가족원의 변화는 가족구성원 전체에 영향을 미친다

사회체계로서의 가족을 이해하기 위해서는 가족 중 한 구성원의 변화가 다른 모든 구성원에게 영향을 미친다는 것을 알아야 한다. 이러한 점을 이해하고 있어야 한 명의 가족원이 변화를 시도하거나 사회복지사가 가족을 변화시키려고 할 때 가족과 구성원의 반응을 이해할 수 있다. 가족원 중 한 명이 다르게 행동하려 한다면, 다른 가족구성원들은 항상성을 가지기 위해 이러한 변화를 저지하려고 할 것이다. 하지만 가족원이 성공적으로 변화한다면, 이러한 변화는 결국 가족구성원 전체에 영향을 미칠 것이다.

(4) 가족구성원의 행동은 순환적 인과관계로 가장 잘 설명할 수 있다

가족체계는 관계중심성을 갖는다. 개인은 '누구의 자녀', '누구의 배우자', '누구의 형제'와 같이 상대적인 개념을 짓는 관계구조의 한 요소가 된다. 이러한 상호의존적인 관계구조는 행동에 있어서도 순환적인 인과관계로 나타난다. 따라서 사회복지사는 가족의 행동을 분석할 때 가족구성원 사이의 상호작용적 순환패턴을 잘 살펴야 한다. 이러한 순환적 인과관계는 사건 A가 B에 영향을 미치고, 다시 사건 B가 A에 영향을 미치는 상황을 말한다. 따라서 가족이 가진 문제점을 해결하기 위해서는 문제의 원인이나 근원보다는 문제를 유지하게 하는 가족의 상호작용에 초점을 맞출 필요가 있다. 즉, 현재의 문제가 누구의 책임인지, 누가 근원인지를 밝히는 것보다 어떻게 상호작용 패턴을 변화시킬 수 있는지에 중점을 두어야 한다.

(5) 가족은 보다 큰 사회체계에 속하며 많은 하위체계로 이루어져 있다

모든 체계들은 다양한 하위체계들로 구성된다. 또 모든 체계들은 보다 넓은 체계 내에 놓이게 된다. 가족에도 상위체계와 하위체계가 있으며 그것은 **표 11-5**와 같다.

표 11-5. 가족의 상위체계, 하위체계

상위체계	확대가족, 지역사회, 도시, 이웃, 커뮤니티
가족체계	
하위체계	부부체계, 부모자녀체계, 형제자매체계, 개인

하위체계는 전체의 부분들로 서로 영향을 주고받는다. 가족은 일반적으로 공존하는 많은 하위체계를 가진다. 가족하위체계는 세대, 성(gender), 흥미 또는 기능 등 여러 가지 변수에 따라 형성된다. 부부하위체계는 일반적으로 애정과 책임감을 가지는 특징이 있고, 부모하위체계는 양육, 지도, 훈육, 권위를 다루는 특징이 있다. 형제자매 하위체계는 첫 번째 또래집단을 형성하며 협상, 협동, 경쟁, 상호지지의 특성을 가진다.

이러한 체계와 체계 사이에는 '경계'라는 것이 있는데, 경계란 체계를 규정짓고 체계와 다른 체계 사이, 그리고 체계 내 하위체계와 상위체계 사이의 고유영역이나 접촉된 지점을 말한다. 이 경계는 그 느슨한 정도에 따라 가족구성원들에게 정서적으로 다르게 나타나게 되는데, 경계가 명확하면 기능적이고 나와 너가 구분됨과 동시에 우리가 존재한다. 하지만 경계가 명확하다 못해 너무 경직되어 버리면 우리는 없고 나만 존재하게 되며 정서적으로 서로 차단되는 가족이 된다. 반대로 경계가 너무 느슨해져 버리면, 밀착도는 높아지지만 구성원 개인은 없어지고 구성원을 속박하며 '나'가 아닌 '우리'만 존재하게 된다.

(6) 가족은 기존규칙에 따라 움직인다

가족규칙은 가족 내에서 허용되는 것과 금지되는 것을 결정한다. 가족규칙은 항상성을 유지하는 역할을 한다. 가족은 가족규칙에 따라 가족환경을 편안하게 유지시킨다.

가족규칙에 따라 누가 청소를 하고, 누가 양육을 할 것이며, 누가 생활비를 벌고, 어떻게 나누어 쓸 것인지가 결정된다. 이렇게 가족규칙은 가족원들의 행동을 통제하지만 대부분의 가족규칙은 문서화되어 있지는 않다. 때문에 사회복지사는 세밀한 관찰을 통해 가족의 규칙을 파악하고 이해하여야 한다. 사회복지사는 가족의 규칙을 이해함으로써 가족문제에 대한 해결책에 한 발 더 다가설 수 있을 것이다.

3. 가족과 사회복지실천

가족과 사회복지실천의 함의점을 구체적으로 살펴보면 다음과 같다(강세현 외, 2020). 가족은 사회복지실천의 중요한 기본단위로 간주되어 왔다. 가족복지실천은 가족구성원 개개인에게 초점을 맞추는 것이 아니라 한 단위로서의 가족 전체에 주목하면서 가족의 보호, 보장, 강화를 도모하는 조직적 제반 활동이다. 가족이라는 복합성 혹은 포괄성 때문에 가족복지실천은 사회복지의 다른 분야인 아동문제, 노인문제, 장애인문제, 여성문제 등의 분야와 중첩된다. 그러나 가족복지실천이 다른 사회복지 분야와의 차이점은 아동복지, 노인복지, 여성복지 등은 그 대상으로 특정인을 취급하는 데 비하여 가족복지는 가족구성원 개개인은 물론 가족 전체를 취급하는 것이라 할 수 있다. 가족복지실천의 주요 대상이 될 수 있는 가족은 한부모가족, 배우자학대가족, 장애인가족, 비행청소년가족, 알코올중독자가족, 치매노인가족 등이다. 가족복지실천의 접근방법은 **표 11-6**과 같이 크게 분류하여 거시적 접근방법과 미시적 접근방법으로 구분할 수 있다(조흥식 외, 2017).

표 11-6. 가족복지실천의 접근방법

구분	내용
거시적 접근방법	거시적 접근방법은 가족문제를 사회 전체의 문제로서, 즉 가족이 전체 사회의 제도적 구조와의 관계에서 보다 잘 존속할 수 있는 조건 혹은 환경을 조성하는 접근방법으로서 직접적으로 가족과의 만남 속에서 이루어지기보다는 간접적 정책의 차원에서 이루어진다. 거시적 접근방법의 대표적인 것은 가족정책이다. 가족정책은 문제가족에 대하여 사회복지적 처우라기보다는 예방적 처우라는 관점을 갖고서 사회의 구조적 문제에 대하여 제도적 · 환경적 · 거시적으로 접근하는 것이다. 그러므로 가족정책은 정부가 가족을 위하여 시행하는 모든 활동을 의미한다. 가족정책은 가족에 대한 소득보장, 인구정책, 부적응 가족에 대한 원조 대책 등을 중심으로 전개되어 왔으며, 최근에는 아동의 인권옹호 및 주부를 위한 정책, 특히 취업모를 위한 시책으로서의 가족정책을 강조하고 있다.
미시적 접근방법	미시적 접근방법은 문제 혹은 장애로 고통을 당하고 있는 가족에게 직접적으로 접근하는 방법으로서 서비스의 차원에서 논의될 수 있는 방법이다. 미시적 접근방법으로서의 가족복지서비스는 특수한 욕구를 가진 가족구성원의 특별한 문제를 취급하는 가족복지기관의 서비스 활동으로 다분히 가족복지의 제도적 개념을 보완하는 잔여적 성격을 가지고 있다. 가족복지기관의 목표는 가족 내의 개인 및 그 구성원이 가족생활에서 원만한 인간관계를 갖도록 하는 것이다. 가족복지서비스의 대표적 프로그램에는 가정생활교육, 가족계획사업, 가족보존과 가정기반 서비스, 가족치료, 가족옹호 등이 포함된다.

Chapter

12

다양한 가족과 일하기

배울 내용

1. 다문화가족
2. 북한이탈주민가족
3. 한부모가족
4. 조손가족
5. 재혼가족
6. 가족대상 사회복지실천

학습목표

1. 다문화가족의 개념과 특성을 이해한다.
2. 북한이탈주민가족의 개념과 특성을 이해한다.
3. 한부모가족의 개념과 특성을 이해한다.
4. 조손가족의 개념과 특성을 이해한다.
5. 재혼가족의 개념과 특성을 이해한다.
6. 가족대상 사회복지실천 과정과 기법을 숙지한다.

1. 다문화가족

1) 다문화가족의 개념

세계화와 이주화의 영향으로 우리 사회는 이미 다문화사회로 진입하였고, 이는 국제결혼의 급증, 다문화가족 자녀의 증가, 외국인 가족의 대두 등 가족 영역에서도 그대로 재현되어 다문화가족이 증가하고 있다. 근대 이후 한국의 다문화가족은 1950년 한국전쟁 이후 생겨난 미군 병사와 한국여성으로 구성된 가족, 1980년대 중반 이후 외국으로부터 유입된 이주 노동자를 중심으로 구성된 가족, 그리고 1990년대 후반 이후 결혼이민자와 한국인 배우자로 이루어진 가족을 다문화가족의 주체로 포함시킬 수 있다. 그리고 최근 대두되는 외국인으로만 구성된 가족이나 외국인과 귀화자로 이루어진 가족 등도 다문화가족으로 볼 수 있다.

시대별로 다문화가족의 모습이 변화할 뿐 아니라 다문화가족 개념 자체는 연구자에 따라 상이하여 다양하게 정의되고 있다. 즉, 좁은 의미에서는 국제결혼으로 한정하여 결혼이민자와 한국인으로 형성된 가족을 지칭하기도 하고, 넓은 의미에서는 우리와 다른 민족·문화적 배경을 가진 사람들로 구성된 가족을 통칭하여 규정하기도 하며, 한국사회에 거주하고 있는 외국인노동자, 결혼이민자, 외국인거주자 및 그들의 자녀까지 포함하여 정의하기도 한다. 또한 북한이탈주민이 대한민국에 넘어오게 되면 대한민국 국적을 취득하게 되므로 다문화가족의 범주에 포함될 수 없지만 그들이 외국인노동자 및 외국인거주자와 결혼하여 가정을 꾸리게 되면 다문화가족의 범주에 포함된다.

그리고 관련 법인 「다문화가족지원법」에서는 대한민국 국민과 혼인관계(또는 혼인 경험이 있는)에 있는 재한외국인과 대한민국 국적을 가진 한국인으로 이루어진 가족 또는 「국적법」에 의해 귀화허가를 받은 자와 출생 시부터 대한민국 국적을 취득한 자로 이루어진 가족으로 정의하고, 「재한외국인처우기본법」에서는 대한민국 국민과 혼인한 적이 있거나 혼인관계에 있는 재한외국인인 결혼이민자를 포함하고 있다.

2) 다문화가족의 특성

다문화가정의 외국인 모는 아이의 발달과정에서 초래되는 특성과 한국의 낯선 양육 환경이 자신의 언어적·문화적 다름과 맞물려 여러 가지 갈등과 혼란을 초래한다. 이러한 현실을 인식하고, 그 문제를 해결하기 위해 다문화가정의 부모는 노력하고 있다.

다문화가족 자녀가 학교와 사회에서 공통적으로 경험하는 어려움으로 왕따, 정체성 혼란, 학업부진, 학교부적응, 폭력의 대상, 사회적 소외 등에 노출되어 있다. 또한 다문화가족 자녀들은 한국말이 서툰 부모를 창피하게 여기고 무시하는 경우가 있어 이러한 이유로 부모-자녀관계에 갈등이 일어난다. 이때 나만의 '양육신념을 지키기'로 삶의 태도를 다져 나갈 때 자긍심을 갖게 하는 효과를 얻을 수 있다.

다문화가정의 외국인 모를 일방적인 수혜자로만 접근하는 것이 아니라 이들의 강점 개발과 잠재적 능력발휘에 초점을 두고 지원정책을 구성할 필요성이 제기된다. 자녀의 성장과정에서 나타나는 다양한 문제행동에 부모가 대처할 수 있도록 부모교육, 코칭, 상담, 치료프로그램들을 개발하고 실시함으로써 다문화가정 부모들의 역량을 강화해 주어야 한다. 또한 그들은 결혼이주여성 모임뿐만 아니라 한국 어머니들과의 모임이 매우 필요함을 호소하고 있다. 한국여성들과의 모임은 자녀 양육에 대한 정보의 통로, 자녀의 친구 만들기, 한국생활의 적응 부분에서 이주여성 모임과는 또 다른 유용한 도움이 되기 때문이다. 그래서 비슷한 연령대의 한국 어머니들과 1:1 멘토링, 품앗이 등 다양한 모임과 만남의 장으로 확대해 나갈 필요가 있다.

2. 북한이탈주민가족

1) 북한이탈주민가족의 개념

「북한이탈주민의 보호 및 정착지원에 관한 법률」 제2조 1항에 따르면, 북한이탈주민이란 군사분계선 이북지역에 주소, 직계가족, 배우자, 직장 등을 두고 있는 사람으로서 북한을 벗어난 후 외국 국적을 취득하지 아니한 사람을 말한다.

1990년대 중반 이후 북한의 경제난으로 인해 북한을 탈출하는 주민이 늘어나면서 탈북자라는 용어가 보편적으로 사용되기 시작하였다. 1997년 1월 「북한이탈주민의 보호 및 정착지원에 관한 법률」이 제정되면서 기존의 귀순 개념이 북이탈로 바뀌었으며 북한을 떠난 후 아직 외국 국적을 취득하지 않은 사람들을 북이탈주민으로 규정하였다. 2005년 통일부는 탈북자라는 용어가 부정적인 인식을 심어 줄 수 있다는 취지에서 새로운 명칭을 마련하여 한국 거주 탈북자를 새터민으로 바꾼다고 발표하였다. 그러나 탈북단체들이 새터민이라는 용어 사용에 대해 부정적인 입장을 보이는 등 용어개념에 대한 문제가 제기되면서 2008년 11월 통일부는 가급적 새터민이라는 용어를 쓰지 않겠다고 발표하였고, 이후 북한이탈주민을 탈북자의 공식적인 명칭으로 사용되고 있다.

2) 북한이탈주민가족의 특성

북한이탈주민의 경우에는 한국인들의 무관심, 냉대, 멸시 속에서 힘겨운 삶을 살고 있다. 특히 북한이탈주민이 남한 생활에서 겪는 가장 큰 어려움은 외로움이다. 즉, 남한 사회에서 완전히 새로운 인간관계를 시작하는 데서 오는 외로움으로 고통받고 있다. 또한 단독으로 남한으로 온 북한이탈주민이 겪는 가장 큰 심리적 고통 중 하나는 북한에 두고 온 가족에 대한 죄책감이다. 이러한 죄책감이 직접적인 원인은 아닐지라도, 남한 사회에 대한 적응이 어려울수록 우울감이 커지고 그것은 다시 죄책감으로 연결되어 적응에 어려움을 증가시키는 악순환이 될 가능성이 높다. 더구나 최근 가족 단위 입국이 많아지고 있어 가족을 데리고 오지 못한 심리적 갈등은 더욱 커지고 있다.

그리고 북한이탈주민은 미래의 불확실성으로 인한 심리적 불안을 경험하고 있다. 이러한 불안감은 북한이탈주민의 결혼 문제에서도 나타나고 있다. 북한이탈주민 신분으로서 남한 사회의 일원으로 확실하게 편입되고 인간관계를 형성하는 방법은 남한 사람과 결혼하는 것이다. 실제로 남한에서 결혼을 한 북한이탈주민은 외로움 해소, 빠른 경제적 안정, 남한 사회에 대한 소속감 등에 결혼이 매우 도움이 되기 때문에 주변 북한이탈주민에게 결혼을 권하고 있다. 그러나 북한에서 결혼을 했던 북한이탈주민은 남한에서 재혼 후 북에 두고 온 가족에 대한 미안함, 남존여비 관념이 강한 북한에서 살다가 그러한 개념이 상대적으로 적은 남한 여성과 결혼하는 경우 느끼는 어려움 등으로 심리적 갈등을 경험하고 있다.

북한이탈주민은 남한 사회의 적응상의 어려움 중에서 '언어적 이질감'을 많이 이야기한다. 남한과 북한은 한국어를 사용하기 때문에 많은 사람들은 남북한의 언어적 특징이 유사하다고 생각한다. 그러나 남북한의 언어는 많은 부분에서 차이가 있다. 남한은 북한에 비해 개방된 문화를 가지고 있으며 외국과의 활발한 교류로 인해 외래어가 국어에 많이 유입되어 사용된다. 그러나 북한은 여전히 폐쇄적인 사회로서 우리말로 이루어진 표현이 더 많다. 예를 들어, 우리가 흔히 쓰고 있는 단어로 '아이스크림'을 북한에서는 '얼음과자'라고 하며, '에스컬레이터'는 '계단 승강기'라고 한다.

북한이탈주민 역시 문화적 이질감을 느끼면서 여러 방면에서 심리적 스트레스를 경험하고 있다. 북한이탈주민은 남한 사회에 편입된 후 자본주의와 물질만능주의로 인한 무한 경쟁이 만연하고 학연 · 지연 · 인연을 중시하는 풍조에서 생존을 위해 고군분투하고 있다. 그들은 자본주의 경제 논리나 고용 원리에 익숙하지 않아 혼란을 겪기도 하고, 가치관이 다르고 도덕성을 평가하는 잣대가 달라 혼란을 겪기도 한다.

또한 북한사회가 주민에게 배급하는 식량, 진학, 대학 전공, 직장 배정 등은 위로부터 일률적이어서 남한 사회에서의 민주주의, 다양성과 자유의지에 의한 선택과 결정은 이들의 혼란을 더욱 가중시킨다. 또한 북한 출신 근로자들이 직장문화와 노동 문화에 적응하는 데에도 많은 어려움이 따른다. 집단주의적 문화에서 살아온 그들은 개인적주의적 성향이 강한 우리 사회의 분위기에 쉽게 적응하지 못하며, 공산주의 체제 아래 '느릿느릿 일하기'가 일반화되어 대충대충 일하는 것이 체질화되어 있는 그들을 용납하지 않는 우리 문화에서 심한 스트레스를 경험하기도 한다.

북한이탈주민이 남한 사회에 적응하기 위해서는 무엇보다도 경제적 자립이 중요하다. 사회주의 체제에서 생활했던 북한이탈주민은 남한 사회에 들어와 자본주의 세계에서 살아남기 위해서는 돈을 벌어야 한다는 강박관념을 가지고 있다. 따라서 북한이탈주민은 경제적으로 자립할 수 있는 능력을 가지지 못하기 때문에 남한 사회 정착에 어려움을 겪는다.

3. 한부모가족

1) 한부모의 개념

「한부모가족지원법」 제4조에 의하면, 한무모가족이란, '모' 또는 '부'가 다음의 어느 하나에 해당하는 자로서 아동인 자녀를 양육하는 자를 말한다. 즉, 배우자와 사별 또는 이혼하거나 배우자로부터 유기(遺棄)된 자, 정신이나 신체의 장애로 장기간 노동능력을 상실한 배우자를 가진 자, 교정시설 · 치료감호시설에 입소한 배우자 또는 병역 복무 중인 배우자를 가진 사람, 미혼자(사실혼(事實婚) 관계에 있는 자는 제외)를 말한다.

다시 말해 한부모가족은 아버지 또는 어머니와 자녀가 살고 있는 가족을 말하고, 세대주가 아니더라도 사실상 그 가족을 부양하는 조손가족을 포함하고 있는 개념이라고 할 수 있다.

기존의 한부모를 일컫는 명칭들, 즉 편모, 편부, 편부모가족 등의 용어들이 결손, 부족 등의 부정적인 이미지를 내포하고 있어 이를 개선하기 위해 1999년 한국여성민우회가족과 성상담소가 '한부모가족'이란 용어를 만들었다. 여기서 '한'은 '하나로도 온전하고 가득하다'는 의미로서, 하나의 '부' 혹은 '모' 만으로도 양부모가족과 똑같이 평등하고 건강하게 행복할 수 있다는 긍정적인 의미를 지니고 있어 일반적으로 더 많이 쓰이고 있다(김안나 외, 2010).

2) 한부모가족의 특성

한부모가족과 여성사회권을 살펴본 연구에서는 우리나라 한부모여성의 경우 모성권 관련 정책적 지원은 거의 존재하지 않고 있는 반면, 노동자로서 노동시장 참여를 강조하는 삶을 중심으로 편재되어 있다. 한부모가 경험하는 경제적 스트레스가 부모역할수행에 부정적 영향을 주는 것을 볼 때 한부모의 경제적 문제는 자녀양육의 문제와 연계될 수 있다. 한부모가족의 성별에 따라 어려움의 요소가 다르게 나타난다. 한부모가족이 된 후 가장 큰 문제로는 부자 한부모가족은 자녀양육과 교육, 모자 한부모가족은 경제적 어려움이다. 그러나 한부모가족정책은 모자 한부모가족에 더 비중을 두고 있으나 취약위기가족지원사업의 확대 및 필요중심의 지원이 꼭 필요하다(김영란 외, 2016).

첫째, 자녀지원 및 심리 · 정서적 문제는, 빈곤여성가장 본인을 지원하는 것만큼 중요하다. 자녀는 빈곤여성가장이 존재하는 의미이고 삶의 목표이며 우리 사회에서 낮은 학력은 빈곤을 재생산시키는 요인이 될 수 있다. 그러므로 자녀에게 충분한 교육기회를 제공하고, 세대 간 빈곤의 재생산 고리를 단절시키는 것이 필요하다.

한부모가 된 후 정서적 스트레스 경험을 하는데, 여성은 급성적 신체적 · 정신적 스트레스 경험, 남성보다 타인들의 이혼에 대한 부정적 시선에 민감하다. 남성은 만성적 신체적 문제, 결혼 실패로 인한 패배감 경험, 자녀에게 감정 및 애정표출과 부모역할수행의 어려움 경험을 나타낸다(성정현 외, 2017). 남녀 모두 이혼 초기에는 정서적 혼동과 우울, 불안한 정서 상태를 경험하며 점차 자유로움이 증대된다. 이를 통하여 개인적 성숙 및 자녀와의 관계 개선 등을 경험하기도 한다(임경택 외, 2015).

둘째, 주거문제 및 건강문제해결로, 빈곤여성가장에게 영구임대아파트를 제공하고 있지만 상당한 액수의 보증금이 필요하므로 극빈층은 현실적으로 입주가 불가능하며, 임대아파트 단지 주위의 인프라가 열악하다. 이혼의 원인을 제공한 배우자, 자녀를 양육하지 않는 부모가 주거를 이동하는 경우가 많으며 주거비 부담이 높고, 필요한 지원으로는 생계비와 양육비, 시설, 임대주택 등 주거지원 순으로 나타났다(여성가족부, 2015). 대부분의 빈곤여성가장들은 디스크, 고혈압, 협심증, 골다공증, 만성피로 등 크고 작은 증상을 호소하고 있다. 건강은 직업생활을 유지하는 데 직결되므로 직접적 자원이다. 예방을 위해 무료건강검진이나 체육시설제공 등 보다 적극적인 서비스 제공이 필요하다.

4.

조손가족

1) 조손가족의 개념

조손가족은 일반적으로 조부모와 손자녀로 구성된 가족을 의미하는 개념으로 개념 정의에 있어서는 연구자에 따라 유사하지만 약간씩 다른 차이를 보이고 있다. 김정은(2002)은 조부모가 일차적인 손자녀양육 책임자로서 부모역할을 대신 수행하는 가족이고, 옥경희(2005)는 조손가족을 가족해체 등의 원인으로 인해 아동의 부모가 아동과 실제로 동거하지 않는 상태에서 조부모가 아동과 함께 살면서 아동의 기본적인 의 · 식 · 주 및 생활 전반을 일차적으로 책임지고 있는 가족으로 정의하고 있다. 즉, 부모가 아동의 양육을 책임지지 못하거나 함께 살지 않고 조부모가 아동의 양육을 책임지는 경우를 포괄적으로 조손가족이라고 부른다. 조손가족이란 일반적으로 부모가 아동을 양육하지 못하는 상황에서 조부모가 아동과 함께 동거하면서 양육을 책임지고 있는 가족형태를 지칭한다(박옥임, 2009).

2) 조손가족의 특성

아이 부모의 부재에 대한 상실감과 슬픔은 관계형성에 영향을 미치고 양육을 더욱 어렵게 하므로 조부모 가족들이 직면하고 있는 문제들은 개인 및 가족상담을 필요로 한다. 그리하여 서비스에 대한 욕구가 높음에도 불구하고 이에 대한 접근을 꺼려 하는 경향이 있다. 손자녀 양육을 부끄럽게 생각하고 가족 안의 실패로 보아 이와 같은 낙인이 도움을 구하는 데 방해가 될 수 있다.

동화가 덜되고 문화적 전통을 고수하는 조부모는 양육권을 가진 조부모로서의 역할을 수용하는 것을 규범적인 의무로 간주해 도움을 받는 것을 전통적인 기대 및 규범들과 갈등을 초래할 수 있다고 생각할 수 있다. 또한 아동양육에 대한 공식적인 훈련은 제한되어 있으며 아동을 보호하기 위해 가족을 돕고 설계된 시스템이 조부모들에게는 위협적일 수도 있다.

신입 사회복지사들은 아이들이 잘못된 경우 조부모의 탓으로 돌리려는 태도를 보일 수 있고, 손자녀 양육에 대한 그들의 능력을 의심할 수도 있다. 이들이 서비스 이용이 낮다고 해서 실제적인 서비스 욕구가 낮다고 인지해서는 안된다. 서비스 이용을 돕기 위한 전제조건으로 문화와 민족성이 어떻게 조부모들의 도움을 찾는 행동 및 서비스 지원에 대한 영향을 미치는지에 대한 이해가 필요하다. 이것은 사회복지사들로 하여금 도움의 필요성에 대한 다양한 민족 문화적 관점들, 도움을 받는 것 자체에 대한 낙인들, 다른 민족 집단으로부터 도움을 받는 것에 대한 수용성 등에 대한 이해를 요구한다.

문화는 사람들이 상호작용하고 행동들을 해석하는 방법들에 영향을 미치는 것으로, 조부모들이 자신의 역할들을 경험하는 방식을 결정하는 주요 요인이다. 가족 내에서 이야기꾼, 가족의 사학자, 특별한 때 베이비시터 이상의 역할들을 수행한다. 현재는 그들의 선택이라기보다 필요로 인해 그렇게 해야만 하는 것이다. 그리하여 법적 양육권을 가진 조부모들은 높은 비율로 우울증, 부적절한 자기평가의 건강상태, 만성적 건강문제들, 일상 활동을 제한하는 가능성의 문제들을 갖고 있다. 나아가 심각한 문제행동들을 가진 손자녀를 돌보는 것은 조부모들의 정신건강에 부정적인 영향을 미친다.

5. 재혼가족

1) 재혼가족의 개념

재혼가족은 이혼 또는 사별 후 부모와 그들의 자녀로 구성된 가족구조를 말한다. 즉, 재혼가족은 기본적으로 이혼, 사별 또는 동거 종료 후 재혼한 부모와 그들 각각의 이전 관계에서 태어난 자녀 그리고 새로운 관계에서 태어난 자녀가 함께 생활하는 가족 구조이다. 재혼가족은 재구성 가족, 혼합가족, 계부모 가족, 2개의 핵가족 등으로 사용된다.

이러한 재혼가족은 우리 사회에 존재하는 가족유형 중의 하나임에도 불구하고 사회적으로나 학문적으로 소외시되고 있다. 그로 인하여 계부모역할이나 자녀관계 등에 대해 부정적 선입견이나 이에 기초한 부정적 신화나 잘못된 통념만이 난무하다. 최근 우리 사회에서 발생하는 재혼의 인구학적 변화양상은 재혼율이 가파르게 상승하고 있다는 것이다. 그리하여 재혼가족에 대한 이해가 촉구된다.

재혼가족에 대한 이론적 관점으로, 1980년대까지 미국에서의 재혼연구의 지배적 시각은 결손비교관점(deficit-comparison perspective)이었다. 초혼핵가족에 비교하여 재혼가족의 기능적이지 못한 부분을 해결하고 지양해야 할 '문제'로 인식하는 문제지향적 특성을 갖는다. 이 관점은 초혼핵가족 이데올로기에 기반하고 있기 때문에 재혼가족의 구조적인 복잡성과 다양성에 대한 관심이 긍정적 측면보다는 부정적 측면에 치중되었다고 보았다. 발달적 관점에서는 재혼가족을 본질적으로 초혼가족과는 다르며 나름대로의 독특한 관계와 상호작용의 유형을 가지고 있다는 시각에서 출발한다. 이는 재혼가족의 병리적 현상에 기여하는 요인들에 관심을 두기보다는 재혼가족의 건강한 발달에 기여하는 요인들에 주안점을 두고 있다.

2) 재혼가족의 특성

재혼으로 인한 가족형성은 초혼보다 더 많은 노력을 요하며, 거기에 따르는 구체적인 준비와 계획이 필요하다. 이는 가족구조와 조직의 급격한 변화를 불러오는 중대한 전환기이다. 계자녀의 존재, 불명확한 계부모역할, 전혼과 재혼생활에서 발생하는 경제적 욕구에 대한 자원분배 등 가족들은 생활패턴과 규칙, 의사소통방법, 역할수행 등 다양한 적응문제를 경험하게 된다. 이러한 문제는 재혼에 대한 별도의 준비를 요구하게 되는 것이다(김연옥 외, 2005). 그럼에도 불구하고 충분한 준비를 하지 않고, 재혼 시 직면하게 되는 문제들에 대한 사전지식이 부족한 것으로 보고되고 있다. 재혼가족의 취약성은 재혼의 이혼율을 통해 사실로 증명이 된다. 미국의 경우 초혼의 이혼율이 40%인 데 비해 재혼의 이혼율은 70%에 이르고 있다.

계자녀가 있는 재혼의 이혼율은 계자녀가 없는 재혼의 두 배라는 통계는 재혼가족의 취약성을 극명하게 드러내고 있다. 재혼에 관한 사회적 관심이나 공론화가 거의 제기되지 않은 현실을 고려하면 재혼에 대한 사회적 개입이 전혀 이루어지지 않고 있다고 볼 수 있다.

최근 사회변화를 반영하는 결과로 여성의 재혼이 현저히 늘어났다는 사실이다. 남성보다 앞서는 여성의 재혼율 등은 우리 사회의 이혼율의 상승으로 인하여, 재혼율이 지속적으로 증가할 것이라는 예측을 낳게 한다. 또한 재혼율의 상승과 이혼율의 상승은 동전의 양면과 같은 관계로 볼 수 있다.

부모-자녀관계에서 친부모를 만나지 않더라도 자녀들의 기억 속에는 친부모가 존재하고 있어 실제 생활에 영향을 미친다. 재혼 전 서로에 대한 충분한 이해와 친구와 친척들이 인정하는 상대로 역할변화에 융통성 있게 적응해야 한다. 재혼가족의 성공적 적응을 위한 요소로 가족원에 대한 현실적인 기대, 견고한 부부관계형성, 만족스러운 계부모-계자녀관계를 형성하여 전 배우자와 협조관계를 구축하는 것이 필요하며, 새로운 가족문화를 만들어 가야 한다(성미애, 2019).

6. 가족대상 사회복지실천

가족대상 사회복지실천 활동은 가족 전체, 즉 가족구성원 모두의 욕구에 대응하여 그들의 삶의 기능적 향상을 위한 것이다. 인간은 단독으로 기능하는 존재가 아니라는 점에서 가족에 대한 다양성 및 가족의 변화에 대해 사회복지사로서의 관점을 정립할 수 있어야 한다. 또한 가족을 대상으로 이루어지는 실천 활동은 해당 가족의 특수성, 즉 개별성에 대해 주목하여야 한다. 따라서 가족의 역사와 구성, 가치관 및 문화가 다르고 이들의 복잡한 관계성에 대해 이해하려는 노력은 가족대상 실천 활동의 질적인 측면에 도움이 될 수 있다. 가족복지실천에 대한 전반적인 이해를 돕기 위한 과정을 구체적으로 살펴보면 **표 12-1**과 같다.

표 12-1. 전반적인 가족대상 사회복지실천과정

구분	항목	내용
초기 단계: 1~3회기	상담관계 형성	상담자와 내담자가 안정되고 신뢰할 수 있는 관계를 형성하는 것이 중요하다. 낯선 공간에서 처음 만난 상담자에게 자신의 이야기를 꺼내는 것은 불안하고 불편할 수 있다. 따라서 여러 번의 만남을 거치며 서로에게 상호작용하면서 보다 편안하고 자연스러운 상담관계로 발전시켜 나가야 한다.
	내담자 이해와 평가	내담자의 개인적인 특성과 현재 겪고 있는 심리적인 어려움을 파악한다. 특히 심리검사 결과를 통해 자신의 성격 특성을 객관적으로 이해하고, 상담의 방향을 설정하는 데 활용할 수 있다. 예를 들어, MMPI-2 다면적 인성검사, TCI 기질 및 성격검사, SCT 문장완성검사 등을 사용하여 내담자에 대한 이해와 평가를 하게 된다.
	상담 구조화	상담 과정, 상담자와 내담자의 역할에 대해 설명하고, 상담 회기를 의논하여 결정하게 된다. 상담자는 상담 과정에서 알게 된 내담자의 사생활과 비밀을 유지해야 하는 의무가 있다. 다만 자신과 타인의 생명과 안전을 위협하는 경우에는 비밀보장에 한계가 있다.
	상담 목표 설정	상담자와 내담자가 합의하여 상담에서 나아가야 할 방향을 분명하게 설정해야 한다. 제한된 회기 내에서 내담자가 가진 모든 문제들을 다루는 것은 불가능하다. 따라서 내담자가 호소하는 문제들의 우선순위를 탐색하여 가장 중요하고 시급하게 해결하길 바라는 문제를 중심으로 다룬다.
개입 단계: 4~7회기	자기 탐색과 통찰	상담자와 신뢰 있는 관계 속에서 자신에 대해 심층적으로 탐색해 간다. 자신의 사고, 감정, 행동, 생활 양식들을 알아 가고, 심리적인 문제와 문제가 생기게 된 배경들을 깨닫게 된다. 가족관계, 성장과정, 대인관계, 위기 사건 경험들이 현재의 심리적 어려움과 어떻게 연결되어 있는지를 자각하게 된다.
	정서적 접근	삶에서 다양한 감정들을 느끼는 것은 자연스러운 일이다. 자신의 감정이 무엇인지 잘 모르거나, 주로 부정적인 감정만을 느끼거나, 부정적인 감정들을

구분	항목	내용
		무작정 참는 경우에는 감정 조절이 어렵다. 진짜 감정을 잘 알아차리고, 자신의 기대와 좌절된 욕구를 탐색하며, 감정을 조절할 수 있다.
	인지적 접근	부정적인 생각이 꼬리에 꼬리를 물게 되어 걱정에서 벗어나기가 힘들 때도 있다. 자기만의 생각으로 세상을 바라보거나, 지나치게 비관적이고 자책하는 생각을 하면 심리적인 어려움을 경험하게 된다. 마음 속의 생각의 틀을 점검해 보고, 보다 긍정적이고 유연한 생각으로 수정할 수 있다.
	행동적 접근	가족이나 대인관계에서 만족스러운 상호작용을 위해 필요한 기술들을 숙달시켜 나간다. 효과적으로 의사소통하고, 갈등을 원만하게 해결하는 방법을 배우고 연습해 본다. 또한 너무 밀착되거나 단절되지 않은 건강한 관계를 유지하고, 친밀감을 형성하고 유지하는 방법을 함께 찾아본다.
종결 단계: 8~10회기	이별 감정 다루기	상담을 종결하는 것은 상담자와 내담자가 헤어짐을 경험하는 것이 아니지만 힘들고 어려울 수 있다. 특히 이별로 인한 불안감을 다루어 가면서, 종결의 시기를 결정하고 준비하게 된다.
	상담의 성과 평가	상담 과정을 통해서 변화하고 성장한 점을 구체적으로 탐색해 본다. 내담자가 스스로 노력해 온 과정들을 살펴보는 과정에서 자신의 잠재력을 발견하고, 자존감을 회복할 수 있다.
	문제해결력 다지기	상담을 그만둔 이후에도 상담의 효과가 유지되기 위해 필요한 노력을 살펴본다. 앞으로의 삶에서 어려움에 부딪혔을 때 상담에서 배운 방법들을 효과적으로 적용할 수 있도록 돕는다.

표 12-1에서 보는 것과 같이 가족대상 사회복지실천과정은 크게 초기 단계, 개입 단계 및 종결 단계로 구분할 수 있다. 구체적으로 초기 단계에는 내담자가 어떤 사람인지 이해하고, 어려움을 겪고 있는 문제가 무엇인지 파악하며, 상담에서 다루고자 하는 목표와 방향을 함께 찾아가게 된다. 따라서 초기 단계에서 중요한 것은 상담관계 형성, 내담자의 이해와 평가, 상담 구조화 및 상담 목표 설정을 하는 것이다. 개입 단계는 상담자와 내담자가 상담 목표를 향해 함께 노력하는 핵심적인 단계이다. 자신에 대한 탐색과 통찰이 이루어지며, 내담자의 호소문제에 가장 적합한 개입방법을 선택하여 적용하게 된다. 따라서 중기 단계에서는 자기 탐색과 통찰,

정서적 접근, 인지적 접근 및 행동적 접근 등을 통해 상담이 진행된다. 종결 단계에서는 상담의 결과를 평가하고, 종결 이후에도 건강하게 적응해 나갈 수 있도록 돕는 단계이다. 따라서 종결 단계에서는 이별 감정 다루기, 상담의 성과 평가 및 문제해결력 다지기 등의 활동이 이루어진다.

이러한 가족대상 사회복지실천 과정을 초기면접 및 접수, 가족의 사정 및 방법, 개입, 종결로 구분하여 구체적으로 살펴보면 다음과 같다(김종배 외, 2023).

1) 초기면접 및 접수

가족복지실천과정에서 첫 관문으로 초기면접 및 접수단계는 사회복지사와 가족이 처음으로 관계를 형성하는 단계로 서비스에 대한 접수와 계약이 이루어지는 단계이다. 이 단계에서 무엇보다 중요한 것은 가족에 대한 정보수집이다. 대부분의 가족은 이 초기 단계에 자발적이기보다 누군가에 의해 또는 기관의 의뢰 등으로 연결된다. 따라서 이 단계에서 사회복지사는 가족구성원들과 관계를 맺는 일에 관심을 기울이는 것이 무엇보다 중요하다. 이는 진행되는 앞으로의 과정에 초기의 잘 맺은 관계형성이 도움이 되기 때문이다. 가족의 문제에 대한 본격적인 사정 및 개입계획 수립과 개입에 있어 원만한 진행은 관계형성으로부터 시작된다고 할 수 있다.

또한 가족의 문제에 대해 초점화하고 명확화하는 노력이 요구된다. 가족이 전문가를 찾아올 때 주로 자발적이고 적극적인 자세로 오는 경우가 드물기 때문에 이들의 문제에 대해 무엇을 해결하여야 할 문제인지를 정확하게 탐색하는 것은 아주 중요한 과업이다. 이 단계에서 사회복지사의 주된 과업은 문제의 명확화와 관계형성 그리고 계약으로 제시할 수 있는데, 이를 구체적으로 살펴보면 표 12-2와 같다(김성철 외, 2020).

표 12-2. 초기면접 및 접수에서의 필요한 활동

구분	내용
문제의 명확화	가족은 문제상황에서 전문가를 만나게 되고 이때 사회복지사는 가족들이 겪은 과거의 일들 속에서 문제상황이 전개되어 왔고, 복잡한 상황으로 인해 가족 당사자 자신들의 문제에 대해 정확하게 인지하고 있지 못하거나 그들에게 있어 가장 우선시되는 문제가 무엇인지에 대해서도 혼란스러운 경우가 있다. 이러한 상황에서 사회복지사의 과업은 우선적으로 무엇이 문제인지를 정확하게 파악해야 하는 일과 그 문제들에 대한 개입의 우선순위를 결정하는 것이다.
관계형성	초기면접 및 접수과정에서 중요한 또 한 가지는 사회복지사가 가족구성원 모두를 대상으로 복합적이고 만성적인 문제에 대해 확인하고 평가할 수 있어야 한다는 점이다. 이때 사회복지사는 첫 면담에 참여하지 못한 가족구성원들을 고려하고 꼭 차후 면담을 잡아 가능한 모든 가족구성원의 입장과 관점에서 문제를 바라볼 수 있어야 한다. 이것은 전문가로서 사회복지사가 문제와 욕구를 파악함에 있어 균형을 유지하고 가족구성원들에게 신뢰를 얻는 중요한 부분으로 생각할 수 있다. 무엇보다 가족구성원 전체에 대한 만남에 대해서는 사전에 구성원들에게 알려 공유하고 이렇게 하는 것이 가족의 문제에 효과적으로 대응할 수 있는 방안이라는 것을 제시하는 것이 필요하다.
계약	계약은 가족의 욕구가 확인되었다는 전제로 기관에서 제공 가능한 서비스나 프로그램이 가족의 문제해결에 도움이 될 것이라는 전문가적 판단과 가족의 동의로 체결하게 된다. 이와 같은 계약은 이후 어떤 방식으로 얼마간의 시간 동안 가족의 문제나 욕구에 개입하게 될지에 대한 내용에 합의를 하는 것으로 이해할 수 있다.

초기면접 단계에서는 무엇보다 가족구성원들의 욕구나 문제를 일차적으로 사정하여 문제의 성격과 가족개입의 필요성 그리고 담당 사회복지사를 결정하여야 한다. 가족개입이 필요하게 될 경우, 가족개입이 필요한 이유를 설명하고 가족사회복지실천과 가족치료의 구조와 과정을 간략하게 설명해 줄 필요가 있다.

가족구성원들은 문제를 보여 주는 특정 구성원만 개입의 대상이 되어야 한다고 생각하기 때문에 전체 가족들을 대상으로 하는 가족사회복지실천이나 가족상담의 필요성을 설명하고, 이해시킬 필요가 있다. 또한 이들은 가족상담이 어떻게 진행되는지를 모르기 때문에 이에 대한 교육을 할 필요가 있다.

초기면접 및 접수단계에서 간단한 가계도와 생태도의 작성을 통한 사정이 포함된 접수면접(Intake) 양식의 마련이 필요하다. 이 단계에서는 가족이 개입을 원하는 욕구, 가족원들 중에서 이러한 욕구를 갖고 있는 가족구성원들에 대한 파악, 다양한 가족구성원들의 문제 규정, 학교와 이웃 등의 다른 체계들이 보는 서비스 대상 가족의 문제 규정, 사회복지사의 첫인상 등이 파악될 필요가 있다. 또한 이 단계에서 가족과 계약을 맺을 경우에 특별히 고려되어야 할 점들은, 첫째, 문제를 정의할 때에는 가족원 모두가 그 문제에 대해 어떻게 지각하고 있는지, 둘째, 목표를 설정하고 개입과정을 명확히 하고 있는지, 셋째, 가족원 모두와 계약을 맺어야 하는지 등이다.

따라서 초기면접 및 접수 동안에 상담자는 적극적 경청기술을 사용하고 감정과 비언어적 행동에 주의하여 내담자가 최대한 편안하게 느낄 수 있도록 하는 책임이 있으며, 조심스럽게 내담자의 문제를 탐색해야 한다. 초기면접에서 내려지는 진단은 항상 잠정적인 것이기 때문에 신뢰관계가 확립된 후 내담자의 탐색이 시작되면 초기면접 및 접수에서 파악된 내용을 재조사해야 할 필요성이 있다. 초기면접 및 접수에서 파악해야 하는 주요 정보는 표 12-3과 같다. 그리고 상담자와 내담자의 첫만남에 기반된 정보를 통해 상담자는 내담자의 상담목표를 설정하며 이를 조력하는 데에 힘써야 한다.

표 12-3. 초기면접 및 접수에서 파악해야 하는 정보들

구분	내용
내담자의 기본정보	성별, 생년월일, 주소, 연락처, 종교, 신체, 정신적 질병에 관한 정보, 투약하는 약이나 영양제, 신체적 결함, 치료경험, 신청 경로 등을 파악한다.
외모 및 행동	내담자의 옷차림, 두발상태, 표정, 말할 때의 특징, 시선의 적절성, 대화할 때의 태도, 행동, 예절 등에 관한 관찰 등을 파악한다.
호소문제	내담자가 상담을 받으려는 이유, 목적이나 배경에 대해 알아본다. 즉, 문제가 발생한 시기, 상황적 혹은 생물학적 배경, 문제의 경로, 현재의 상태와 심각성들이 해당된다. 또

구분	내용
	한 문제와 관련된 대인관계, 사회적인 직업상 혹은 학업상의 고충이나 변화에 대해서도 파악한다. 상담자는 이때 내담자를 도와 문제를 요령 있게 제시할 수 있어야 한다. 즉, 복합적인 문제들은 구분하여 제시하도록 도와주는 것이 필요하다. 이를 위해서는 내담자의 말과 용어를 그대로 기록하는 것이 도움이 되며 그렇게 해야만 내담자의 심정, 상황적인 사정, 도움을 요청하는 사정 등이 현실에 가깝게 기술될 수 있으며, 내담자의 상황이 반영될 수 있기 때문이다.
현재 및 최근의 주요 기능상태	내담자의 환경적, 심리적, 생화학적 변화가 급격히 발생했을지도 모르며, 그런 변화가 내담자의 문제와 직결되었을 가능성도 높다. 따라서 '현재 기능이 어떠한가?'와 '지난 1년간 어떠했는가?'의 두 가지로 파악하는 경우가 많다.
스트레스 원인	내담자에게 스트레스를 주는 원인의 기록은 내담자의 말과 표현방식에 의거해서 기록하는 것이 좋다. 왜냐하면 그 사람이 환경과 사건을 지각하는 스타일을 알아볼 수 있기 때문이다. 스트레스의 요인으로는 대인관계의 불화, 의사결정, 공부, 성적, 시험이나 논문, 재정적 어려움, 신체질병이나 가족원의 문제, 외로움, 권태, 잦은 사회적 모임, 소음이 심한 주거나 근무환경, 날씨 등 다양하다.
사회적 지원체계	어려운 일이나 억울한 일 등 문제가 생겼을 때 만나서 상의하거나 하소연해 줄 '내 편이 되어 줄 사람이 주위에 있을까?' 하고 생각할 수 있다. 이에 지원체제는 친구, 가족, 스승, 선후배, 이웃, 친척 등 다양하다. 사회적 지원이 없거나 빈약한 사람은 상담자에게 더 의지하거나, 그 반대이거나, 위기를 극복할 능력이 떨어지거나, 대인관계기술이 부족할 가능성이 높기 때문에 상담자가 각별히 신경을 써야 할 대상이다.
호소문제와 관련된 개인사 및 가족관계	내담자에게 '전에도 이와 비슷한 문제로 고민해 보셨나요?', '전에는 같은 문제가 생겼을 때 어떻게 대처했나요?'와 같은 질문들로 알아보면 된다. 가족관계는 단순히 정보수집보다는 호소문제와 관련하여 정보를 수집하는 것이 바람직하다.

2) 가족의 사정 및 방법

가족대상 초기면접 및 접수가 이루어지고 나면 다음의 활동으로는 가족에 대한 사정을 실시하게 된다. 가족대상 실천의 사정과 가족사정의 방법에 대해 구체적으로 살펴보면 다음과 같다.

(1) 가족대상 실천의 사정

사정은 접수단계의 다음 과정으로, 가족에 대한 기본적인 정보수집이 이루어졌다면 이것을 토대로 적극적이고 정확한 사정을 통해 개입의 목표가 세워질 수 있다. 이 시기에는 초기의 접수단계에서 형성된 신뢰로운 관계 속에서 이루어져야 하고, 가족의 상세한 정보가 확인되어야 하는 단계라고 할 수 있다. 가족복지실천의 성패는 바로 사정의 정확성에 기초한 개입의 목표와 개입계획이 수립된다는 점에서 그 중요성을 강조할 수 있다. 가족사정이란 가족을 진단하고 평가하여 측정하는 일련의 행위로 가족을 하나의 단위로 보고 가족 내부 및 외부 체계 그리고 이들 간의 상호작용을 파악하기 위해 자료를 수집하고 분석하고 종합하여 그 가족에 대한 개입을 계획하는 과정을 의미한다. 따라서 가족사정에서는 가족문제, 가족의 구조와 관계 유형, 가족과 외부 체계와의 상호작용, 가족의 강점, 문제해결을 위한 자원, 내담자 가족의 문제해결에 대한 동기 등을 평가하게 된다.

(2) 가족사정의 방법

가족사정의 방법에는 가족생활주기에 의한 가족사정과 양적인 방법 및 질적인 방법으로 구분할 수 있다. 가족사정은 가족구조에서 나타난 현상을 기초로 하며, 가족사정의 표준화된 척도와 체크리스트 활용을 필요로 한다. 또한 가족 개개인의 의견을 중요시해야 하는데, 가족사정은 고도의 지식과 기술이 필요하기 때문이다. 그리고 가족의 사정에서는 이론적 입장과 다양한 모델에 대한 배경 지식이 있어야 하며, 다양한 사정 도구를 선택 사용할 필요가 있다.

① 가족생활주기에 의한 가족사정

가족생활주기란 시간이 경과함에 따라 가족 내의 발달적인 경향을 묘사하기 위해 일반적으로 사용되는 용어이다. 이는 정상적인 가족이 수행하지 않으면 안되는 기능이 무엇인가에 대한 기초선을 제공해 주는 역할을 한다. 가족생활주기에는 인간의 생애주기처럼 탄생과 죽음이 존재한다. 생활주기에 따른 한국의 가족문제의 구체적인 내용은 **표 12-4**와 같다.

표 12-4. 생활주기에 따른 한국의 가족문제

생활주기	특징적 가족문제	공통된 가족문제
결혼전기	• 부부간 지나친 밀착, 경직 • 아버지와 자녀 간 불화 • 어머니의 지나친 자녀 간섭	• 가족 간 갈등 • 대화단절 • 부부갈등, 불화, 폭력 • 이혼 • 경제적 문제
결혼적응기	• 친척과의 갈등 • 불안정한 생활패턴 • 불성실한 가정생활	
자녀아동기	• 가족유대감 약화 • 부정적인 양육태도 • 부모-자녀 간 삼각관계 • 자녀의 컴퓨터 게임	
자녀청소년기	• 아버지의 외도, 음주, 폭력 • 자녀에 대한 아버지의 무관심 • 자녀에 대한 어머니의 간섭 • 부모-자녀 간 삼각관계	
자녀독립기	• 친척, 원가족 갈등 • 성인 자녀에 대한 간섭 • 남편의 무관심, 부인의 의존성	
노년기	• 가족 내에서의 소외감 • 결혼한 자녀와의 밀착 • 남편의 불성실, 음주, 외도	

② 양적인 방법

양적인 방법은 평가도구에 의한 사정 방법이라고 하며, 표준화된 척도나 검사지 및 질문지 등이 대표적이다. 즉, 검사지(checklist)와 질문지(inventory)를 사용하는 것으로, 가족의 객관적 정보와 주관적 정보를 파악하고, 사정의 여러 단계에서 선택적으로 사용 가능하며, 가족 접촉 전과 후에 모두 사용이 가능하다.

가. 올슨(Olsen)의 써컴플렉스 모델

이 모델은 가족 행동의 두 가지 측면인 응집력과 적응력 차원에서 가족을 평가하며, 기능적 가족과 역기능적 가족을 평가할 때 주로 사용된다. 적응력과 응집력은 각각 4개의 수준으로 구성되어 있으므로 모두 16개의 가족으로 구분해 낼 수 있다.

표 12-5. 올슨의 써컴플렉스 모델

구분	내용
적응성	가족의 변화를 허용하는 정도, 균형을 유지하려고 하는 정도로서 가정생활의 압박이나 갈등의 반응에서 그들의 규칙, 역할, 구조 등을 유연하게 할 수 있는 가족의 능력을 의미한다. • 혼돈된 가족: 가족생활의 문제와 관련된 아무런 구조도 가지고 있지 않다. • 유연한 가족: 규칙이나 역할의 변화를 인정함으로써 문제를 해결하는 능력을 가지고 있다. • 구조화된 가족: 유연한 가족보다는 역할이나 규칙의 변화가 덜 일어난다. • 경직된 가족: 역할이나 규칙의 변화를 마지 못해 하며 현상유지에 큰 대가를 치른다.
응집력	가족구성원 사이의 정서적 결합의 정도를 나타낸다. • 격리된 가족: 낮은 응집력을 가지고 있으며, 가족구성원은 최대한의 자율성을 즐기며, 가족 안에서 자신을 동일시하려는 노력은 하지 않는다. • 분리된 가족: 개인의 자율성에 가치를 두는 동시에 가족의 통합과 정체감의 감각도 함께 지닌다. • 연결된 가족: 친밀함에 가치를 두며, 각 가족구성원의 자율성 발달을 인정하고 돕는 경향이 있다. • 밀착(융해)된 가족: 무엇보다도 가족의 친밀성에 가치를 두므로, 개인의 자립을 방해하기 쉽다.

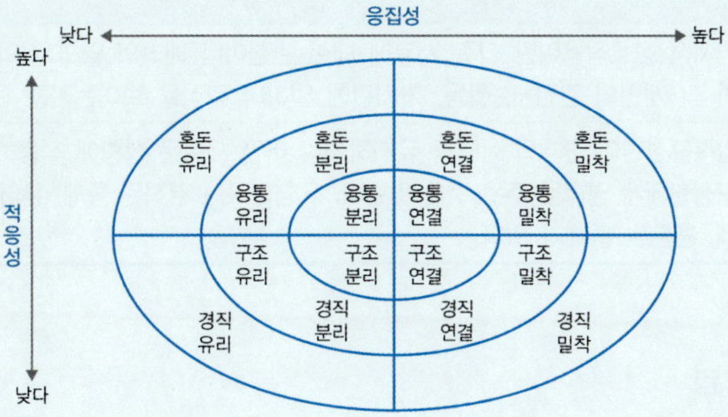

나. 맥매스터 모델

이 모델은 가족기능을 평가하고 진단하는 데 뛰어난 개념적 준거의 틀을 제공하고 있다는 평가를 받고 있는 모델로 가족기능에 대해 6가지 범주로 구분하고 있다.

표 12-6. 가족기능에 대한 범주

구분	내용
문제해결능력	가족의 기능을 유지하면서 가족의 통합과 기능을 위협하는 가족 문제를 해결하는 능력이다. 효과적인 가족은 문제를 해결하지만 효과적이지 못한 가족은 문제에 대처하지 못한다.
의사소통	의사소통하는 사람이 의견을 얼마나 솔직하고 명료하게 전달하는지, 의사소통 양은 충분한지, 의사를 전달하고자 하는 사람이 존재하는지 등에 주목하며, 분명하고 직접적인 의사소통을 중시한다.
가족의 역할	가족의 역할이란 개인이 가족기능을 충족시키기 위해 반복적으로 일어나는 행동 유형을 말한다. 건강한 가족일수록 가족기능이 대부분의 가족을 충족시킬 수 있으며, 역할의 분담과 책임도 명백하다.
정서적 반응성	정서적 반응성은 가족이 주어진 자극에 따라 적절한 내용과 적절한 양의 감정으로 반응할 수 있는 능력을 말한다. 건강한 가족은 질적, 양적인 측면에서 모두 적절한 정서적 경험을 할 수 있는 가능성이 있다. 또한 적절한 강도와 지속성을 가지고 다양한 정서로 상황에 반응한다.

구분	내용
정서적 상호작용	정서적 상호작용이란 가족 서로에 대한 관심이나 배려의 양과 질의 문제로 가족 전체가 각 개인의 관심사, 활동, 가치관에 얼마나 관심을 보이는가를 의미한다.
행동통제	가족구성원이 현재의 상태를 유지하거나 어떤 새로운 상황에 적응하기 위해 다른 가족구성원에게 영향을 주는 것을 말한다. 유형으로는 경직된 통제, 유연한 통제, 방임적 통제, 혼돈된 통제가 있다.

③ 질적인 방법

질적인 방법에는 인터뷰, 가계도, 생태도, 사회관계망 그리드 및 관찰 등이 대표적이다.

가. 인터뷰

인터뷰에는 면접과 도구의 사용(그림 그리기)으로 구분할 수 있는데, 구체적인 내용은 **표 12-7**과 같다.

표 12-7. 인터뷰의 구분과 내용

구분	내용
인터뷰(면접)	가족사정의 가장 기본적이고 가장 중요한 방법으로, 인터뷰와 여러 가지 도구를 활용할 수 있기 때문에 진행이 용이하다. 주관적 자료수집과 객관적 자료수집을 할 수 있으며, 클라이언트의 의사소통과 클라이언트의 정보와 수집이 쉽다. 또한 클라이언트의 개입과 치료가 가능하며, 인터뷰 전에 반드시 가족에 관한 기록과 의뢰에 대한 정보 파악이 중요하다.
도구의 사용 (그림 그리기)	인터뷰를 통해 내담자와 가족의 상태나 문제를 그림으로 보여 주는 사정 방법이다. 가족 내의 역동성을 한눈에 쉽게 볼 수 있다는 장점이 있다.

나. 가계도

가계도(genogram)는 보웬(Bowen, 1978)의 다세대 가족 체계이론에 근거한 사정

도구로 2~3세대에 걸친 가족구성원에 관한 정보와 그들 간의 관계를 도표로 기록 · 작성하는 방법이다. 가족 내 역동을 이해하거나 가족이 여러 세대에 걸쳐 발전시켜 온 가족 역할, 유형, 관계 등을 가족과 함께 비위협적이고 상호적인 방법으로 살펴보기 위한 도구로 사용된다. 가계도는 특정 기간 동안 내담자 가족의 역사, 주된 사건을 한눈에 볼 수 있는 사정 도구이다(박귀영 외, 2023). 가계도 작성의 특성, 작성요령 및 예는 **표 12-8**과 같다.

표 12-8. 가계도 작성의 특성, 작성요령 및 예

구분	내용
특징 및 작성요령	• 가족 계보 중심으로 3세대 가족에 대한 정보를 보여 주는 것이다. • 중요한 생활사건(결혼, 이별, 이혼, 질병, 출생, 사망 등)을 나타낸다. • 사회 · 인구학적 특성(인종, 사회계급, 민족, 종교, 직업, 거주지 등)을 알려 준다. • 가족의 문제에 기여하는 중요 요인과 가족 유형 파악이 용이하다. • 사회복지사가 질문 형식으로 인터뷰하면서 혼자 그리기도 하고, 내담자와 함께 그릴 때 가족을 하나의 단위로 보게 하는 기회를 제공한다. • 가계도에 나타난 사람, 사건에 대한 가족원에 느낌도 표현해 보는 계기가 된다. • 가족원 자신이 알고 있을 것이라고 생각했던 정보를 모르고 있다는 것을 깨닫게 해 주는 계기가 될 수 있다. • 가계도 그리는 것을 꺼리는 경우, 이를 존중해 주어야 한다.
예	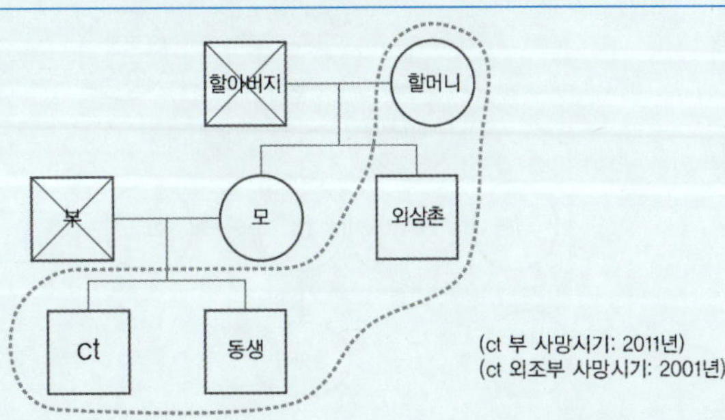

출처: 김성철 외(2020). 가족복지론. 양성원.

다. 생태도

생태도(Ecomap)는 하트만(Hartman, 1975)에 의해 개발된 것으로서, 가족과 가족 구성원과 환경 간의 상호작용을 그림으로 나타낸 것이다. 생태도는 클라이언트와 그 가족의 삶에 영향을 미치는 조직이나 요인을 원을 사용하여 사회적 맥락에서 개인과 가족의 위치를 나타내 줌으로써 가족생활과 가족과 집단, 협회, 조직 그리고 다른 가족과 개인과의 관계 성격을 전체적이고 생태적인 관점에서 살펴볼 수 있도록 도와준다. 생태도 작성의 특성, 작성요령 및 예는 표 12-9와 같다.

표 12-9. 생태도 작성의 특성, 작성요령 및 예

구분	내용
특징 및 작성요령	• 경계의 본질, 가족 내 역동성 등 많은 정보를 제공한다. • 내담자를 둘러싼 각 체계와 가족 간의 관계의 성격을 파악할 수 있다. • 환경에서 가족으로 자원의 흐름표시, 내담자 가족에게 유용한 자원, 환경이 무엇인지, 가족체계 스트레스가 주는 것은 무엇인지, 체계들 간의 관계가 어떻게 유지되는지 많은 정보 등을 제공한다. • 생태도는 사회복지사가 질문 형식으로 인터뷰하면서 혼자 그리기도 하고, 내담자와 함께 그릴 때 사회복지사와 클라이언트 간의 신뢰 형성을 강화시킬 수 있다.
예	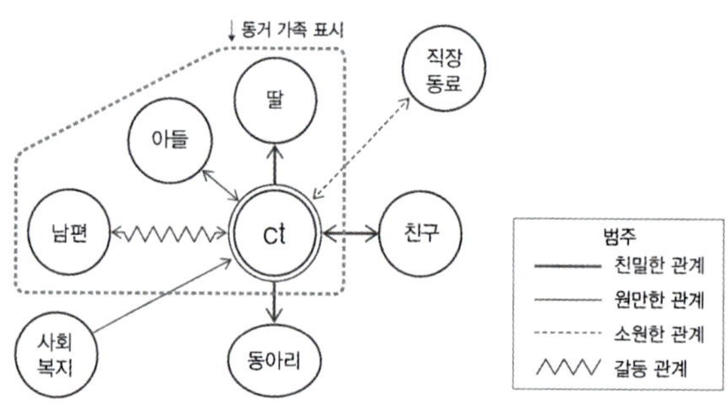

출처: http://mindacademy.tistory.com/62

라. 사회관계망 그리드

사회적 관계망 그리드(social network grid)는 개인, 가족의 사회적 지지체계를 사정하는 도구이다. 사회적 관계망을 그림이나 표로 보여 줌으로써 가족의 관계망을 전체적으로 볼 수 있게 해 준다. 외부체계 중 가장 많이 영향을 미치는 것은 사회적 관계망의 사회적 지지이다. 사회적 관계망 그리드는 대인적 역동성을 보다 명확하게 함으로써 사정 평가를 할 수 있고, 클라이언트 가족, 친구, 기타 사람들에 대한 자신의 감정과 태도를 명확하게 검토할 수 있다는 장점이 있다.

표 12-10. 사회관계망 그리드

구분	생활영역	물질적 지지	정서적 지지	친밀도	만나는 빈도	알고 지낸 시간
내용	1. 가구원 2. 다른가족 3. 직장/학교 4. 조직 5. 다른친구 6. 이웃 7. 전문가 8. 기타	1. 거의 없다 2. 가끔씩 3. 거의 항상	1. 거의 없다 2. 가끔씩 3. 거의 항상	1. 거의 친하지 않음 2. 가까운 정도 3. 매우 가까움	1. 1년에 몇 번 2. 한 달에 몇 번 3. 매우 많이	1. 1년 이하 2. 1~5년 3. 5년 이상
1						
2						
3						
4						
5						

마. 관찰

관찰은 사회복지실천의 모든 과정에서 사용하는 하나의 기술로서, 클라이언트가 말하고 행동하는 것에 주의를 기울이는 것이 관찰이라고 할 수 있다. 관찰은 가족의 역할, 가족관계, 가족의 생활 모습 전반을 살펴보는 도구로 사용할 수 있다. 사정 전, 사정 과정, 사정 후의 전 과정에 걸쳐 발생할 수 있다. 관찰에서 클라이언트 혹은 가족구성원의 표정, 손놀림, 눈 마주침, 얼굴 붉힘, 억양, 자세 등 비언어적 표현은 사회복지사가 클라이언트의 강점과 표현의 차이를 분명히 하고 클라이언트를 이해하는 데 매우 중요하다. 관찰(observation)은 가족관찰의 대표적 방법으로 시연과 가족 조각으로 구분할 수 있다〈표 12-11〉.

표 12-11. 관찰의 구분과 내용

구분	내용
시연	시연(enactment)은 이전에 있었던 가족 상황을 재연하거나 역할학습을 하게 하는 것이다.
가족 조각	가족 조각(family sculpture)이란 가족구성원이 가족에 대해 어떻게 인식하고 있는지를 시각적으로 표현함으로써 가족에 대한 이해를 돕기 위한 기법이다. 가족 조각은 가족구성원이 공간적으로 스스로 위치하여 가족관계를 몸으로 표현하면서 하나의 그림을 완성하는 것으로 가족 동맹을 표현하며 역기능적 가족 연합을 보여 주고 관계를 재조정해야 함을 인식시켜 줄 때 매우 효과적인 기법이다. 가족 조각을 위해 사회복지사는 먼저 한 구성원에게 다른 구성원을 의미 있게 배치해 보도록 요청한다. 이때 요청받은 구성원은 자신이 인식하는 대로 가족구성원의 공간, 몸짓, 태도 등을 무언으로 연출한다. 이런 과정을 통해 가족구성원은 가족 체계 내의 신념이나 규칙이 어떻게 인식되고 있고 또 그것이 어떻게 행동이나 태도로 표현되는지를 확인할 수 있다. 다시 말해 가족원이 다른 가족원에 대해 인식하고 느낀 것을 특정 자세를 취하게 함으로써 가족 내 역동을 표현하는 것이며, 말이 적은 사람, 말 못 하는 어린아이에게 효과적이다.

3) 개입

가족복지실천은 초기면접과 접수를 통해 가족에 대한 사정이 이루어지고 나면, 다음으로 해야 하는 활동이 개입이다. 개입에 대한 계획, 기술 및 방법에 대해 살펴보면 다음과 같다.

(1) 개입의 계획

사정을 통해서 얻은 정보와 공식화된 목표를 토대로 가족을 돕기 위한 구체적 개입 방법에 대해 계획을 세운다. 올슨은 개입계획은 가족체계를 5가지 수준으로 나누어 가족이 필요로 하는 도움의 종류를 결정하는 것이라고 하였다. 즉, 개인 수준은 정신장애(DMS)증상, 부부체계는 부부간 갈등, 부모–자녀체계는 부모와 자녀 간의 문제, 가족 수준은 핵가족과 확대가족 사이의 문제, 지역사회 수준은 지역사회의 요인 등에 변화를 가져올 구체적 협상과 중재적 원조 활동 등으로 결정한다는 것이다.

사회복지사는 가족원이 해결을 원하는 문제에 초점을 맞추고 가족원이 문제해결을 위하여 어떤 변화를 가져야 하는지를 가족구성원이 스스로 선택하도록 격려하며, 상담 프로그램에 대한 가족의 저항이 없는지 재사정하고, 가족으로 하여금 가족이 더 좋은 방향으로 변화될 수 있다는 적당한 기대와 동기를 갖게 도와주며, 사회복지사와 가족 사이에는 목표 중심적인 전문적 거리를 유지한다. 개입계획은 인지 중심적 개입 방법과 행동 중심적 개입 방법 중에서 목표 달성에 더 효과적이라고 생각되는 것을 선택하여 결정한다(김영화 외, 2016).

(2) 개입의 기술

개입의 기술에는 사례 들기, 직면시키기, 재구조화, 시연, 문제의 외연화 및 은유 사용하기 등의 기술이 있는데, 이를 구체적으로 살펴보면 **표 12-12**와 같다(박귀영 외, 2023).

표 12-12. 개입의 기술

구분	내용
사례 들기	가족생활의 경험에서 적절한 사례를 들어 설명한다. 적극적으로 추천하는 것은 종종 효과적일 수 있다. "제가 다른 엄마와 상담한 적이 있는데, 그때 그 엄마는 아이가 오후에 낮잠을 잘 잘 수 있도록 노력했다고 합니다. 2025년 2월 17일 상황이 그 엄마의 상황과 비슷하군요. 그 엄마의 결정이 당신에게도 도움이 될 것 같아요"
직면시키기	직면은 클라이언트가 실패한 부분에 대해 스스로 확인함으로써 인식할 수 있게 하는 것이다. 주의 깊게 사용해야 클라이언트의 적대감을 일으키지 않으면서 빠른 변화를 가져오게 할 수 있다.
재구조화	과거의 관계 상황과 장소에서 새로운 관계 상황으로 어떤 상황을 옮기는 것이다. 문제에 대한 긍정적 해석(재구조화)은 가족원의 새로운 반응을 자극할 수 있다. 과잉행동하는 아동은 도전적이며 적극적인 아동으로 재구조화될 수 있다.
시연	가족의 갈등을 '지금-여기'로 가져와서 단막극을 하듯 재연해 보는 것이다. 가족원이 문제상황에서 어떻게 행동하고 반응하였는지 스스로를 볼 수 있게 할 뿐 아니라 전문가에게도 가족을 관찰하고 사정할 수 있게 한다.
문제의 외연화	가족에게서 문제를 분리해 내는 것이다. 문제를 객관화시킴으로써 가족이 특정 문제를 겪으면서 어떤 영향을 받았는지, 그 문제가 각자에게 어떤 영향을 미쳤는지 물어볼 수 있다. 알코올의존자가 있는 가족에게 알코올은 가족 공동의 '적'으로 외연화시킬 수 있다.
은유 사용하기	은유란 어떤 개체나 개념이 의미하는 것을 그것들과 비슷한 것이나 닮은 것으로 표현하는 것이다. 추상적 개념을 이해함으로써 가족의 위협적 상황이 갖는 또 다른 상황에 대한 관념을 발달시킬 수 있다.

(3) 개입의 방법

개입의 방법에는 생태학적 개입, 위기 개입, 체계적 개입, 가족 경계에 초점을 두는 개입 및 성 인지적 개입으로 구분할 수 있는데, 구체적인 내용은 표 12-13과 같다(박귀영 외, 2022).

표 12-13. 개입의 기술

구분	내용
생태학적 개입	가족구성원과 그 환경과의 관계를 생태도를 통하여 여러 정보를 시간적으로 조직화하고, 변화하기 위한 가족의 주제와 목표의 윤곽을 일목요연하게 그려 낸다. 생태도를 활용하여 가족이 공식, 비공식적으로 활용 가능한 자원, 기술을 동원할 수 있도록 도우며, 가족원 스스로 자신의 문제를 풀 수 있도록 만든다. 가정환경을 보충할 수 있는 자원의 확보, 지지체계를 발전시키고 강화하기, 개인의 욕구에 따른 환경조정, 기관과 제도 사이의 관계 강화, 새로운 자원의 개발 등이 생태학적 개입의 장점이다.
위기 개입	종종 초기 과정을 거치지 않고 위기 개입을 해야 하는 가족이 있다. 자살시도, 타살시도, 정신병적 조울증 환자가 있는 가정, 학대나 폭력을 행사하는 가정, 알코올이나 마약을 남용하는 가정이 그 예이다. 자살 가능성과 타살 가능성이 있는 가족, 조울증 환자가 있는 가족은 정신과 의사에게 의뢰하여 사고를 미연에 방지하는 노력이 필요하다. 조울증과 알코올중독에 대하여 인식이 부족한 가족이 치료 시기를 놓치지 않도록 가족원을 교육시키고 가족치료를 병행한다. 신체적 혹은 성적 학대를 당한 가족원이 있을 경우, 피해자에 대한 안전을 위한 보호와 법적 조치에 대응하는 절차가 우선되어야 하므로, 산부인과 의사와 변호사에게 의뢰하여야 한다.
체계적 개입	가족 전체를 하나의 단위로 보고 가족원 간의 타협을 통해 외부의 도움에 의존하지 않고 가족의 문제를 자신들 스스로 해결하도록 가족원을 독려하는 것이다. 가족이 비조직적이고 문제해결 기술이 부족한 경우, 가족원이 참여하여 문제를 규정하고 자신들의 욕구와 목표를 확인하도록 돕고 가족이 책임감을 갖고 스스로 자신들의 역량을 강화해 나갈 수 있도록 돕는다. 사회복지사는 특히 가족원이 문제에 대처하고 결정하는 기술을 발전시키면서 독립적이 되도록 촉진자의 역할을 한다. 그러므로 체계적 개입은 가족 상호작용, 특히 의사소통에 초점을 두는데, 가족 내 역기능적 의사소통 기술을 개선하기 위하여 적극적 경청, '나 표현법', 감정이입 등의 훈련을 활용한다.
가족 경계에 초점을 두는 개입	지나치게 밀착된 가족이나 분리된 가족에게는 가족원 사이의 경계선을 강화하고 개인의 자율성을 증가시키도록 하여야 한다. 가족 내의 역기능적 가족 동맹은 종종 분리된 가족관계나 밀착된 관계, 삼각구도 관계, 가족 이외의 사람과 부적절한 관계로 나타난다.

구분	내용
	사회복지사는 이런 역기능적 관계를 개선하거나 기능을 보강하거나 밀착된 관계를 완화시키는 데 노력한다. 종종 가족관계의 역기능은 부모가 그들의 아동을 매개로 삼각구도 관계를 형성하여 부부 사이의 분리가 일어나고 아동이 희생양이 되는 경우가 있다. 가족과 함께 전문가는 가족원의 행동을 통제하는 가족 규칙이 적절하고 공정한 것인지 공개적으로 평가하도록 함으로써 가족원의 기존의 규칙을 변화시키도록 돕는다.
성 인지적 개입	가족과 일하는 사회복지사의 인식에서 중요한 것 중의 하나는 성 인지적 자세이다. 기존의 가족치료는 성에 대하여 상담가의 중립적 입장을 요구해 왔다. 그러나 어린 여아가 성장하면서 자신의 가치, 역할, 삶의 기대에 대해 받는 메시지는 남아와는 다르다. 여성과 아동이 덜 독립적이고 복종적이며, 덜 경쟁적이며 외모에 신경 쓰는 것이 정상적이고 일반적이라고 여겨진다. 그러나 가족 내에서 발생하는 문제는 전통적인 남성적 기준으로부터 발생되는 측면이 매우 강하다. 가족원은 서로 평등하며, 문제해결은 모든 가족이 참여하여 해결할 수 있도록 격려한다. 여성과 아동이 가족의 문제상황을 그대로 수용하고 적응하며 살아가기보다는 변화시킬 수 있도록 인식하고 그들의 역량 강화를 위해 지지적 접근을 한다.

(4) 개입의 유형

개입의 유형으로는 가족교육, 가족치료, 가족 자조집단 및 가족 사례관리로 구분할 수 있는데, 구체적인 내용은 **표 12-14**와 같다(김성철 외, 2020).

표 12-14. 개입의 유형

구분	내용
가족교육	가족교육은 한국의 문화적 특성에 비교적 잘 받아들여지는 방식으로 상담이나 치료보다 가족의 저항이 없는 실천방법이다. 특히 치매가족이나 정신장애인가족을 대상으로 교육의 방식은 활발히 활용되는 편이다. 가족구성원이 앓고 있는 만성질환에 대한 올바른 지식과 적절한 대처방법 등을 교육하여 환자와 가족구성원들이 보다 안정적인 기반을 가지도록 해 준다. 가족교육시간에는 정신장애에 대한 이해, 증상에 대한 설명, 약물복용의 대한 안내, 가족의 역할, 재활프로그램 소개 등을 진행하게 된다. 치매나 정신질환, 당뇨병과 같은 만성질환에 대해서 가족이 겪는 정서적인 어려움에 대해 다루고, 보호나 간병의 방법 등 환자와 함께 생활하면서 갖게 되는 다양한 측면의 문제를 구체적으로 교육하여 보호의 효과성을 높이고 가족의 안정성을 높일 수 있다는 점에서 유용하다.

구분	내용
	질환에 대한 이해 외에도 구체적인 기술을 전달하는 것도 교육적으로 접근할 수 있다. 대표적인 예로는 의사소통의 기술을 교육하는 것으로 경청, 공감, 메시지 전달 등의 기술을 구분하여 교육할 수 있다.
가족치료	가족치료 기법은 가족구성원이 드러내는 문제행동에 대해 개인의 문제가 아니라 가족 전체의 구조 안에서 발생하는 문제로 보고 가족관계의 변화를 위해 사용하는 방법이다. 가족치료는 가족을 치료의 단위로 두고 가족의 문제에 대해 가족을 중심으로 하기 때문에 우리나라 임상사회복지 실천현장에서 유용한 도구로 활용하고 있다. 이와 같은 가족치료는 각각 다양한 이론을 중심으로 이론의 주요 개념과 기법을 제시하고 있는데 경험적 가족치료, 구조적 가족치료, 해결중심 가족치료, 다세대 가족치료 등이 있다.
가족 자조집단	가족 자조집단은 비슷한 어려움을 겪는 사람들이 모여 서로를 지지하는 모임으로 대표적인 가족 알코올중독자의 자조집단 알아넌(Al-Anon)을 들 수 있다. 만성질환을 대상으로 하는 의료사회복지 분야에서는 자조집단 모델이 만성질환자들의 심리사회적 재활을 위해 활발하게 적용되고 있다. 치매, 당뇨병, 암, 조현병 등 다양한 질환에 대해 환자 당사자뿐만 아니라 가족들이 모여 상호 정보를 교환하고 지지를 제공하는 자조집단이 운영되어 왔고, 만성질환자의 심리사회적 적응을 돕는 효과적인 실천방법으로 인식되어 있다. 자조집단은 그 단어에서 표현되는 것과 같이 지지를 위한 집단으로 운영이 되지만 초기 형성단계에서는 사회복지사의 지원이 필요하다. 모임에 동기를 가지는 가족을 발견하고 그중에 리더를 세우고 자조집단 조직화 과정에 관여하며 자문의 역할을 하게 된다. 아울러 자조집단 모임의 장소나 필요 자원의 지원 등 정착하기까지 사회복지사의 초기 지원이 중요하다.
가족 사례관리	사례관리는 생태체계적 관점을 토대로 만성적이고 복합적인 문제를 가지고 있는 개인이나 가족을 대상으로 기능을 향상하여 그들이 처한 환경 속에서 자원의 확보능력을 키우고 사회적 기능을 원활하게 하고자 하는 통합적 접근방법이다. 이러한 사례관리는 일반적으로 개인 대상의 사례로 시작하여 가족에 대한 개입이 필요한 경우 가족사례를 진행할 수 있다. 가족대상 사례관리에서는 복합적이고 만성적인 문제를 가진 가족이 필요로 하는 욕구에 대응하는 자원이 한정적이거나 부족한 경우가 많아서 이러한 문제를 해결하기 위해 사회복지사는 외부의 기관들과 연계하여 지속적인 사례관리 개입을 할 수 있어야 한다. 따라서 사회복지사는 지역사회 내에 있는 유관기관 및 다양한 서비스 기관들에 대해 최신의 정보를 가지고 있어야 하며 평소 이러한 기관들과의 원활한 네트워크를 통해 필요시 상호 간에 신속한 연계가 이루어지도록 노력해야 한다.

4) 종결

종결단계는 가족복지실천의 마지막 단계로 사회복지사와 가족이 함께 개입단계를 통해 나타난 변화를 지속하기 위해 잘 마무리하는 단계라고 할 수 있다. 종결의 시기는 가족의 욕구가 충족되었을 때, 가족의 문제가 해결되었을 때, 가족이 목표달성을 이루었다고 느낄 때 실시하게 된다. 하지만 예상하지 못한 상황에서 종결의 시기를 맞이하게 되는 경우도 있다. 종결의 시점에서는 지금까지 진행된 변화의 내용을 뒤돌아보고 가족이 이후에도 유사한 어려움이 닥쳤을 때 어떻게 대처할 수 있을지의 내용을 확인하고 가족이 잘 해 나갈 수 있음을 지지하며 강점 및 대처기술 등을 확인시켜 줄 필요가 있다(김성철 외, 2020).

(1) 종결계획

가족복지실천에 있어 종결의 시점은 초기의 계약 단계에서 계획을 하는 것이 이상적인 종결계획이라고 할 수 있다. 하지만 종결의 시점은 예상보다 빨리 목표가 달성되거나 문제나 욕구가 해결되었을 때 다가오기도 한다. 이 시기는 전체 계획된 회기가 끝나기 2~3회기 전에 종결의 시점을 사전에 예고하고 그 시점에서 아직 미진한 문제의 해결에 대해 다른 기관에 의뢰하거나 가족이 갖고 있는 다양한 감정을 다루는 것도 필요하다.

(2) 종결단계

① 상담과정 돌아보기와 변화 인식하기

가족은 그동안 상담으로 인해 협상된 목표달성 여부를 다시 검토할 수 있다. 가족구성원들로 하여금 변화된 것에 대해 토론하게 함으로써 프로그램을 통한 어떤 변화가 일어났고 무엇이 이런 변화를 나타냈는지에 대해 이해시킨다. 가족구성원의 변화에 대한 만족이나 불만족을 표현할 기회를 부여하고 나아가 변화를 위한 가족의 노력을 지지하고 평가하는 담당사회복지사의 피드백을 제공한다. 종결을 위한 이슈가 제대로 수행되었는지를 판단하는 체크리스트를 가족이 작성하도록 하는 것도 유용한 방법이다.

② 진전의 공고화

가족이 이룬 성취에 대해 이것을 유지하고 강화하기 위해 이후에 가족구성원 각자가 할 수 있는 역할과 행동에 대해 이야기하면서 진전을 더욱 단단하게 한다. 종결은 모든 것이 끝난 것이 아니라 개입기간 동안 나타난 변화를 통해 새로운 삶을 시작한다는 의미이다. 또한 가족구성원들은 종결을 맞이하면서 서로가 더 발전하고 새롭게 획득한 지식과 기술 및 지지적 사회망을 얻게 된다. 이 시기에 가족구성원들은 미래의 변화와 도전을 예견하고 그 도전을 이루기 위한 계획을 이야기해 보는 것이 중요하다. 이때 가족의 강점과 새로운 상호작용기술을 강화하여 기존의 프로그램에 대한 의존을 줄이도록 격려할 필요가 있다.

③ 평가와 사후지도

종결은 다양한 의미를 갖는 가운데 무엇보다 중요한 것은 지난 회기 동안에 이룬 목표들에 대한 평가와 사후지도를 통한 미래의 계획도 포함되어야 한다. 또한 평가단계에서는 가족이 그들 스스로의 문제에 대응할 수 있는 방법을 생각해 보도록 하는 것이 요구된다. 사회복지사는 가족구성원들이 상호 간에 피드백을 주고받을 수 있도록 하며, 종결 이후의 준비를 계획하도록 안내한다. 가족의 향상과 사회복지사의 성과를 함께 평가함으로써 사회복지사는 프로그램의 수행능력과 책임성을 향상할 수 있는 기회를 갖게 되며, 가족은 다른 사회복지사로의 이전이나 의뢰, 사후지도를 통해 미래를 계획할 수 있게 된다.

참고문헌

강미애(2013). 지역아동센터 사례관리 현황과 사례관리 운영체계에 관한 연구. 한영신학대학교 대학원 박사학위논문.

강세현, 서혜전, 오정영, 임원선, 전영록(2020). **인간행동과 사회환경.** 경기: 양성원.

강영실(2004). **장애인 복지의 이해.** 서울: 신정.

고진경(2017). 자존감과 공격성의 관계에서 정서조절곤란의 매개효과. **한국콘텐츠학회 논문지, 17**(11), 290-302.

국무총리실, 행정안전부, 보건복지부(2011). 사회복지담당공무원 확충에 따른 시군구 복지전달 체계 개선방안.

권진숙, 박지영(2011). **사례관리의 이론과 실제.** 서울: 학지사.

김경민, 구근완, 김지현, 김태희, 김희진, 나선후, 서윤주, 소재진, 안경애, 이용환, 조미경, 황여울(2025). **사회복지실천론.** 경기: 양성원.

김경은, 이화정, 최은희, 황명구, 송연선(2020). **인간행동과 사회환경.** 경기: 양성원.

김교헌(2006). 중독과 자기조절: 인지신경과학적 접근. **한국심리학회지: 건강, 11**(1), 63-105.

김교헌(2007). 중독, 그 미궁을 헤쳐 나가기. **한국심리학회지: 건강, 12**(4), 377-393.

김기현, 서용석, 황명진, 하수정, 김선녀, 최요석(2013). **복지서비스 전달체계 개선방안 연구: 수요자 중심 전달체계 모델개발을 중심으로.** 서울: 국회예산정책처.

김미혜(2025). 가정폭력행위자 상담 프로그램의 개발 및 효과성 검증. 선문대학교 일반대학원 박사학위논문.

김상곤(2013). 민관 협력을 위한 통합사례관리 운영체계 구축방안. **사례관리연구, 4**(1), 51-87.

김성철, 김성숙, 모아라, 박란이, 박정하, 박종란, 송희경, 염영옥, 이만복(2020). **가족복지론.** 경기: 양성원.

김성철, 김화신, 모아라, 박윤희, 박종란, 송희경, 오현주, 전정이(2020). **사회복지실천기술론.** 경기: 양성원.

김승권, 황성철, 김연우(2012). **취약 · 위기가족 및 다문화가족의 예방맞춤형 복지체계 구축 및 통합사례관리 연구**(3차년도). 서울: 한국보건사회연구원.

김안나, 한정원, 김양미(2010). **한부모가족지원 사업에 대한 성인지적 분석**. 서울: 한국여성정책연구원.

김연옥, 유채영, 이인정, 최해경(2005). **가족복지론**. 경기: 나남출판사.

김영란, 황정임, 최진희, 김은경(2016). **부자가족의 가족역량 강화를 위한 지원방안 연구**. 서울: 한국여성정책연구원.

김영화, 이진숙, 이옥희(2016). **성인지적 가족복지론**. 경기: 양성원.

김은상(2020). 기초자치단체의 커뮤니티케어 욕구에 관한 연구: 서산시를 중심으로. 한서대학교 일반대학원 석사학위논문.

김이영, 이우언, 박성원, 서민호, 오현숙, 이장희, 전대성(2023). **정신건강론**. 경기: 양성원.

김정은(2002). 손자녀를 양육하는 빈곤지역 조부모의 심리 · 정서적 안녕과 영향 미치는 요인. 충남대학교 대학원 석사학위논문.

김종배, 김지현, 류혜원, 서민호, 신영미, 오승하, 오은정, 이영희, 전대성, 정복임(2023). **가족복지론**. 경기: 양성원.

김학영(2017). 수퍼비전이 공공영역 사례관리자의 역할수행에 미치는 영향: 희망복지지원단 통합사례관리사를 중심으로. 동양대학교 대학원 석사학위논문.

김현호, 박선희, 김영일, 박길남, 이규태, 이영희, 전대성, 최병태(2023). **사회복지실천론**. 경기: 양성원.

김혜란, 공계순, 박현선, 홍선미(2024). **사회복지실천론**. 서울: 학지사.

김효선, 김녹현, 이경희, 이우언, 조성옥, 최영자, 황동섭(2023). **사회복지실천론**. 경기: 공동체.

대검찰청(2021). **마약류 범죄백서**.

도광조(2018). **사회복지실천기술론**. 경기: 양서원.

박귀영, 오현숙, 이우언, 전미숙, 정명희, 최병태(2023). **가족복지론**. 경기: 양성원.

박옥임(2009). 농촌지역의 노인학대 위험요인과 사회지원체계. **한국지역사회생활과학회지, 20**(3), 369-384.

박인희(2013). 수퍼비전 내용이 사회복지사의 사례관리자 역할 수행에 미치는 영향: 가치와 원칙의 내용을 중심으로. 숭실대학교 대학원 석사학위논문.

보건복지부(2018). 지역사회 중심 복지구현을 위한 커뮤니티케어 추진방향. 보건복지부 커뮤니티케어 추진단.

보건복지부(2018). 지역사회통합돌봄자체추진 가이드북.

보건복지부(2019). 노인 돌봄서비스 사업안내.

보건복지부(2022). 희망복지지원단 업무안내.

보건복지부(2024). 장애인복지 사업안내.

성미애(2019). **가족학특론**. 서울: 한국방송통신대학교출판부.

성정현(2019). 청소년 자살현상에 대한 사목적 예방과 위기개입 방안 연구. 수원가톨릭대학교 대학원 석사학위논문.

성정현, 여지영, 우국희, 최승희, 임세희(2017). **가족복지론**. 경기: 양서원.

손광훈(2005). **장애복지론**. 경기: 학현사.

손유림(2015). 청소년을 위한 동기강화 집단상담 프로그램 개발 및 효과. 동국대학교 대학원 박사학위논문.

송유미, 송인욱, 이선자, 최형임(2023). **사회복지실천론**. 경기: 공동체.

신경안, 공영미, 김송고, 김태히, 김현경, 오승하, 이영희, 정형민(2023). **노인복지론**. 경기: 양성원.

신나래, 박언주(2020). 가정폭력 피해유형에 따른 도움요청 분석: 정신적 고통의 매개효과를 중심으로. **가족과 문화**, **32**(4), 127-154.

신성만, 권정옥(2008). 알코올 중독자를 위한 동기강화 상담. **한국알코올과학지**, **9**(1), 69-84.

신성자, 고유나, 김수정, 박용원, 성희자, 이원준, 전보경, 정숙희, 최은지(2017). **사회복지실천기술론**. 경기: 양성원.

신숙경(2014). 공공기관의 통합사례관리 운영 개선방안. 부산대학교 행정대학원 석사학위논문.

양옥경, 김민영(2003). 가족관계척도 활용을 위한 타당도 연구. **한국사회복지학**, 54, 5-33.

양옥경, 이재경, 김인숙, 윤홍식, 송다영(2020). **가족복지의 정책과 실천**. 경기: 공동체.

양혜경, 유해선, 서보람(2015). 가정폭력 가해자에 대한 교정 프로그램의 효과성 연구: 부부갈등, 폭력, 분노, 의사소통, 자아인식을 중심으로. **교정연구**, 68, 39-66.

여성가족부(2015). 2015년 한부모가족 실태조사.

오수연(1998). 학교 부적응 청소년을 위한 집단 사회사업의 효과성에 관한 연구: 과업중심모델을 적용하여. 한림대학교 대학원 석사학위논문.

옥경희(2005). 조부모-손자녀가족 조부모의 손자녀 양육. 한국가정관리학회지, 23(3), 103-114.

원호택, 박현순, 이민규, 김은정, 조용래, 권석만, 신현균, 이훈진, 이영호, 송종용, 신민섭(2003). 심리장애의 인지행동적 접근. 서울: 교육과학사.

유영주(2010). 새로운 가족학. 경기: 교문사.

윤아림(2024). 성인의 내현적 자기애가 공격성에 미치는 영향: 부정적 자동사고와 부정적 자기개념의 매개효과. 신라대학교 상담치료대학원 석사학위논문.

윤점열(2009). 사회복지실천 현장에서 해결중심모델 적용에 관한 연구: 선불교적 접근을 중심으로. 동국대학교 불교대학원 석사학위논문.

윤지영(2025). 알코올중독자의 교차중독(Cross-Addiction) 유형 분석. 이화여자대학교 대학원 박사학위논문.

이민규, 김교헌, 김정남(2003). 도박중독 실태와 중독자의 심리사회적 특성. 한국심리학회지, 8(2), 399-414.

이영실, 윤순이, 신준옥, 오현숙, 노길희, 조명희, 홍성희(2015). 사회복지실천기술론. 경기: 양서원.

이유진(2019). 인지행동치료를 적용한 표현예술치료가 여중생 우울에 미치는 영향에 관한 단일사례연구. 한양대학교 교육대학원 석사학위논문.

이은영(2013). 지역아동센터의 사례관리수행 영향요인. 서울기독대학교 대학원 박사학위논문.

이익선(2018). 직무와 조직의 특성이 사회복지전담공무원의 통합사례관리에 미치는 영향. 연세대학교 대학원 석사학위논문.

이준기(2004). 인지행동치료를 적용한 대학생 진로집단상담 프로그램의 효과: 내외통제성, 진로의식성숙도, 진로탐색행동을 중심으로. 대구대학교 대학원 석사학위논문.

이해국, 이보혜(2013). 4대 중독 원인 및 중독 예방 정책. 보건복지포럼, 200, 30-42.

임경택, 김병오(2015). 이혼 남성의 자녀양육 경험연구. 상담학연구, 16(4), 523-545.

임하경(2006). 프로이트의 본능과 공격성의 문제. 원광대학교 일반대학원 석사학위논문.

장성철, 김화신, 모아라, 박윤희, 박종란, 송희경, 오현주, 전정이(2020). 사회복지실천기술론. 경기: 양성원.

장은영(2008). 인지-행동적 음악치료 금연프로그램이 흡연청소년의 자아존중감과 금연 동기유발에 미치는 영향. 성신여자대학교 대학원 석사학위논문.

장인협(1996). **사회사업실천방법론(하)**. 서울: 서울대학교 출판부.

장희숙(2003). **가정폭력 행위자 교정 · 치료 프로그램Ⅱ: 실무자 매뉴얼**. 서울: 여성가족부,

정명희, 김안식, 박서진, 오은주, 윤명길, 이영희, 이용환, 주민경(2024). **정신건강론**. 경기: 수양재.

정선영, 손덕순, 김정화(2021). 공공과 민간사례관리 현장에서 사례관리자가 느끼는 실제적인 사례관리와 과정에 대한 인식. **한국사회복지교육**, 56, 36-60.

정황순, 박주현, 김준환(2016). **가족복지론**. 서울: 창지사.

조광희(2007). 역할극을 활용한 집단음악활동이 흡연 청소년의 금연 자기효능감 증진에 미치는 영향. 숙명여자대학교 음악치료대학원 석사학위논문.

조선일보(2001. 08. 21). 고위간부의 '혁명화', 탄광, 농장서 노동.

조윤진(2015). 해결중심가족상담이 별거 가족의 자아분화와 역기능적 의사소통에 미치는 영향 연구. 서울벤처대학원대학교 석사학위논문.

조윤진, 윤천성(2015). 해결중심단기상담을 통한 불안과 강박행동에 대한 사례 연구. **가족과 가족치료**, 2(3), 7-24.

조은경(2010). 인지행동치료가 청소년의 우울과 자살생각에 미치는 영향. 강원대학교 교육대학원 석사학위논문.

조흥식, 김인숙, 김혜란, 김혜련, 신은주(2017). **가족복지학**. 서울: 학지사.

주현정(2020). 공공복지서비스와 공동생산 실천 탐색: 읍면동 맞춤형복지를 중심으로. 성공회대학교 대학원 박사학위논문.

주혜윤(2009). 인터넷 중독 청소년의 자기효능감 향상을 위한 즉흥연주 사례연구. 이화여자대학교 교육대학원 석사학위논문.

중독포럼(2013). 중독포럼 1월. 신년세미나 자료집.

중독포럼(2016). 인터넷 게임중독, 개인의 문제인가, 사회의 문제인가?. 제33차 10월 포럼 자료집.

채정호, 김원, 유태열(2003). 인지행동치료의 치료적 효능(effecacy)과 유효성(effectiveness). **인지행동치료**, 3(1), 9-26.

천슬기(2023). 사회복지전담공무원의 조직특성과 임파워먼트가 통합사례관리 역할수행에 미치

는 영향: 충청남도를 중심으로. 공주대학교 대학원 석사학위논문.

최선화(2022). **풀어쓴 사회복지실천기술**. 경기: 공동체.

최연화(2022). 가정폭력 가해자의 자기분화가 폭력태도에 미치는 영향 연구: 정서조절, 분노조절, 자아존중감의 매개효과를 중심으로. 동국대학교 일반대학원 박사학위논문.

최원석(2008). NA12단계 프로그램이 치료공동체 입소 약물중독자의 자아존중감 향상에 미치는 영향. 평택대학교 상담대학원 석사학위논문.

하유경(2014). 해결중심 집단상담 프로그램이 초등학교 학습부진아의 자기효능감 향상에 미치는 효과. 부산교육대학 교육대학원 석사학위논문.

하은혜(2010). 문제행동 자녀를 둔 우울한 어머니에 대한 인지행동 집단치료의 효과. 연세대학교 대학원 박사학위논문.

한국도박문제관리센터(2016). 잃어버린 나를 찾는 희망안내서 1(www.kcgp.or.kr).

한국사례관리학회(2012). **사례관리론**. 서울: 학지사.

한국사회복지행정연구회(2016). 읍면동 복지 허브화 사업 효과성 검증 및 발전 방안 연구.

한국자살예방협회(2008). **자살의 이해와 예방**. 서울: 학지사.

한국정보화진흥원(2015). 2015년 인터넷 과의존 실태조사.

한국정보화진흥원(2016). 2016년 인터넷 과의존 실태조사.

행정안전부, 보건복지부(2020). 읍면동 찾아가는 보건복지서비스 매뉴얼.

행정안전부, 보건복지부(2022). 읍면동 찾아가는 보건복지서비스 매뉴얼.

홍봉수, 강장미, 유희선, 김문수, 전경란, 한성수(2024). **사회복지실천론**. 경기: 공동체.

홍봉수, 김명수, 유희선, 김도열, 박동숙, 이혜경(2023). **사회복지실천기술론**. 경기: 공동체.

홍지영(2017). 불안장애의 인지행동 통합예술치료에 대한 내러티브 연구. 한양대학교 대학원 박사학위논문.

황미경(2009). 공공 사회복지전달체계 내 통합사례관리 운영방안에 관한 연구. **한국지역사회복지학**, 30, 49-67.

황미경(2019). 커뮤니티케어와 통합사례관리 연계 네트워크 실천방안 연구. **한국케어매니지먼트연구**, 30, 166.

황성철(1995). 사례관리 실천을 위한 모형개발과 한국적 적용에 관한 연구. **한국사회복지학**, 275-304.

황하성, 손승혜, 최윤정(2011). 이용자 속성 및 기능적 특성에 따른 스마트폰 중독에 관한 탐색적 연구. 한국방송학보, 25(2), 227-313.

American Psychiatric Association(2015). DSM-5. 정신질환의 진단 및 통계편람. 제5판. [Diagnostic and statistical manual of mental disorders](권준수 외 역). 학지사(원저출간: 2013).

Arkowitz, H., Westra, H. A., Miller, W. R., & Rollnick, S. (2008). *Motivational interviewing in the treatment of psychological problem.* New York: Guilford.

Bagnardi, V., Blangiardo, M., La Vecchia, C., & Corrao, G. (2001). A meta-analysis of alcohol drinking and cancer risk. *British Journal of Cancer, 85*(11), 1700-1705.

Bartling. G., Echenmeyer. L., & Engberding, M. (1998). *Problemanalyse im therapeutischen Prozess: Leitfaden für die Praxis.* Stuttgart: Kohl/Hammer.

Beck, A. T. (1987). *Cognitive therapy and emotional disorders.* NY: International University Press.

Biesteck, E. P. (1973). *The casework relationship.* London: Unwin University Books.

Collins, D., Jordan, C., & Coleman, H. (2007). 가족복지실천론. [An Introduction to Family Social Work] (이화여자대학교 사회복지연구회 역). 서울: 나눔의집(원저출간: 1999).

Cormier, W. H., & Cormier, L. S. (1991). *Interviewing Strategies for Helpers; Fundamental Skills and Cognitive Behavioral Interventions* (3rd ed.). Pacific Grove, CA: Brooks/Cole.

DiClemente, C. C. (2003). *Addiction and Change.* New York: Guilford.

Duckworth, D. (1983). *The Classification and Measurement of Disablement.* London: HMSO.

Elaine P. C., & Manny J. G. (2016). 다문화 클라이언트와 가족을 위한 사회복지실천. [Multicultural Perspectives in Social Work Practice with Families] (김욱 외 역). 서울: 나눔의집(원저출간: 2012).

Epstein, L. (1995). *Brief Task-Centered Practice. In Encyclopedia of Social Work*(19th). Washington, DC: NASW Press.

Epstein, L., & Brown, L. B. (2002). *Brief treatment and a new look at the task-centered approach.* Boston: Allyn & Bacon.

Ganong, L. H., Coleman, M., & Mapes, D. (1990). A Meta-analytic Review of Family Structure Stereotypes. *Journal of Marriage and the Family,* 52, 287-298.

Gondolf, E. W., & White, R. J. (2001). Batterer program participants who repeatedly reassault: Psychopathic tendencies and other disorders. *Journal of Interpersonal Violence, 16*(4), 361-380.

De Jong, P., & Berg, I, K. (2004). **해결을 위한 면접.** [Interviewing for solutions] (노혜련, 허남순 역). 서울: 시그마프레스(원저출간: 2002).

Jarvis, T. J., Tdbbutt, J., Mattick, R. P., & Shand, F. (2005). *Treatment approaches for Alcohol and drug Dependence.* New York: Wiley.

Lazarus, A. A. (1989). Multimodal therapy. In R. J. Corsini & D. Wedding (Eds.), *Current Psychotherapies* (4th ed.) (pp.503-544). Itasca, IL: F. E. Peacock.

Marcus, G. & Braaf, R. (2007). Domestic and Family Violence Studies, Surveys and Statistics: Pointers to Policy and Practice. *Stakeholder Paper 1*, Australian Domestic and Family Violence Clearing House.

Marsh, P., & Dole, M. (2005). *The task-centered book.* New York: Routledge.

Miller, W. R. (2007). **중독과 동기면담.** [Enhancing motivation for change in substance abuse treatment] (조성희, 신수경 역). 서울: 시그마프레스(원저출간: 1999).

Miller, W. R., & Rollnick, S. (1999). *Motivational interviewing: Preparing people to change addictive behavior*. New York: Guilford Press.

Miller, W. R., & Rollnick, S. (2002). *Motivational Interviewing: preparing people for change.* New York: Guilford Press.

Miller, W. R., & Rollnick, S. (2006). **동기강화상담-변화 준비시키기.** [Motivational interviewing: preparing people for change] (신성만, 권정옥, 손명자 역). 서울: 시그마프레스(원저출간: 2002).

Moore, S. (1992). Case Management and the Integration of Services: How Service Delivery System Shape Case Management. *Social Work, 37*(5), 418-423.

Payne, M. (1991). *Modern social work theory: A critical introduction.* London: Macmillan.

Pincus, A. & Minahan, A. (1973). *Social Work Practice: Model and Method.* Itasca, IL: Peacock.

Prochaska, J. O., DiClemente, C. C., & Norross, J. C. (1992). In Search of how people chance: Applications to addictive behaviors. *American Psychologist, 47*(9), 1101-1114.

Reid, W. J. (1996). Task-centered social work. In F. J. Tumer (Ed.), *Social work treatment* (4th ed.). New York: Free Press.

Richmond, M. (1917). *Social Diagnosis.* New York: Rusell Sage Foundation.

Savolainen, V. T., Liesto, K., Männikkö, A., Penttilä, A., & Karhunen, P. J. (1993). Alcohol consumption and alcoholic liver disease: evidence of a threshold level of effects of ethanol. *Alcohol Clin Exp Res,* 7, 1112-1117.

Shaffer, H. J., LaPlante, D. A., LaBrie, R. A., Kidman, R. C., Donato, A. N., & Stanton, M. V. (2004). Toward a Syndrome Model of Addiction: Multiple Expressions, Common Etiology. *Harvard Review of Psychiatry, 12*(6), 367-374.

Shaffer, H. J., Tom, M. A., Wiley, R. C., Wong, M. F. Y., Chan, E. M. L., Cheng, G. L. F., Lo, C. K. M., Ma, E. K. Y., Wong, R. H. Y., & Lee, M. (2018). Using the syndrome model of addiction: A preliminary consideration of psychological states and traits. *International Journal of Mental Health and Addiction, 16*(6), 1373-1393. https://doi.org/10.1007/s11469-0189952-2.

Sinclair, D. L., Sussman, S., Savahl, S., Florence, M., Adams, S., & Vanderplasschen, W. (2021). Substitute addictions in persons with substance use disorders: A scoping review. *Substance Use & Misuse, 56*(5), 683-696.

Sinclair, D. L., Vanderplasschen, W., Savahl, S., Florence, M., Best, D., & Sussman, S. (2021). Substitute addictions in the context of the COVID 19 pandemic. *Journal of Behavioral Addictions, 9*(4), 1098-1102. https://doi.org/https://doi.org/10.1556/2006.2020.00091.

Steinberg, R. M., & Carter, G. W. (1983). *Case management and the elderly: A handbook for planning and administering programs.* Lexington, MA: Lexington Books.

Wright, J. H., Basco, M. R., & Thase, M. E. (2016). **인지행동치료.** [Learning cognitive-behavior therapy (2nd ed.)] (김정민 역). 서울: 학지사(원저출간: 2011).

찾아보기

[인명]

[내용]

ㄱ

ㄴ

ㄷ

ㅁ

저/자/소/개

■ **김경민**

일본 류코쿠대학 박사후기 과정 수료
한서대학교 대학원 사회복지학전공 문학박사
현, 대구한의대학교 상담복지학부 교수
〈저서〉 사회복지실천론, 사회복지조사론 외

■ **서윤주**

위덕대학교 대학원 사회복지학박사
현, 수성대학교 보건복지경영과 교수
〈저서〉 사회복지실천론 외

■ **유승창**

일본 나고야대학교 대학원 문학박사
현, 나주대학교 사회복지실천과 교수
〈저서〉 사회복지조사론, 사회복지정책론, 문학으로 보는 일본의 온천문화 외

■ **장영화**

신라대학교 사회복지학 박사 수료
현, 부산과학기술대학교 사회복지상담과 교수
〈저서〉 사회복지정책론, 호스피스 실천론 외

■ **전대성**

단국대학교 대학원 행정학박사
현, 경북전문대학교 사회복지과 교수
〈저서〉 사회복지학개론, 사회복지윤리와 철학, 사회복지실천론 외

■ **조순래**

대구가톨릭대학교 사회복지학박사
현, 부산과학기술대학교 부동산복지경영과 교수
〈저서〉 청소년심리 및 상담, 사회복지조사론 외

■ **한신애**

온석대학원대학교 사회복지학박사
현, 온석대학원 사회복지학과 교수
세한대학교 사회복지상담학과 겸임교수
〈저서〉 정신건강론, 아동복지론, 건강가정론 외

■ **황여울**

광신대학교 대학원 교육학박사
현, 세한대학교 스포츠융합복지학부 겸임교수
〈저서〉 사회복지실천론, 노인교육론, 사회복지현장실습 외

사회복지실천기술론

1판 1쇄 인쇄 — 2025년 8월 11일
1판 1쇄 발행 — 2025년 8월 14일

저　　자 - 김경민 서윤주 유승창 장영화
전대성 조순래 한신애 황여울
발 행 인 - 강철원
발 행 처 - 양성원
주　　소 - 경기도 파주시 검산로 173번길 29-12
전　　화 - 031-946-3861(代)
팩　　스 - 031-946-3864
이 메 일 - tnwpub@naver.com
홈페이지 - tnwpub.co.kr
출판등록 - 2015년 8월 31일 제 2015-000211 호

ISBN 979-11-6126-642-8

정가 22,000원